VENTURE CAPITAL DEVELOPMENT IN CHINA 2016

中国创业风险投资发展报告 2016

主 编 胡志坚 张晓原 张志宏 副主编 房汉廷 武夷山 沈文京 郭 戎 张明喜

图书在版编目（CIP）数据

中国创业风险投资发展报告 2016/胡志坚等主编. —北京：经济管理出版社，2016.9
ISBN 978-7-5096-4554-3

Ⅰ. ①中… Ⅱ. ①胡… Ⅲ. ①创业投资—风险投资—研究报告—中国—2016 Ⅳ. ①F832.48

中国版本图书馆 CIP 数据核字（2016）第 204102 号

组稿编辑：陈　力
责任编辑：陈　力　舒　林　钱雨荷
责任印制：黄章平
责任校对：超　凡

出版发行：经济管理出版社
（北京市海淀区北蜂窝 8 号中雅大厦 A 座 11 层　100038）
网　　址：www. E-mp. com. cn
电　　话：（010）51915602
印　　刷：北京玺诚印务有限公司
经　　销：新华书店
开　　本：880mm×1230mm/16
印　　张：13.75
字　　数：462 千字
版　　次：2016 年 10 月第 1 版　　2016 年 10 月第 1 次印刷
书　　号：ISBN 978-7-5096-4554-3
定　　价：150.00 元

联系地址：北京阜外月坛北小街 2 号
电话：（010）68022974　　邮编：100836

中国创业风险投资发展报告 2016

工作指导委员会

编委会

参与和支持单位（排名不分先后）

科学技术部资源配置与管理司
中国科学技术发展战略研究院
科技部火炬高技术产业开发中心
科技部科技经费监督管理服务中心
国家科技风险事业开发中心
商务部外国投资管理司
国家开发银行投资业务局
中国进出口银行业务开发与创新部
中国社会科学院金融研究中心
中国科技金融促进会
中国台湾创业风险投资商业同业公会
亚洲创业基金期刊集团（中国香港）
中国风险投资研究院
《中国科技投资》杂志社
北京清科创业风险投资顾问有限公司
辽宁大学工商管理学院
北京创业投资协会
北京市科学技术委员会
北京首都科技发展集团公司
天津市创业投资协会
上海市创业投资行业协会
河北省科学技术厅
河北省科学技术情报研究院
河北石家庄高新技术产业开发区科技局
山西省科学技术厅
山西省风险投资协会
山西省科技基金发展总公司
内蒙古科技风险基金管理办公室
四川省绵阳高新技术产业开发区创业服务中心
成都生产力促进中心
成都高新区经贸发展局
重庆市科委
重庆市科技创业投资协会
贵州省科学技术厅
云南省科学技术厅
云南省科技成果转化服务中心
辽宁省科技创业投资协会
辽宁科技创业投资有限公司
贵阳高新区金融办
贵州省科技风险投资管理中心
内蒙古自治区生产力促进中心
辽宁省沈阳市科学技术局
辽宁省沈阳科技风险开发事业中心
辽宁省大连市生产力促进中心
大连高新技术产业园区金融工作办公室
吉林省长春市科学技术局
吉林高技术创业服务中心
黑龙江省科学技术厅
黑龙江省科力高科技产业投资有限公司
哈尔滨市创业投资协会
湖北省科学技术厅
湖北省创业投资同业公会
湖北省武汉市科技局
武汉市科技金融创新促进中心
湖北省襄樊高新技术创业服务中心
河南省科学技术厅
湖南省科学技术厅
湖南省科技交流交易中心
山东省科学技术厅
山东省青岛市科技局
青岛生产力促进中心
江苏省创业投资协会
无锡新区科技金融投资集团
江苏省南京市科技局
浙江省科学技术厅
浙江省风险投资协会
浙江省杭州市科技局
浙江省宁波市科学技术局
安徽省科学技术厅
安徽省科技成果转化服务中心
江西省科学技术厅
江西省科技金融促进会
福建省高新技术创业服务中心
福建省厦门市科技局
福建省厦门火炬高技术产业开发区管委会
福建省高新技术产权交易所有限公司
广东省风险投资促进会
湖北省科技厅创业引导基金管理中心
山东省科技服务发展推进中心
云南省科学技术院科技金融中心
广州风险投资促进会
广东省珠海高新技术创业服务中心

广东省佛山高新区经济发展和科技局
珠海高新区科经局
深圳市创业投资同业公会
海南省科学技术厅
甘肃省科技风险投资公司
甘肃省兰州高科创业投资担保有限公司
宁夏回族自治区科学技术厅
宁夏回族自治区科学技术厅生产力促进中心
宁波市科技金融服务中心
陕西省科学技术厅
陕西省科技资源统筹中心科技金融部
陕西省宝鸡高新区高技术创业服务中心
陕西省杨凌农业高新技术产业示范区管委会金融办
陕西省西安高新技术产业开发区管理委员会金融服务办公室
新疆科技项目服务中心
新疆维吾尔自治区科学技术厅
新疆维吾尔自治区科技生产力促进中心
青海省国有科技资产经营管理有限公司
广西壮族自治区科学技术厅

推动创新创业　培育壮大新动能

全国政协副主席、科学技术部部长　万　钢

2016年4月25日，李克强总理在考察成都菁蓉创客小镇时提出，大众创业、万众创新就是要充分调动新时期每个个体的积极性，鼓励进一步激发创新创业的活力，以打造新动能、发展新经济，催生更多新技术、新产业、新业态。今天，我想就推动大众创新创业、培育壮大发展新动能谈几点意见。

1. 创新创业成为经济社会发展新引擎

近年来，我国经济发展进入以增速变化、结构优化、动力转化为特征的新常态。习近平总书记指出，抓创新就是抓发展，谋创新就是谋未来。要从根本上化解产能过剩、人口红利消退、资源环境约束，推动我国经济向全球价值链中高端攀升，迫切需要向创新驱动发展模式转变，使科技创新成为经济增长新动力。

大众创业、万众创新为经济社会发展注入新活力。推进大众创新创业是增强发展新动能、促进社会就业、提高发展质量效益的重要途径，是实施创新驱动发展战略的重要支撑。

双创大潮中，各地涌现出一批有亮点、有潜力、有特色的众创空间，已经成为创新创业的重要阵地，呈现蓬勃发展的良好势头。特别是一批龙头骨干企业与高校院所紧密结合，构建大专业化众创空间，服务于青年创客。如海尔集团的HOPE平台、东莞机器人与智能装备众创空间、中科院西安光机所等专业化众创空间，为创客提供技术服务、样品试制、检测验证、用户体验、销售渠道、零部件供应、投融资和创业孵化等支撑服务，形成从创意、设计、制造到创业的协同创新环境，在服务实体经济发展的同时，也推动了产业转型升级，促进企业提质增效。

目前，全国各类众创空间已超过2300家，与现有2500多家科技企业孵化器、加速器和产业园区共同形成完整的创业服务链条和创新生态，在孵企业和创业团队超过12万家，培育上市和挂牌企业600多家，吸纳就业人数超过180万人。

连续四届举办中国创新创业大赛，共有近6万家初创企业和团队、1500家创投机构参加，一批优秀初创企业和团队获得市场支持，促成创业投资近300亿元，银行授信超过500亿元，形成“赛场选骏马、创赛搭平台、市场配资源、政府后补助”新模式。

2. 促进科技成果转化，释放创新创业活力

近年来，按照党中央、国务院部署要求，围绕促进科技成果转移转化工作，科技部会同有关部门进行了系统性安排部署，配合全国人大积极推动修订《促进科技成果转化法》，破解科技成果使用、处置和收益权等政策障碍；制定了《实施促进科技成果转化法若干规定》并由国务院印发实施，进一步明确细化了相关制度和具体操作措施；制定了由国务院办公厅印发的《促进科技成果转移转化行动方案》。

三个重要文件形成了对科技成果转移转化工作从修订法律条款、制定配套细则到明确具体任务的系统性部署，对于实施创新驱动发展战略、强化供给侧结构性改革、推动大众创业万众创新具有重要意义。

促进成果转化的法律和文件紧扣创新发展新要求，坚持以市场为主体、政府引导、纵横联动、机制创新原则，推动落实和完善有利于科技成果转化的政策环境，发挥市场机制在配置科技创新资源中的决定性作用，构建功能完善、运行高效的科技成果转移转化体系，释放财政资金投入产生科技成果的巨大潜力，促进科技成果产业化，形成经济持续稳定增长的新动力。

“十三五”部署了一批有针对性的具体举措和重点任

务，全面推动各地方、各部门、各类创新主体加强科技成果转移转化工作，形成千军万马共同推动科技成果转化新格局。

主要推动以下五个方面的重点任务：

一是激发创新主体科技成果转移转化积极性。

加快高校和科研院所科技成果转移转化，培育一批机制灵活、面向市场的国家技术转移机构，探索有效的机制与模式。支持企业与高校、科研院所构建产业技术创新联盟、新型研发机构等协同开展成果转化。推动成果转化与创新创业互动融合，调动科技人员转化成果积极性，支持以核心技术为源头的创新创业。相关部门针对成果转化中评估评价、收益分配、横向经费、尽职免责等一系列问题出台政策，破除各种障碍和壁垒。

二是继续发挥企业技术创新主体地位。

提高企业创新能力是使科技成果转化为现实生产力最有效的途径。我们通过支持企业承担重大科技项目与工程，制定和落实研发经费加计扣除、高新企业税收、中小企业税收优惠等政策，以及促进科技金融结合等措施，持续推进企业成为技术创新的主体。全社会研发投入中企业占比达到 77%，企业创新能力快速提升，新技术、新产品、新产业有力促进产业结构调整，与此同时我国技术交易市场规模达到 9470 亿元，其中企业提供和吸纳的新技术占比 80%，有力促进了先进技术传播扩散，带动量大面广的中小企业转型升级。

三是科技成果要惠及大众。

近年来，集成数控领域重大科技成果实施数控一代科技工程，有力推动了中小企业生产装备升级换代，数字化促进了中小企业拥抱互联网，实现新发展。在农业领域，70 多万名农业科技特派员带着新技术走进乡村，做给农民看，领着农民干，促进大家富，带着农民富。

我们将围绕新一代信息网络、节能环保、智能绿色制造等重点产业领域，集成各类科技项目成果，发布一批能够促进产业转型升级、投资规模与产业带动作用大的重大科技成果包，探索市场化的科技成果产业化新路径。

四是完善科技成果转移转化支撑服务体系。

构建线上与线下相结合、专业化、市场化的国家技术交易网络平台，为高校、科研院所提供科技成果挂牌交易与公示，解决成果交易流通与市场化定价问题。鼓励区域性、行业性技术市场发展，完善技术转移机构服务功能。大力培育专业化技术经纪人。

健全多渠道资金投入机制，发挥好国家科技成果转化引导基金等作用,支持地方加大投入力度，采用创新投贷联动等科技金融手段拓宽资金市场化供给渠道。推动军民科技成果融合转化应用，培育新的经济增长点。

五是发挥地方在推动科技成果转移转化中的重要作用。

以国家自主创新示范区、高新区为基础，建设一批国家科技成果转移转化示范区，加大政策、服务、金融等创新力度，探索可复制、可推广的经验与模式。培育具有地方特色的科技成果产业化基地，完善基层承接科技成果转移转化的平台和机制，通过成果转化支撑区域产业转型升级。

3. 创业投资已成为推进创新创业的资本力量

创业投资的发展历史表明，创业投资作为一种高能资本，有效推动了新技术应用、新产品开发、新市场营造和新产业发展。

据美国创业投资协会统计，美国创业投资年均投资额约占全美 GDP 的 0.2%，比股权投资少得多，但创投投资企业创造的 GDP 占美国 GDP 总额的 21%，占全美就业岗位数的 11%。创新创业推动信息、生物、健康等众多新兴行业的发展，正是由于创业投资的介入，高新技术在竞争中不断从研发到转化再到产业化，成为美国新经济支柱。

近年来，我国创业投资蓬勃发展，为创新创业企业注入强大的资金动力。据清科集团统计，2015 年，募集设立创业投资基金 597 只，新增资本量 1996 亿元；在投资方面，共发生 3445 起投资案例，投资金额达到 1200 多亿元人民币。500 家纳入统计跟踪的众创空间获得各级财政支持 19.3 亿元，创业企业获得投融资总额达到 352 亿元。民间资本成为创业资金的主要来源。

发展创业投资，需要政府的引导和推动，为创业投资机构创造宽松、公平的制度环境、市场环境和生态环境。

一是进一步明确创业投资在创新创业中的关键地位和作用。

创业投资的投资对象主要是高新技术企业，所关注的是高新技术企业创业者及其团队、他们所拥有的知识、技术和商业模式等。创业投资通过专业的运作为初创企业提供资金支持，为科技成果产业化提供了急需资金，增强了高新技术企业在市场中的竞争力，助推高新技术产业迅猛发展。

二是发挥创投企业增值服务功能。

创业投资不仅给高新技术企业提供资金，还提供一系列增值服务，主要包括帮助企业进行流动资金的融资运作，向企业推荐优秀技术和管理人才，提供科技信息、商业模式、政策法律等服务，提供企业上市或收购的策划等，这些服务对以技术见长的初创企业成长壮大尤为重要。

三是对创投企业管理要遵循创新发展规律。

创业投资是一种特殊的私募股权长期投资，区别于证券投资，不做二级市场交易，其最大特点就是专注培育、服务和促进科技型初创企业顺利度过种子、发育、成长期，直至IPO，促进科技成果实现产业化。这种直接投资能有效降低中小企业间接融资比重，增强企业发展活力。因此对于创业投资机构的管理要符合创新发展规律，区分不同性质的基金分类管理，管好的标志是管活，为创新创业提供源头活水。

四是引导创业投资行业规范发展。

通过简政放权、放管结合、优化服务，加快转变政府职能，优化创业投资发展环境。着力解决行业监管、税收征管以及工商管理等方面的“痛点”问题，建立创业投资行业协会，推动行业自律。

为了进一步推动“双创”，国家相继成立新兴产业创业投资引导基金、中小企业发展基金和科技成果转化引导基金，为创投基金提供优质资金供给，加快培育优秀创业基金管理团队。

我国经济正处于新旧发展动能接续转换期，面临着新一轮科技革命和产业变革孕育兴起的历史机遇，必须坚持创新的核心位置，坚持将科技创新作为引领发展的第一动力，深入实施创新驱动发展战略，最大限度释放全社会创新创业潜力，全面推进理论创新、科技创新、制度创新和文化创新。

面对未来，我们的使命光荣，面对任务，我们的责任艰巨。我们要在以习近平同志为总书记的党中央坚强领导下，坚持“四个全面”战略布局，落实五大发展理念，坚定信心，锐意进取，勇于担当，埋头苦干，全力推动科技体制改革，为“十三五”谋好局开好篇、加快建设创新型国家作出新的更大贡献！

目 录

摘 要

2015 年中国创投业发展的特征与形势分析

全国创业风险投资调查写作分析组①

创业投资在促进科技成果转化、发展创业型企业、培育新兴产业等方面发挥了重要作用，逐步形成了具有中国特色的发展模式，成为建设创新型国家的重要推动力量。

1. 2015 年创投业发展的总体情况

2015 年，对中国创投业而言是不平凡的一年。2015 年上半年，中国股票市场如火如荼，新三板市场挂牌加速推进，极大地激发了创业投资的热情，创投行业表现异常活跃。然而，2015 年下半年，市场急转直下，股票市场大跌，IPO 暂停，创投企业挂牌新三板被叫停，将创业投资业视同证券基金业加强监管，一时间让热度高涨的创投市场戛然而止，陷入困境。但总体而言，整个创投行业在募资、投资、退出方面仍然出现了不同程度的增长。

截至 2015 年底，中国创业投资各类机构数已达 1775 家②，较 2014 年增加 224 家，增长 14.4%。其中，创业投资企业（基金）1311 家，较 2014 年增加 144 家，增幅 12.3%；创业投资管理企业 464 家，较 2014 年增加 80 家，增幅 20.8%（见表 1、图 1）。相比而言，同期美国创业投资机构 2022 家，其中创业投资基金 1224 家；欧洲创业投资机构约 500 家。

表 1　中国创业风险投资机构总量、增量（2006~2015）

项目 \ 年份	2006	2007	2008	2009	2010	2011	2012	2013	2014	2015
现存的 VC 机构（家）	345	383	464	576	867	1096	1183	1408	1551	1775
其中：VC 基金（家）	312	331	410	495	720	860	942	1095	1167	1311
其中：VC 管理机构（家）	33	52	54	81	147	236	241	313	384	464
VC 机构增长（%）	8.2	11.0	21.1	24.1	50.5	26.4	7.9	19.0	10.2	14.4

① 中国科学技术发展战略研究院 2015 年“全国创业风险投资调查写作分析组”成员包括：郭戎、李希义、张明喜、张俊芳、魏世杰、付剑峰、朱欣乐、薛薇、王秋颖等。本报告执笔：张俊芳、张明喜。

② 实际存量机构数，主要包括：创业投资企业（基金）、创业投资管理企业以及少量从事创业投资业务的事业单位。该数据已剔除不再经营创投业务或注销的机构数。

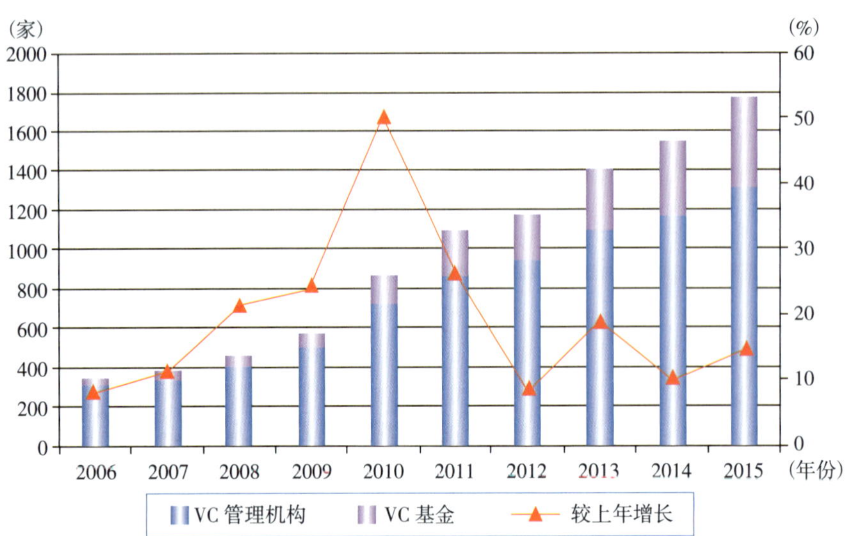

图 1 中国创业风险投资机构总量、增量（2006~2015）

2015 年，全国创业投资管理资本总量达到 6653.3 亿元，占 GDP 总量的 0.96%，较 2014 年增加 1420.9 亿元，增幅为 31.7%；基金平均管理资本规模为 4.66 亿元，较 2014 年略有提高（见表 2、图 2）。其中，最大母基金管理

表 2 中国创业风险管理资本总额（2006~2015）

项目 \ 年份	2006	2007	2008	2009	2010	2011	2012	2013	2014	2015
管理资本总额（亿元）	663.8	1112.9	1455.7	1605.1	2406.6	3198.0	3312.9	3573.9	5232.4	6653.3
较上年增长（%）	5.1	67.7	30.8	10.3	49.9	32.9	3.6	7.9	31.7	27.2
基金平均管理资本规模（亿元）	2.13	3.36	3.55	3.24	3.34	3.72	3.52	3.26	4.48	4.66
管理资本占 GDP（%）	0.30	0.42	0.46	0.46	0.59	0.66	0.62	0.61	0.82	0.96

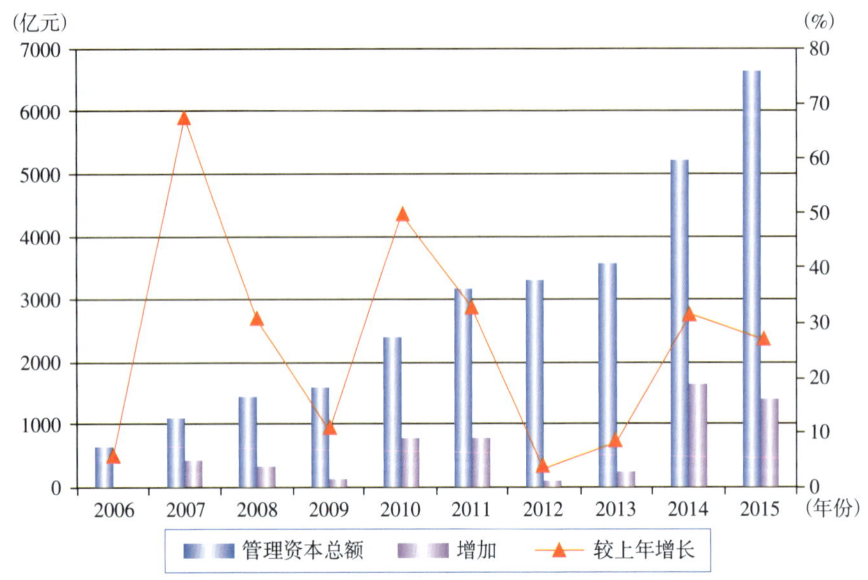

图 2 中国创业风险投资管理资本总额（2006~2015）

的子基金数达 35 家；管理资金规模达 400 亿元。相比而言，同期美国创业投资管理资本总额为 1653 亿美元，占 GDP 总量的 0.96%；欧洲创业投资机构基金管理资本总额约为 550 亿欧元。可见，中国创投在行业规模上仅次于美国，这意味着中国已经成为名副其实的创业投资大国。

但从投资方面而言，2015 年中国创业投资机构披露当年投资企业 3423 家，投资金额 465.6 亿元，占全国 GDP 总量的 0.063%；相比而言，美国当年投资企业 4497 家，投资金额 591 亿美元，占 GDP 总量的 0.34%；欧洲共有 2836 家企业获得了创业投资资助，投资金额 38 亿欧元，整个欧洲创业投资占 GDP 的比重为 0.025%，其中排名第一的丹麦创业投资占 GDP 比重达到 0.109%。可见，中国的创业投资还有进一步发展的空间。

2. 2015 年创投业发展的主要特点

2.1 募集资金总量不断攀升，政府及国有资本仍占重要地位

2015 年上半年，资本市场的如火如荼极大地刺激了创投业的发展，全年披露新募基金 197 家，较上年增长 16.6%；行业新增资本募集总量 1420.9 亿元，其中新募基金募集资本总量 262.1 亿元。从行业总体募集资金来源看，仍以各类未上市公司资金为主体，占比 53.9%，上市公司资金仅占 2.5%。按照资金来源所有制性质划分，政府及国有资金占比 35.3%，较 2014 年上升 3.9 个百分点；个人投资占比 12.0%，较 2014 年略有下降；民营及混合所有制企业资金占比 19.6%，外资企业占比 2.2%，此外，社保基金开始进入创投领域。按照资金的金融属性划分，银行、保险、证券等金融机构资本合计占比 2.80%，较 2014 年略有上升；其他金融资本占比 28.6%（见图 3）。

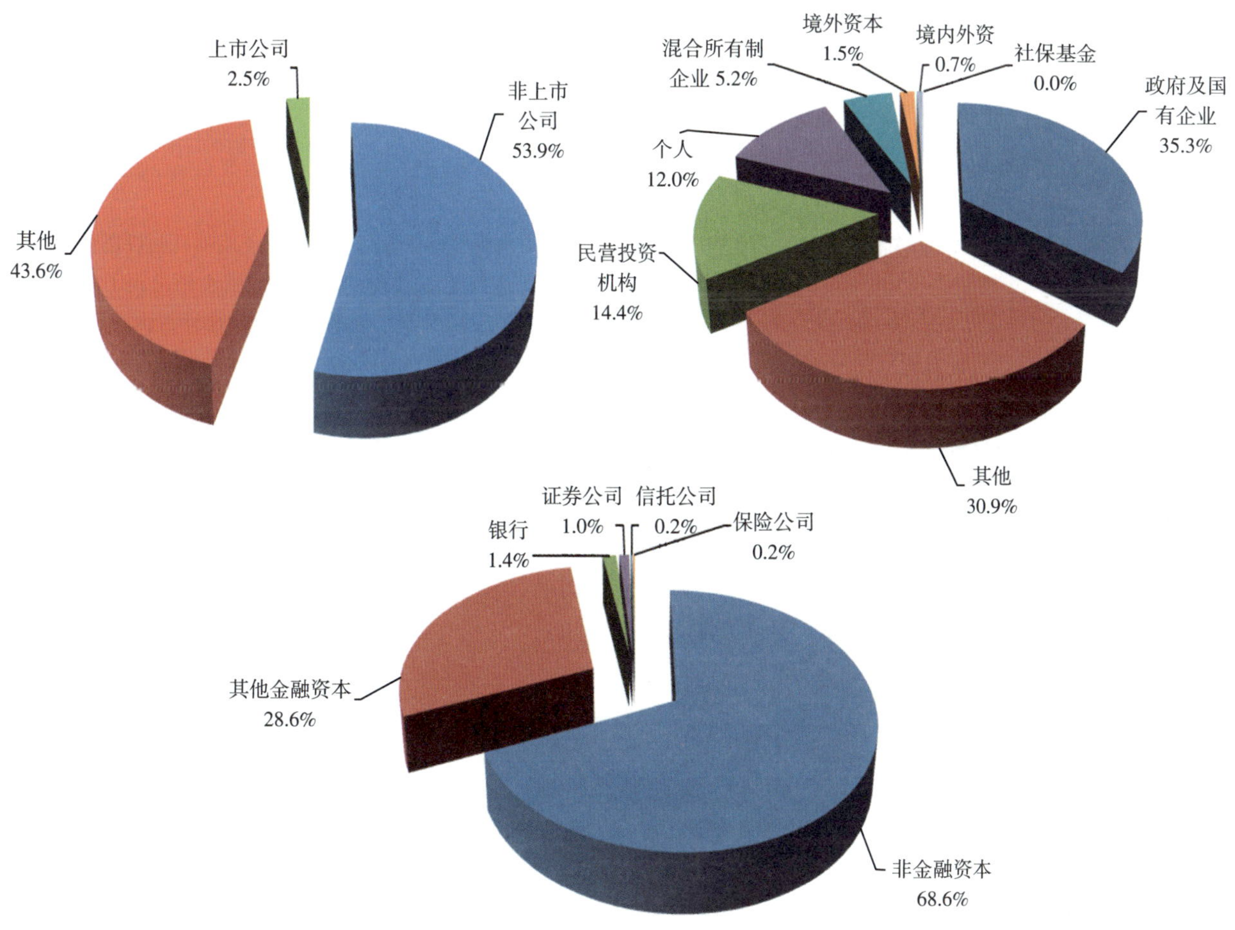

图 3 资金来源构成（2015）

2.2 高新技术企业仍是投资的主战场，互联网等行业备受青睐

截至 2015 年底，全国创业风险投资机构累计投资项目数达到 17376 项，其中投资高新技术企业项目数 8047 项，占比 46.3%；累计投资金额 3361.2 亿元，其中投资高新技术企业金额 1493.1 亿元，占比 44.4%。

按投资行业细类划分，2015 年中国创业风险投资年度投资项目主要集中在其他产业、网络产业、软件产业、IT 服务业、通信设备等行业，集中了当年 40.41%以上的项目。此外，网络产业、金融保险业等增幅较大，成为新一轮投资热点；创投机构对新能源、生物医药产业一直保持了较高的投资热情（见表 3）。

表 3 中国创业风险投资主要行业分布：投资金额与投资项目（2014~2015）[①]

投资行业	2014 年		2015 年	
	投资金额（%）	投资项目（%）	投资金额（%）	投资项目（%）
其他行业	8.5	8.1	10.4	10.9
网络产业	4.0	8.9	5.1	10.6
软件产业	7.4	9.4	7.5	7.4
IT 服务业	3.0	5.7	3.0	5.8
通信设备	13.8	8.3	18.6	5.8
新材料工业	3.7	5.9	5.7	5.5
其他制造业	3.3	4.1	3.7	5.3
金融保险业	2.9	3.6	5.7	5.2
传统制造业	7.6	5.0	3.8	4.4
传播与文化娱乐	5.4	3.8	5.5	4.3
新能源、高效节能技术	2.9	4.2	3.0	4.2
医药保健	7.4	5.3	5.4	4.1

2.3 投资阶段仍以早前期项目为主，投资日趋理性

2015 年，中国创业投资机构仍然倾向于早前期阶段的项目投资，尽管对种子期和起步期的投资项目占比较上年略有下降，分别为 18.2%、35.6%，但合计占比仍然超过半数，占到 53.8%。其中，对种子期项目的投资金额明显上升，达到 8.1%，单笔种子期投资金额出现了较大幅度增长；种子期和起步期的投资金额合计占比达到 29.6%，与上年基本持平（见表 4）。

表 4 中国创投投资项目所处阶段分布：投资金额与投资项目（2014~2015）[②]

投资阶段	2014 年		2015 年	
	投资金额（%）	投资项目（%）	投资金额（%）	投资项目（%）
种子期	5.6	20.8	8.1	18.2
起步期	25.2	36.6	21.5	35.6
成长（扩张）期	59.0	35.9	54.4	40.1
成熟（过渡）期	10.1	6.5	15.2	5.4
重建期	0.1	0.3	0.7	0.7

从投资轮次而言，2015 年，中国创业投资机构仍以首轮投资为主导，首轮投资和后续投资项目分别占 62.7%和 37.3%[③]，但首轮投资的比例自 2010 年以后逐年下滑，这在一定程度上表明，投资日趋理性与谨慎。

① 有效样本数为 2591 份。
② 有效样本数为 2568 份。
③ 与美国相比，美国历年的首轮投资在 10%~20%，2015 年首轮投资仅占 15.5%。

2.4 地区集聚效应明显，内陆部分地区增长较快

整体看，我国创业投资的机构分布具有较为明显的区域特征，包括江苏、浙江、北京、上海、广东在内的经济发达地区也一直是创业投资机构最为集聚的地区，到2015年这些地区的风险投资机构数量达到1130家，占全国总量的63.7%。

从历年统计来看，风险投资的集聚效应非常明显，以江苏、浙江为首的风险投资在全国的占比从2002年的18.2%持续增加到2015年的46.7%。此外，山东、重庆、安徽、湖南、湖北等省份的风险投资业在近年来呈现出比较明显的增长态势（见图4）。

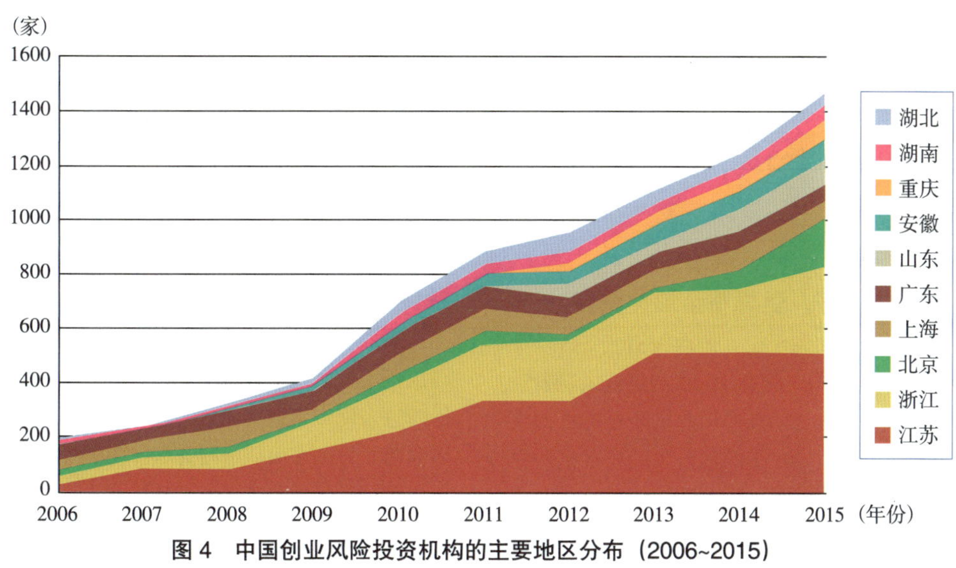

图4 中国创业风险投资机构的主要地区分布（2006~2015）

从资金体量来看，2015年，北京、江苏、广东、浙江、安徽的管理资本总量排在了全国前五名，合计占比82.3%。其中，江苏、浙江地区的风险投资机构体量较小，约70%的公司资金规模在5000万~5亿元之间，而北京、广东地区的风险投资机构资金规模较大，40%的机构资金规模在5亿元以上。

2.5 IPO退出受到较大影响，行业平均收益率大幅提升

统计显示，2015年全年共披露了677笔退出交易。按照退出渠道划分，创业投资企业中共有105个项目通过IPO方式退出，较2014年略有提升，但相对占比大幅回落，仅占15.51%，这主要源于下半年市场IPO的暂停；相对而言，并购交易有所提升，尽管占比下降到31.02%，但项目数额上升到210项；此外，2015年新三板市场的火爆，也促进了创投企业实现有效退出，全年有69个项目通过新三板挂牌进行交易，占比9.45%，退出的总体环境向好（见图5）。

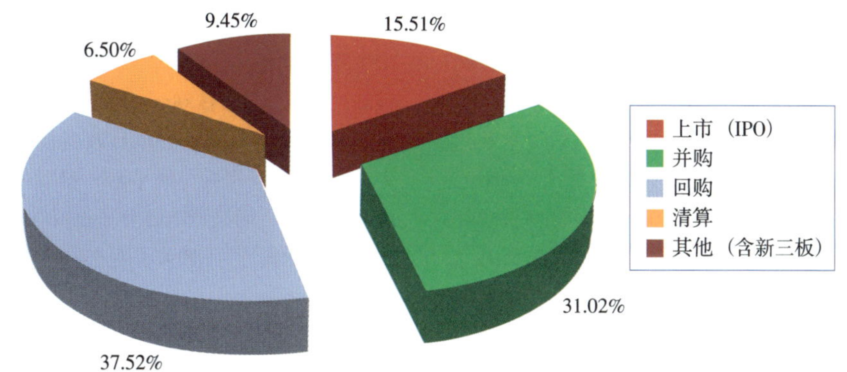

图5 中国创业风险投资的退出方式（2015）

从 2015 年退出项目收益情况来看，由于受 2015 年上半年股票市场活跃等利好政策影响，上市退出收益较往年进一步提高，达到 779.27%，即平均账目回报 7.8 倍，接近历史表现最好水平；通过并购退出的项目收益率也出现大幅度提高，收益率达 135.55%；回购股份也有好的表现，实现了 19.01%的盈利水平；新三板市场的快速发展也为部分项目退出提供了良好的通道，实现了 16.86%的收益水平；全行业的项目退出收益率高达 260.18%。此外，整个行业投资退出步伐加速，项目投资时间明显缩短，平均投资退出时间仅为 3.92 年，整体行业年均收益率达到 32.39%（见表 5）。

表 5 中国创业风险投资退出的投资收益率（2006~2015）[①]

年　份	2006	2007	2008	2009	2010	2011	2012	2013	2014	2015
总体收益率（%）	56.62	77.12	240.36	144.89	221.87	193.71	196.35	117.7	123.04	260.18
年均收益率（%）	4.66	4.32	32.68	19.33	37.82	45.62	44.01	13.85	23.46	32.39

3. 行业发展态势分析

3.1 政策层面总体向好，引导基金加速调整

近年来，中央及地方出台了一系列政策措施支持风险投资发展。2016 年调查显示，约有 18.1%的创业风险投资机构享受到政府资金支持，23.1%的创业风险投资机构享受到所得税减免政策优惠，30.3%的创业风险投资机构在信息交流方面得到了政府支持，12.1%的创业风险投资机构在人员培训方面得到了政府帮助。总体上，政府对创投机构的直接支持在减少，间接服务在不断完善，政策投资环境逐年向好。

近年来，为响应“双创”号召，从国家到地方引导基金政策纷纷出台，引导基金的数量和规模都呈现出爆发式增长。截至 2015 年底，国内共成立 395 只引导基金，引导基金累计出资 493.2 亿元，引导带动的创业风险投资管理资金规模达到 2280.9 亿元。从中央层面来看，2015 年国家对政府基金进行了整合：①科技部主导的“国家科技成果转化引导基金”。2015 年，科技成果转化引导基金已设立 3 只子基金，引导基金出资 10 亿元，3 只基金总规模达到 42 亿元。②发改委主导的“国家新兴产业创业投资引导基金”，助力创业创新和产业升级；吸引有实力的企业、大型金融机构等社会、民间资本参与，预计形成总规模 400 亿元的新兴产业创投引导基金。③工信部主导的“国家中小企业发展基金”，2015 年，中小企业发展基金已设立 1 只子基金，基金总规模 60 亿元，政府出资 15 亿元。预计形成总规模 600 亿元的基金。引导基金多采取市场化运作方式，重点投资于种子期、成长期的科技型中小企业，已经成为政府推动创业投资发展的重要手段。

3.2 募资、退出渠道逐步放宽，股权众筹等新兴融资模式不断涌现

2012 年以来，一方面，随着监管部门针对资产管理市场出台了一系列政策，券商、基金、保险等金融机构开始纷纷进入资产管理市场，为创投企业的资金募集打开了更多通道。另一方面，中国资本市场不断完善，特别是 2015 年以来“新三板”市场的快速扩容，进一步拓宽了创业投资企业的退出渠道，也迎来了“中概股”的回归潮。据不完全统计，截至 2015 年底，“新三板”挂牌企业已超过 5000 家，其中超过 10%的企业获得过创业投资资本。此外，众筹模式等新兴融资手段，也成为创业风险投资资本融资渠道和融资方式[②]。

2014 年，美国创投协会开展了全球创投信心指数调查，回收了来自全球 24 个国家的 331 份调查问卷。调查结果显示，对政府扶持创投发展的信心指数，中国排名全球第二，仅次于印度；对国家进行投资的信心指数，中国排名全球第七。

3.3 行业变革加剧，出现新的投资商业模式

2015 年以来，融资需求剧增，大批基金合伙人纷纷自立门户，加快了创业风险投资改革的步伐。如 2015 年 IDG 资本合伙人李丰和林中华设立的峰瑞资本，尝试用一种新的模式，通过降低合伙人投资门槛、设计“管理费”对赌条款、打破原有的项目收费模式，建立了包含创业者、LP 以及项目搜寻的平台，推动了创投行业新模式的出现。此后，熊猫资本、分享投资等机构也采取了类似措施（或机制设计），带动了创业风险投资行业变革。

① 有效样本数为 2211 份。

② 据清科研究中心统计，截至 2015 年底，中国股权众筹平台数已有 141 家，其中 2014 年和 2015 年上线的平台数分别有 50 家和 84 家，占全部股权众筹平台数的 35.5%和 59.6%。

3.4 行业发展趋于理性，投资者信心指数总体向好

2015 年创投调查显示，关于“机构未来一年最看好的投资领域”，“新能源、高效节能技术”、“医药保健”、“新材料工业”成为 2016 年创投机构未来一年最看好的前三领域，分别占比 12.5%、10.4%和 9.7%，而网络产业以 8.6%的比重排在“生物科技”和“环保工程”之后。可见，在 2015 年频频曝光互联网金融事件后，包括创业风险投资机构在内的投资者和消费者对网络产业的态度逐渐趋于理性。

对于 2016 年投资前景，1279 家中国创业风险投资机构整体上给出了相对乐观的预测。有 53.0%的机构看好 2016 年的投资前景，分别有 3.7%和 49.3%的机构认为 2016 年投资前景“非常好”和“好”；但是与上年相比，持乐观态度的机构占比下降较为明显。

4. 面临的主要困境及建议

2015 年，创投调查组走访了部分地区与机构，进行了深入调研。据反映，目前行业发展主要面临以下三方面的困境：

4.1 将创业投资基金视为证券投资基金管理，存在监管过度、多头监管等问题

2014 年以来，为防范金融风险，有关方面对证券基金业实施了一系列“新政”，加强了对证券基金业的监管。然而，2015 年以来，有关方面将创业投资业视同证券基金业纳入“新政”加强监管的范围，如从业人员必须参加“基金从业资格考试”，不备案就不能进行 IPO、并购和新三板挂牌，作为类金融企业暂停挂牌新三板等措施。此外，行业监管存在多头管理、职责不清、信息无法共享等现象，引起业内强烈不满。事实上，创业投资与证券投资基金是两种截然不同的投资业态，属于长期投资，并具有增值服务能力。过度监管不仅会给创投行业造成投资效率的损失，而且可能扭曲创业投资行为，抹去创业投资的特点，对行业发展造成深远影响。

建议按照“分类监管、适度监管”原则，把创业投资基金与证券投资基金区别对待，制定单独的监管办法；并从源头上建立信息共享机制，避免多头监管；同时，进一步加强资本市场制度改革，扩宽退出渠道。

4.2 存在重复征税，享受税收优惠门槛较高等现象

近年来，为扶持创投企业发展，制定了“投资于未上市的中小高新技术企业 2 年以上的，可按照投资额的 70%在股权持有满 2 年的但年抵扣应纳所得税”等优惠政策。然而，据调查，目前仍然存在一些问题：一是现行的创业投资 70%税前扣除优惠享受门槛较高。政策优惠对象仅包括备案的创业投资公司，且投资对象必须为中小高新技术企业。因此，有限合伙创投企业、未备案的创投企业和其他有相同投资行为的个人投资者都不在受惠范围之列，尚未取得高企认定的科技型中小企业也不在符合条件的投资范围之内。二是有限合伙创投合伙人所得税政策有失公平，有限合伙企业股权投资分红重复征税。三是非公开市场股权转让损失及投资损失认定困难，导致税前无法抵扣。四是有限责任公司企业资本公积转增股本需缴纳个人所得税不合理。

建议进一步降低创投企业享受税收优惠条件的标准，扩大投资对象范围。对股权转让损失，允许采用专项申报的方式给予一定比例税前扣除。明确有限合伙企业法人合伙人从有限合伙创业投资企业处取得的股息红利可以免税。对有限责任公司的小微企业资本公积转增股本股东免缴个人所得税。

4.3 存在工商注册程序繁琐，部分地方禁止注册、强制评估等障碍

调研发现，由于各地工商局对创投企业的认识不足，创投企业在创立企业和经营实践中遭遇以下障碍：一是工商注册手续繁琐。由于对合伙制企业的认识不足，办理过程较为繁琐。此外，由于创投企业大部分投资的是小微企业，而这些小微企业在经营失败时大多不会走破产清算程序，导致工商注销手续无法完成，因而引起税收抵扣困难。二是受到市场上非法集资问题的影响，目前，部分地区禁止带有“创业投资”字样的合伙企业注册，为企业带来很大困扰。三是创业投资机构的投资性质导致了内部股权变更和转让时有发生，且交易价格主要由买卖双方决定，但是目前大部分地区的工商、税务部门要求必须以评估机构的价格为准，明显增加了股权变更的交易成本和难度。

建议开设创投企业工商绿色通道，简化中小企业注销及破产认定程序，取消股权变更过程中的强制评估手续，提高创投企业注册及后续变更备案的效率。

Executive Summary

Characteristics & Trend Analysis of 2015 VC Industry in China

Team of Survey, Writing and Analysis of VC in China①

In China, VC plays an important role in accelerating commercialization of research findings, boosting start-up companies and fostering emerging industries. In this way, the VC development model with Chinese characteristics has gradually been established, making it a major push to build China into a country of innovations.

1. General VC development in 2015

2015 was extraordinary for VC industry in China. At the beginning of 2015, the General Office of State Council released Guidelines on Expanding Space for Mass Innovations and Entrepreneurship. Stock market in China was flourishing, and IPO in NEEQ market was accelerated, which stimulated VC and left VC industry quite active. Nevertheless, in the second half of 2015, the market reversed, stock market fell down considerably, IPO was suspended, IPO of VC companies in NEEQ were suspended, VC business was supervised as strictly as securities bond industry, which placed the hot VC market into stagnation and even difficulties. But in general, the entire VC industry rose in terms of fund raising, investment and exit.

By the end of 2015, China had 1775 VC institutions of all kinds②, rising by 224 from 2014, or by 14.4%. Of these VC institutions, there were 1311 VC enterprises (funds), increasing by 144, or 12.3% from 2014; 464 VC management enterprises, up by 80, or 20.8% from 2014 (see Table 1 and Graph 1. In the same period, US had 2022 VC institutions, including 1224 VC funds. EU had about 500 VC institutions.

Table 1　Total number & increase in VC institutions in China（2006~2015）

Item \ Year	2006	2007	2008	2009	2010	2011	2012	2013	2014	2015
Existing VC institutions	345	383	464	576	867	1096	1183	1408	1551	1775
Incl: VC funds	312	331	410	495	720	860	942	1095	1167	1311
Incl: VC management institutions	33	52	54	81	147	236	241	313	384	464
Growth of VC institutions（%）	8.2	11.0	21.1	24.1	50.5	26.4	7.9	19.0	10.2	14.4

① CASTED Team of Survey, Writing and Analysis of VC in China for 2015 consists of Guo Rong, Li Xiyi, Zhang Mingxi, Zhang Junfang, Wei Shijie, Fu Jianfeng, Zhu Xinle and Wang Qiuying, etc. The Report was written by Zhang Junfang & Zhang Mingxi.

② Actual number of existing institutions, mainly including: VC enterprises (funds), VC management enterprises and a few institutions engaging in VC business. The data exclude the number of institutions not operating VC business or those that have been written off.

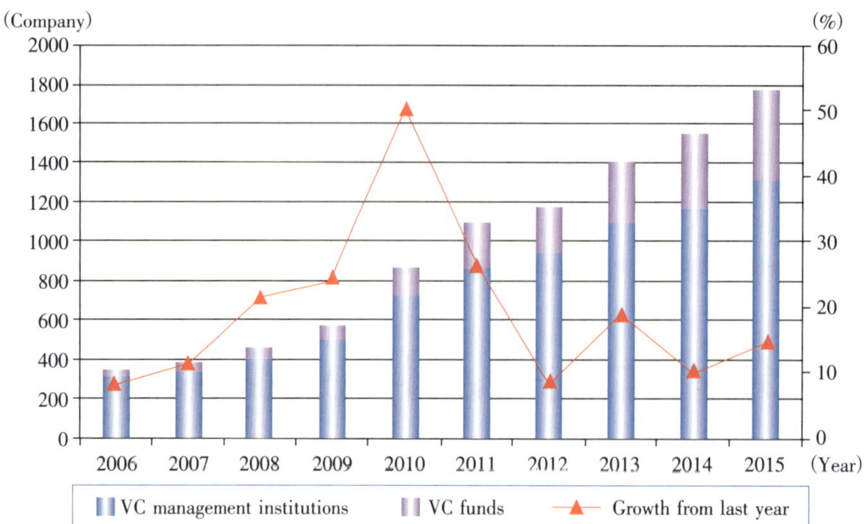

Graph 1 Total number & increase in VC institutions in China (2006~2015)

In 2015, total management capital of VC in China reached RMB 665.33 billion Yuan, accounting for 0.96% of Chinese economic aggregate, rising by RMB 142.09 billion, or 31.7% from 2014; the average fund volume was RMB 466 million Yuan, increasing a little bit from 2014 (see Table 2 and Graph 2). The FOF managed 35 funds at most and the management funds totaled RMB 40 billion Yuan. In the same period, the total management capital of U.S. VC institutions reached USD 165.3 billion, or 0.96% of GDP in the country. The management capital of European VC institutions amounted for about 55 billion Euros. In terms of volume, VC in China was only second to US, meaning China has become a major VC power in the world.

Table 2 Total VC fund in China (2006~2015)

Item \ Year	2006	2007	2008	2009	2010	2011	2012	2013	2014	2015
Total VC fund (in RMB 100 million)	663.8	1112.9	1455.7	1605.1	2406.6	3198.0	3312.9	3573.9	5232.4	6653.3
Growth from previous year (%)	5.1	67.7	30.8	10.3	49.9	32.9	3.6	7.9	31.7	27.2
Average fund volume (in RMB 100 million)	2.13	3.36	3.55	3.24	3.34	3.72	3.52	3.26	4.48	4.66
Ratio of VC fund in GDP (%)	0.30	0.42	0.46	0.46	0.59	0.66	0.62	0.61	0.82	0.96

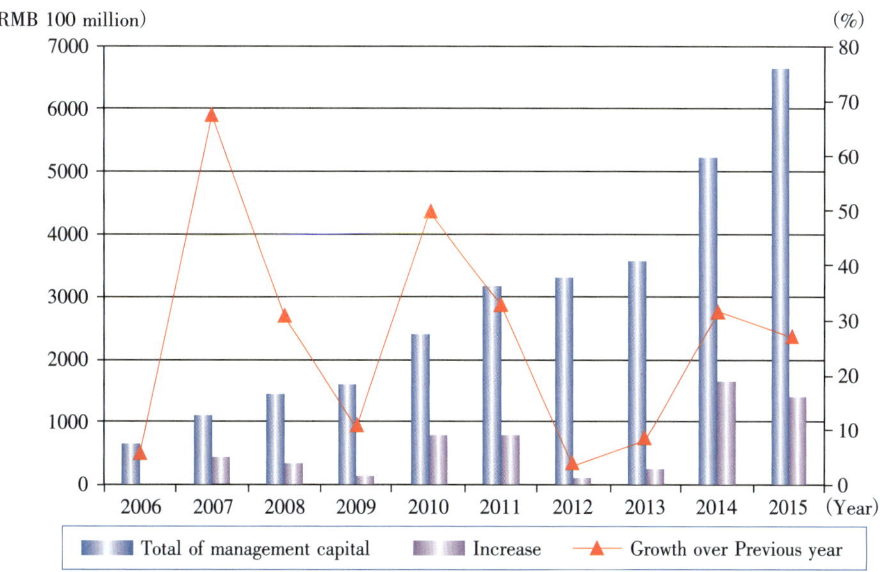

Graph 2 Total management capital of VC institutions in China (2006~2015)

As far as investment intensity is concerned, Chinese VC institutions revealed they invested in 3423 enterprises in 2015 with investment volume reaching RMB 46.56 billion Yuan, or 0.063% of Chinese GDP. In comparison, American VC institutions invested in 4497 enterprises with investment volume reaching USD59.1 billion, or 0.34% of GDP in the country. In Europe, 2836 enterprises received VC investments totaling 3.8 billion Euros, or 0.025% of total GDP in the Europe. In Denmark, which ranked No. 1 in this regard, VC accounted for 0.109% of its GDP. From these figures, we can conclude VC in China has great space for growth.

2. Major characteristics of VC development in 2015

2.1 Fund raised kept increasing with government and state-owned capital taking the dominant position

In the first half of 2015, the flourishing capital market stimulated development of VC industry. In the whole year of 2015, 197 new funds were revealed, rising by 16.6% from the previous year. The total raised funds reached RMB 142.09 billion Yuan, of which RMB 26.21 billion was raised by new funds. Most the funds, or 53.9% of the total, were raised from the non-public companies and only 2.5% came from public companies. In terms of ownership of fund sources, government and state-owned capitals took 35.3%, rising by 3.9 percentage points from 2014; personal funds accounted for 12.0%, falling down slightly from 2014; funds from private and mixed own ership enterprises accounted for 19.6%; and foreign enterprises took 2.2%. Besides, social security funds started to get into VC arena. In terms of financial attributes of the funds, the capital of banks, insurance companies, securities companies and other financial institutions accounted for 2.80% of the total, increasing slightly than that of 2014; the other financial capital for 28.6% (see Graph 3).

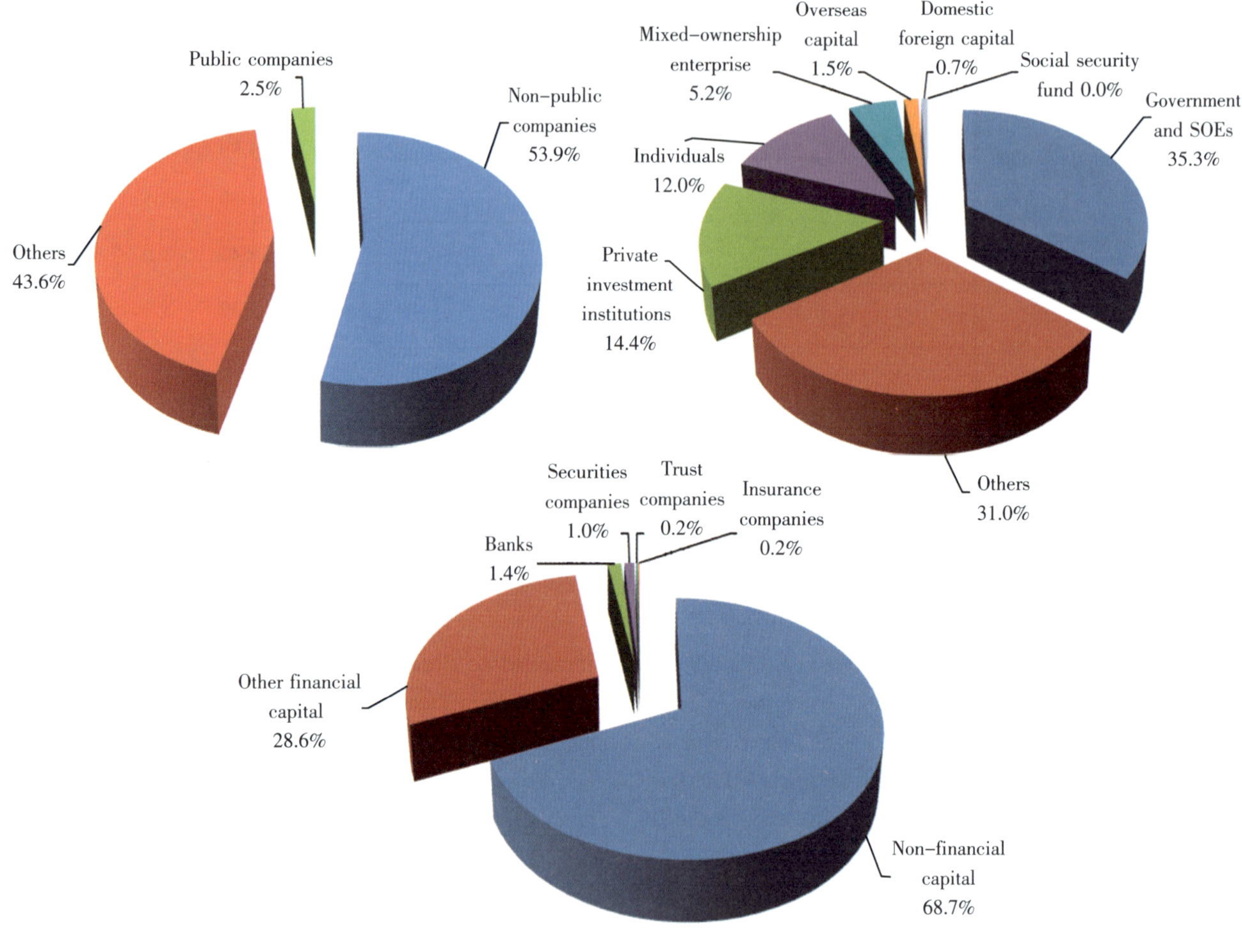

Graph 3 Structure of fund sources (2015)

2.2 High-tech enterprises are still main investment targets with Internet and similar sectors most favored

By the end of 2015, VC institutions in China had invested in 17376 projects, including 8047 high-tech projects, or 46.3% of the total; the aggregate investment volume reached RMB 336.12 billion Yuan, of which RMB 149.31 billion Yuan was invested to high-tech enterprises, or 44.4% of the total.

In terms of industrial segment of investment, in 2015, more than 40.41% of VC funds were mainly invested in others, Internet, software, IT service, telecom equipment, etc. Besides, Internet and financial insurance sectors rose considerably, becoming the new favorite investment targets. New energy and bio-medicine industries have maintained the relatively high investment passion (see Table 3).

Table 3 Major target sectors of VC in China: investment volume and projects (2014~2015)①

Invested sectors	2014 yaer		2015 yaer	
	Investment volume (%)	Invested projects (%)	Investment volume (%)	Invested projects (%)
Other sectors	8.5	8.1	10.4	10.9
Internet	4.0	8.9	5.1	10.6
Software	7.4	9.4	7.5	7.4

① There are 2591 effective samples.

续表

Invested sectors	2014 yaer		2015 yaer	
	Investment volume (%)	Invested projects (%)	Investment volume (%)	Invested projects (%)
IT service	3.0	5.7	3.0	5.8
Telecom equipment	13.8	8.3	18.6	5.8
New materials industry	3.7	5.9	5.7	5.5
Other manufacturing industry	3.3	4.1	3.7	5.3
Financial insurance	2.9	3.6	5.7	5.2
Traditional manufacturing industry	7.6	5.0	3.8	4.4
Communication, culture and entertainment	5.4	3.8	5.5	4.3
New energies, energy-efficient technologies	2.9	4.2	3.0	4.2
Medicine & health care	7.4	5.3	5.4	4.1

2.3 Most investments are made in early periods of projects with investments becoming more rational

In 2015, VC institutions in China were inclined to investing in early stages. Though investment projects in seed stage and start-up stage fell down slightly from the previous year at 18.2% and 35.6% respectively, their aggregate proportion stood at 53.8%. Volume of investments in seed-stage projects rose considerably to 8.1%. The single sum of investments in seed-stage projects increased exceptionally. Total investments in seed-stage and start-up stage projects accounted for 29.6% of the total; almost the same as the previous year (see Table 4).

Table 4 Distribution of stages receiving Chinese VC funds: investment volume and projects (2014~2015)[①]

Stage of investment	2014 year		2015 year	
	Investment volume (%)	Invested projects (%)	Investment volume (%)	Invested projects (%)
Seed stage	5.6	20.8	8.1	18.2
State-up stage	25.2	36.6	21.5	35.6
Growth (expansion) stage	59.0	35.9	54.4	40.1
Maturation (transition) stage	10.1	6.5	15.2	5.4
Re-setup stage	0.1	0.3	0.7	0.7

As far as investment rounds are concerned, in 2015, most VC institutions made first-round investments with first-round investment projects and following investment projects accounting for 62.7% and 37.3% respectively[②]. However, ratio of first-round investments gradually fell down since 2010, which showed to some degree that investments were becoming more rational and prudent.

2.4 Regional combined effect was evident with some inland regions growing relatively fast

In general, VC body distribution in China has evident regional characteristics. Developed regions, including Jiangsu, Zhejiang, Beijing, Shanghai and Guangdong, gather the largest number of VC institutions. In 2015, these regions had 1130 VC institutions, accounting for 63.7% of the total in China.

Statistics in past years show VC has evident combined effect. In developed regions represented by Jiangsu and Zhejiang, proportion of VC in China rose continuously from 18.2% in 2002 to 46.7% in 2015. Besides, VC sector in mid-west China such as Shandong, Chongqing, Anhui, Hunan and Hubei, etc. presented quite prominent growth in recent years (see Graph 4).

① There were 2568 effective samples.

② For years, the first-round investments account for 10%-20% of the total in USA. In 2015, the first-round investments only took 15.5% of the total in the country.

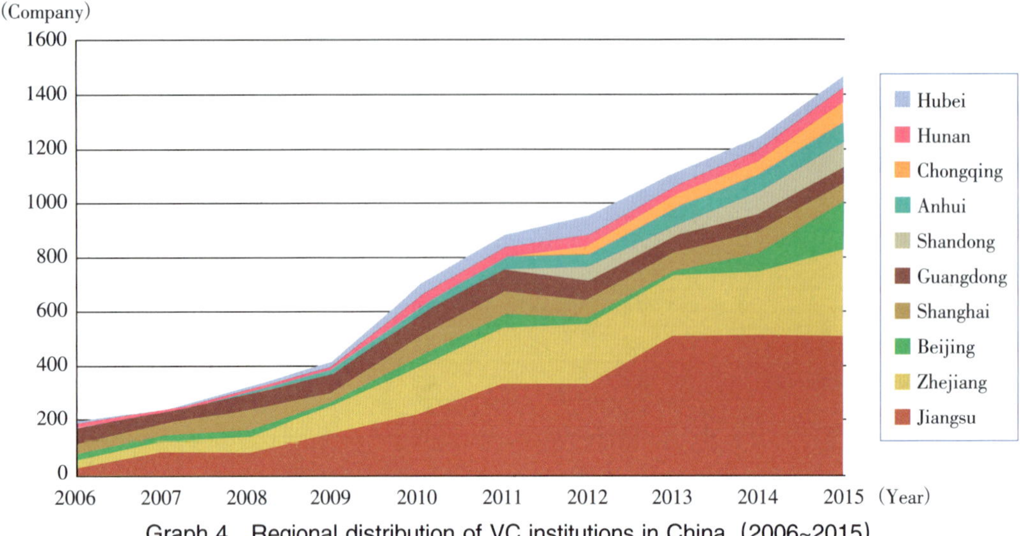

Graph 4 Regional distribution of VC institutions in China (2006~2015)

In terms of fund volume, total funds in Beijing, Jiangsu, Guangdong, Zhejiang and Anhui ranked Top 5 in China in 2015, accounting for 82.3% of total in China. VC institutions in Jiangsu and Zhejiang had smaller size, where about 70% companies had funds ranging between RMB50-500 million. However, VC institutions in Beijing and Guangdong had larger size with 40% of them having funds of more than RMB500 million.

2.5 IPO exit was impacted greatly with average yield rate in the industry rising considerably

Statistics show 677 exit transactions were disclosed in 2015. VC companies realized exits in the form of IPO in 105 projects, rising a little bit from 2014 with proportion falling down considerably, standing at only 15.51%. This was mainly because of IPO suspension in the second half of 2015. In comparison, M&A cases increased. Though the proportion fell to 31.02%, the number of project increased to 210. Besides, the fever of NEEQ in 2015 also helped with effective exit of VC companies. In 2015, 69 projects, or 9.45% of the total, realized IPO in NEEQ. The general environment of exit was positive (see Graph 5).

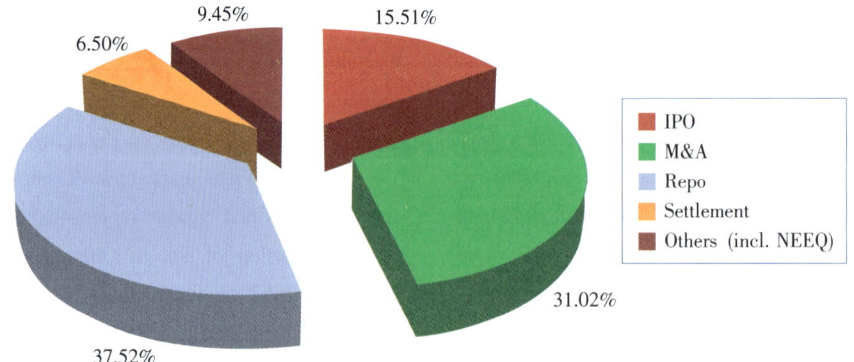

Graph 5 Exit approaches of VC in China (2015)

Because of positive facts such as active stock market in the first half of 2015, exit yields increased from the previous years to 779.27%. In other words, the average account returns stood at 7.8 times, approaching the best performance in history. Yield rate of project exiting via M&A also rose sharply to 135.55%; Repo of stocks also had good performance, realizing 19.01% yield rate. Rapid development in NEEQ also provided wonderful channel for exit of some projects, realizing 16.86% yield rate. The yield rate of projects in the entire sector reached 260.18%. Besides, quicker exit was seen in the entire industry with project investment duration shortened evidently. The average exit time was only 3.92 years. In the entire industry, annual yield rate reached 32.39% (see Table 5).

Table 5 Yield rate of VC exits in China (2006~2015) ①

Year	2006	2007	2008	2009	2010	2011	2012	2013	2014	2015
General yield rate (%)	56.62	77.12	240.36	144.89	221.87	193.71	196.35	117.7	123.04	260.18
Annual yield rate (%)	4.66	4.32	32.68	19.33	37.82	45.62	44.01	13.85	23.46	32.39

3. Trend analysis of industrial development

In 2015, the following evident trends were seen in VC industry:

3.1 Policies were largely favorable, FOF accelerate adjustment

In recent years, Central Government and local governments in China issued a number of policies and measures to support VC development. A survey in 2016 finds out about 18.1% VC institutions receive government fund support, 23.1% VC institutions gain the income-tax exemption or reduction policies, 30.3% VC institutions receive government support in info exchange, and 12.1% VC institutions get government help in personnel training. In general, government is reducing direct support for VC institutions, the indirect service is being improved and investment policy environment is moving positively as years go by.

In particular after the 18th CPC National Congress, to respond to the appeal to Innovation and Entrepreneurship, the Central Government and local governments in China have released many policies with the number of scale of FOF rising explosively. By the end of 2015, China had established 395 FOFs, which contributed RMB 49.32 billion Yuan. The VC funds ushered by these FOFs reached RMB 228.09 billion Yuan. Also in 2015, the Central Government of China integrated the government funds and 3 national FOFs were set up. ①National FOF for Applying Research Results, which was administered by the Ministry of Science and Technology. In 2015, National FOF for Applying Research Results established 3 sub-funds. The FOF contributed RMB 1 billion Yuan with the 3 sub-funds contributing RMB 4.2 billion Yuan. ②The National FOF for Emerging Industries, which was administered by NDRC to boost entrepreneurship, innovations and industrial upgrading. The powerful enterprises, large financial institutions and private capital will be attracted. It is expected the National FOF for Emerging Industries will have the total size of RMB 40 billion Yuan. ③National Fund for SME Development, which was administered by the Ministry of Industry and Information Technology. In 2015, the National Fund for SME Development set up a sub-fund with total fund size at RMB 6 billion Yuan, RMB 1.5 billion of which was contributed by the government. It is expected the Fund will stand at RMB 60 billion in the future. These national FOFs will focus on investing in high-tech SMEs in their seed stage or start-up stage, which have become the important means for government to push forward VC development.

3.2 Fund-raising and exit channels were becoming wider with emerging financing models such as equity crowd-funding showing up

Since 2012, as regulators issued a number of policies for the assets-management market, the securities companies, funds, insurance companies and other financial institutions start to get into assets-management market, opening more channels for fund raising of VC enterprises. On the other hand, the Chinese capital market is kept improving. In particular, the NEEQ have rapidly expanded capacity since 2015, creating more channels for VC companies to exit and embracing the returns of China Concept Stocks. Rough statistics show that by the end of 2015, there had been more than 5000 enterprises listed in NEEQ, 10% of which have gained VC capital. Be-

① There were 2211 effective samples.

sides, the emerging financing means such as crowd-funding models also enrich financing channels and approaches to VC capital①.

In 2014, National Venture Capital Association (NVCA) of USA made a global survey about confidence index of VC, which retrieved 331 questionnaires from 24 countries in the world. The survey results show China ranked No. 2 in the world in index of confidence in government-supported VC development, only after India. And China ranked No. 7 in terms of index of confidence in government investment.

3.3 Robust reforms in the industry with new investment business model emerging

Since 2015, we have seen sharp rise in financing needs. A large number of fund partners start their own business, thus speeding up reform of VC. For example, Partners Li Feng and Lin Zhonghua of IDG established Frees Fund in 2015, trying to use a new model to reduce minimum investments by partners, design the Ratchet Terms of "management fees", break the original project fee-collecting model, establish the platform con taining entrepreneurs, LP and project seeking, and stimulate new models in VC industry. After that, Panda Capital, Share Capital and other institutions have made similar measures to boost reform in traditional VC industry.

3.4 Industrial development moves towards rationality with investors' confidence index going positive

According to a VC survey made in 2015, "new energies and energy-efficient technologies", "medicine and health care" and "new materials industry" are top 3 sectors most favored by VC institutions in 2016, accounting for 12.5%, 10.4% and 9.7% respectively. And Internet industry, accounting for 8.6%, ranks in the place following "bio tech" and "environmental engineering". From this survey result, we can conclude that, after the many cases of Internet financial risks released in the media, consumers and investors including VC institutions are adopting more rational attitude towards Internet industry.

As per investment prospect in 2016, 1297 Chinese VC institutions, in general, make relatively optimistic predictions. 53.0% institutions believe investment prospect in 2017 is positive. 3.7% and 49.3% institutions believe investment prospect in 2016 is "very good" and "good". Nevertheless, compared with last year, institutions holding positive attitude fell down evidently in proportion.

4. Major difficulties and proposals

In 2015, VC survey team visited some regions to make in-depth survey. According to VC institutions, at present the VC development is confronted with the following 3 difficulties:

4.1 VC funds are managed the same as securities invest ment funds, with excessive supervision and multiple supervising agencies

Since 2014, relevant parties have adopted a series of "new polices" over securities funds to prevent risks, thus enhancing supervision over securities funds. However, since 2015, relevant parties have also included VC in the supervision of these new policies. For instance, those working in the VC industry have to take Qualification Exam for Funds; without filing, VC funds cannot launch IPO, M&A or get listed in NEEQ; quasi-financial enterprises suspended IPO in NEEQ, etc. Besides, supervision is featured by multiple supervising agencies, ambiguous duties and failure to share information, which arouse a lot of complaints in the industry. As a matter of fact, VC and securities investment funds are two different investment forms. As long-term investment, VC is capable of val ue-added service. Excessive supervision will not only cause losses of investment efficiency to VC industry, but also might distort VC behaviors, eliminate features of VC and cause far-reaching influence on development in the industry.

It is proposed that we take the principle of "categorized and proper supervision", adopt different approaches to VC funds and securities investment funds, take separate supervision regulations, establish info-sharing mechanism to avoid phenomenon of multiple supervisors; enhance reforms in capital market institutions and expand channels of exit.

4.2 Redundant taxation and high threshold of enjoying preferential tax policies

In recent years, taxation administration has launched a few preferential policies to support development of VC companies. In particular, it has been regulated that "those investing in

① According to Zero2IPO Research, by the end of 2015, China had 141 platforms of equity crowd-funding, of which 50 and 84 were placed online in 2014 and 2015 respectively, accounting for 35.5% and 59.6% of total equity crowd-funding platforms.

non-public high-tech SMEs for more than 2 years can have 70% of investments reduction the payment income taxes by holding equity for 2 years. However, survey finds out there are still some taxation problems. First, the 70% pre-tax reduction policy has too high threshold for VC to enjoy the policy". Those who enjoy this preferential policy are only filed VC companies, whose investment targets have to be high-tech SMEs. As a result, limited partnership VC companies, non-filed VC companies and other individual investors with the same investment behaviors are not included in the preferential policies; and tech SMEs not yet recognized as high-tech enterprises are not in the scope of qualified investments. Second, income-tax policies for limited partnership VC are not fair enough and redundant taxes are levied on dividends of limited partnership VC. Third, in the non-open market, it is difficult to affirm equity-transfer losses and investment losses, making it impossible to make pre-tax reduction. Fourth, it is not reasonable to pay personal income tax on paid-in capital from corporate capital reserves in limited liability companies.

We propose referring to the taxation standards of high-tech enterprises to reduce tax burdens on VC companies; continue to lower down criteria of qualifications for VC companies to enjoy preferential tax policies; expand scope of investment targets; make special applications to make pre-tax reduction for equity-transfer losses; clarify that legal-person can have access to tax exemption of dividends gained from limited partnership VC companies; and provide exemption from personal income tax on registered capital shareholders from capital reserves in small and micro enterprises of limited-liability company.

4.3 Complicated business registration procedure; some regions prohibit registration or impose forced evaluation

Survey finds that, because business & industry administrations in different regions fail to have full recognition of VC companies, the following problems occur when registering companies in localities. First, registration procedure is complicated. Because of insufficient cognition of partnership enterprises, redundant modifications and signatures are found in the process. Besides, because most VC companies invest in small and micro enterprises, these small and micro enterprises, when failing in their operations, would not take the bankruptcy/settlement approach. In this way, it is impossible to finalize registration cancellation formalities, thus making the taxation reduction difficult. Second, due to illegal fund-raising in the market, some regions prohibit registration of partnership enterprises about VC, perplexing the enterprises greatly. Third, investment nature of VC institutions causes occasional internal equity change and transfer. Besides, the price is mainly decided by buyers and sellers. However, at present, business & industry and taxation departments in most regions require using the prices of evaluating institutions as the benchmark, thus evidently increasing transaction cost and difficulty of equity change and limiting development of enterprises.

We propose setting up industry & commerce channel for VC companies, simplifying the procedure of canceling SME registration and affirming their bankruptcy, annulling formalities of compulsory evaluation in the process of equity change, and improving efficiency of registering VC companies and filing the subsequent changes.

1 中国创业风险投资机构与资本

1.1 2015年度调查概述

从2010年起，本项调查被列为国家科技专项统计，统计数据正式编入《中国科技统计年鉴》。2015年11月，科技部、商务部、国家开发银行等部门联合开展了第14次全国创业风险投资年度调查工作。2016年1~4月，按照国家统计局要求（国统制〔2014〕154号），组织了全国35个省（市、自治区）、53个调查实施机构和135名调查员进行网上填报。

在此期间，各类创业风险投资机构认真贯彻实施《统计法》，对调查工作给予大力的配合。经过多年努力，本项统计调查工作为我国许多重要政策的出台提供了有力支撑，也为科技部及地方创业风险投资年度评奖和引导基金申报工作提供了有效的数据支持，成为我国科技金融工作的重要组成部分。

2015年度报告所调查的创业投资机构包括以下三类：①创业风险投资基金，包括创业投资引导基金。②创业投资管理企业，其受创业投资基金委托，筛选投资项目，提出投资决策建议，并受托进行投资后管理。③少量从事政府创业风险投资业务的事业单位，包括以政府资金直接投资项目，或采用引导基金方式参股创业风险投资，或对创业风险投资企业给予某种形式的激励。

截至2015年底，“中国创业风险投资信息系统”（www.ivcc.cn）有4217家机构参加过调查（包括关停并转等注销企业），其中2015年首次参与调查企业新注册企业548家。根据创业风险投资的标准概念，我们对样本进行了剔除：①行业性和综合性投资公司，如电力投资、公交投资集团、投资主业模糊不清的投资类公司等。②以大项目为投资主业的产业投资基金。③信托公司等不以创业风险投资为主业的金融机构。④主要从事担保业务的担保公司，但持续地开展了创业风险投资业务的担保公司除外。⑤转业而不再从事创业风险投资业务的机构。⑥在境外注册设立、在境内仅以办公室形式开展商业活动的私募股权机构。此外，随着我国创业风险投资业态的不断复杂化，很多大型创业风险投资机构以母基金（包括引导基金）模式出现，简单相加则会带来管理资本的重复计算，因此，在调查过程中，对相关资本的重复计算部分进行了剔除。同样，对于创业风险投资企业与创业风险投资管理机构，当存在委托与受托关系时，对相关资本和项目的重复计算部分也进行了剔除。

1.2 创业风险投资机构和管理资本

2015年，对中国创投业是不平凡的一年。2015年初，国务院办公厅出台《关于发展众创空间推进大众创新创业的指导意见》，中国股票市场如火如荼，新三板市场挂牌加速推进，极大地激发了创业投资的热情，创投行业表现异常活跃。然而，2015年下半年，市场急转直下，股票市场大跌，IPO暂停，创投企业挂牌新三板被叫停，将创业投资业视同证券基金业进行监管，一时热度高涨的创投市场戛然而止。但总体而言，整个创投行业在募资、投资、退出方面仍然出现了不同程度的增长。

2015年，中国创业风险投资各类机构数达到1775家①，

① 实际存量机构数，主要包括：创业投资企业（基金）、创业投资管理企业以及少量从事创业投资业务的事业单位。该数据已剔除不再经营创投业务或注销的机构数。

较 2014 年增加 224 家，增长 14.4%。其中，创业风险投资企业（基金）1311 家，较 2014 年增加 144 家，增幅 12.3%；创业风险投资管理企业 464 家，较 2014 年增加 80 家，增幅 20.8%；披露当年新募集基金 197 家（见表 1-1、图 1-1）。

表 1-1 中国创业风险投资机构总量、增量（2006~2015）①

项目 \ 年份	2006	2007	2008	2009	2010	2011	2012	2013	2014	2015
现存的 VC 机构（家）	345	383	464	576	867	1096	1183	1408	1551	1775
其中：VC 基金（家）	312	331	410	495	720	860	942	1095	1167	1311
其中：VC 管理机构（家）	33	52	54	81	147	236	241	313	384	464
当年新募集基金（家）②	35	76	89	135	215	167	146	123	169	197
VC 机构增长（%）	8.2	11.0	21.1	24.1	50.5	26.4	7.9	19.0	10.2	14.4

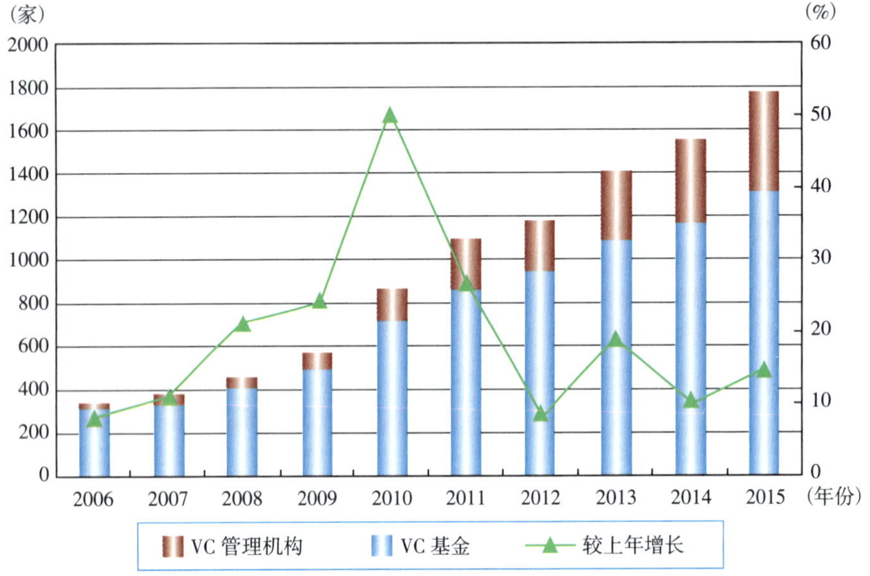

图 1-1 中国创业风险投资机构总量、增量（2006~2015）

2015 年，全国创业风险投资管理资本总量达到 6653.3 亿元，较 2014 年增加 1420.9 亿元，增幅为 31.7%；基金平均管理资本规模为 4.66 亿元，较 2014 年略有提高（见表 1-2、图 1-2）；披露当年新募集基金 262.1 亿元。2015 年，全国市场母基金规模进一步扩大，据统计，最大母基金管理的子基金数达 35 家；管理资金规模达 400 亿元。

表 1-2 中国创业风险管理资本总额（2006~2015）

项目 \ 年份	2006	2007	2008	2009	2010	2011	2012	2013	2014	2015
管理资本总额（亿元）	663.8	1112.9	1455.7	1605.1	2406.6	3198.0	3312.9	3573.9	5232.4	6653.3
较上年增长（%）	5.1	67.7	30.8	10.3	49.9	32.9	3.6	7.9	31.7	27.2
基金平均管理资本规模（亿元）	2.13	3.36	3.55	3.24	3.34	3.72	3.52	3.26	4.48	4.66

① 由于我国创投行业发展迅猛，基金形态日趋多样，从 2010 年起，按照国际惯例区分基金和基金管理公司，并对前期数据进行了追溯调整。

② 在实际统计中当年新募基金数量存在一定误差，存在当年进入统计而实际为前几年募集成立的基金的情形，因此每年对前期新募基金数据进行了调整。

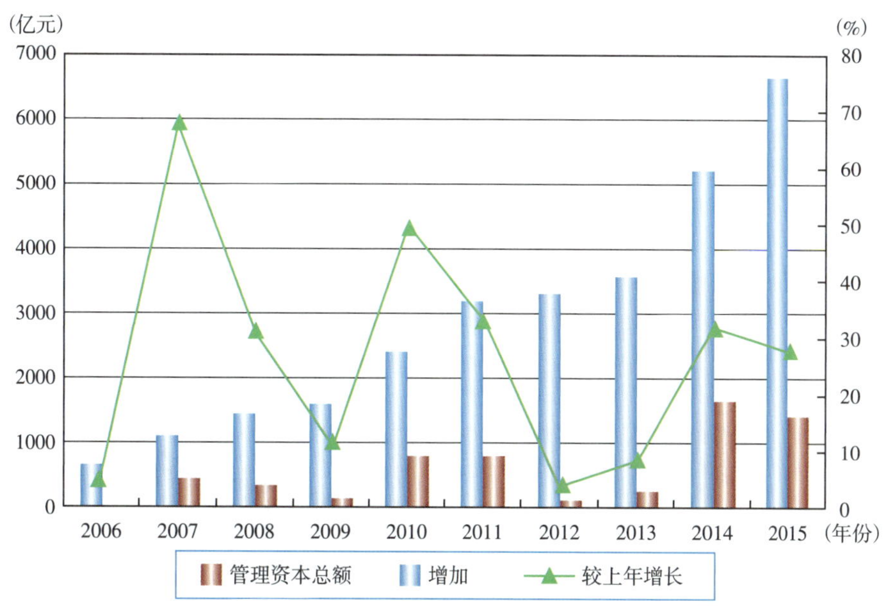

图 1-2 中国创业风险投资管理资本总额（2006~2015）

1.3 创业风险投资资本来源

2015 年统计报告中，考虑不同资本来源属性之间的交叉关系，按照三个维度对我国创业风险投资的资本来源进行了重新划分，第一个维度采用传统分类方法，分类如下：①政府资金。指各级政府（包括事业单位）对创业风险资本的直接资金支持。②国有独资公司资金，指国有独资公司直接提供的资金。③混合所有制企业资金。④民营所有制企业资金。⑤社保基金。⑥自然人。⑦境内外资，指通过已在中国大陆境内注册并运作的外商独资（含港、澳、台）和合资合作企业取得的创业风险投资资本。⑧境外资金，指境外机构获得的创业风险投资资本。⑨其他资金。据统计，2015 年中国创业风险投资的构成中，政府与国有独资合计占比 35.3%，较 2014 年上升 3.9 个百分点；民营及混合所有制企业资金占比 19.6%；个人投资占比 12.0%，较 2014 年略有下降；外资企业占比 2.2%，此外，社保基金开始进入创投领域（见图 1-3）。

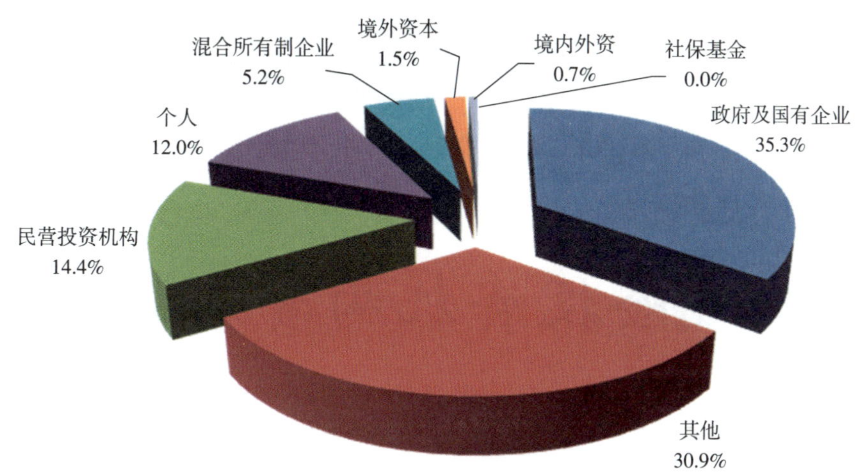

图 1-3 中国创业风险投资资本来源（2015）（分类一）[①]

① 有效样本数为 1317 份。

按照企业是否上市划分，2015 年，各类企业资金合计占比 56.4%，其中，上市企业仅占 2.5%，大量的资本是非上市企业提供的，占比 53.9%（见图 1-4）。

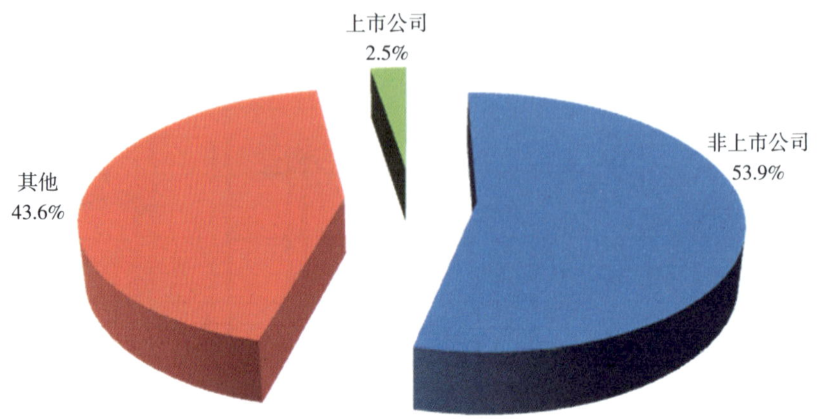

图 1-4 中国创业风险投资资本来源（2015）(分类二)①

按照资金的金融属性划分，银行、保险、证券等金融机构资本合计占比 2.80%，较 2014 年略有上升；其他金融资本占比 28.6%（见图 1-5）。

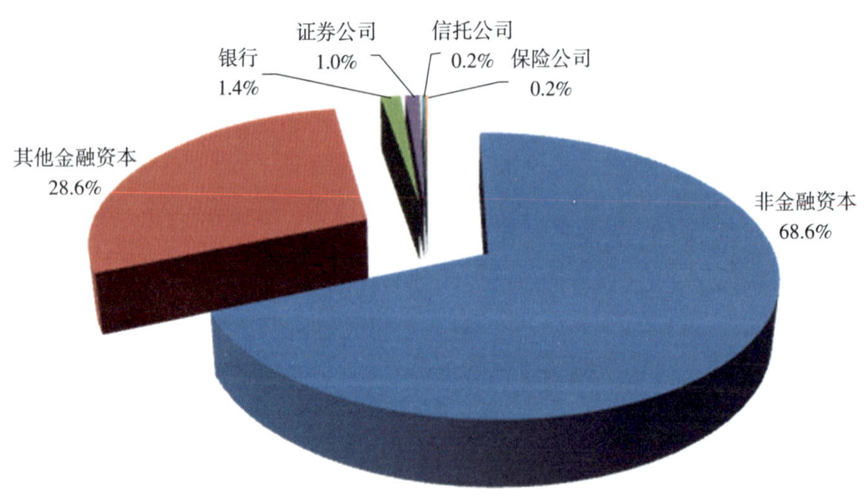

图 1-5 中国创业风险投资资本来源（2015）(分类三)②

1.4 创业风险投资机构资本规模及分布

总体而言，2015 年创业风险投资机构的平均管理规模较 2014 年略有减少。从资金分布情况看，管理资金在 5000 万元以下的创业风险投资机构占机构总数的 28.1%，较 2014 年略有上升；管理资金在 5000 万~1 亿元的机构

① 有效样本数为 1302 份。
② 有效样本数为 1300 份。

占 23.1%，管理资金在 1 亿~2 亿元机构占比为 19.5%，2 亿~5 亿元机构占比为 17.9%，较 2014 年略有上升；而规模在 5 亿元以上的管理资金占比为 11.1%，较 2014 年下降了 1.3 个百分点（见图 1-6）。

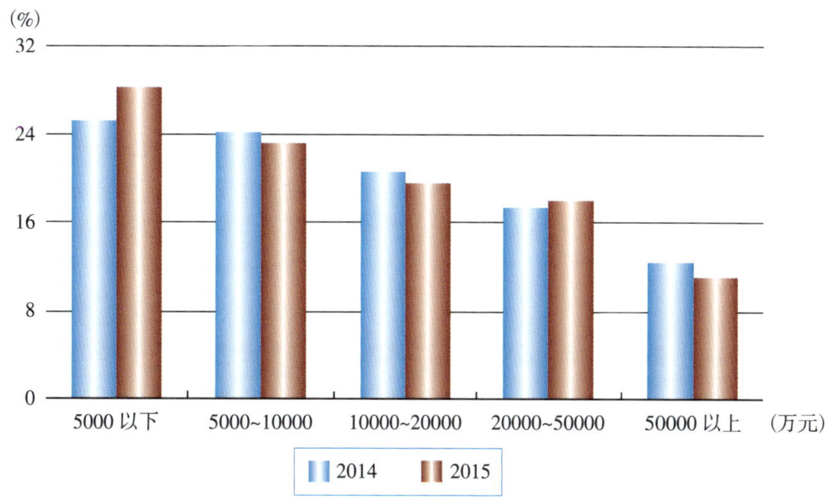

图 1-6 中国不同规模创业风险投资机构分布（2015）①

按管理资金规模划分，2015 年，创投公司管理资金规模略有缩小，管理资金规模在 5000 万元以下的机构仅掌握着创业风险投资总资本的 1.6%，规模在 5000 万~1 亿元的机构掌握了 4.0%的份额，规模在 1 亿~2 亿元的机构掌握了总资金的 6.3%，规模在 2 亿~5 亿元的机构所占管理资本的份额为 11.5%，均比 2014 年的占比略有上升；76.5%的管理资本掌握在规模在 5 亿元以上的机构手中（见图 1-7），资本集聚效应较为明显。

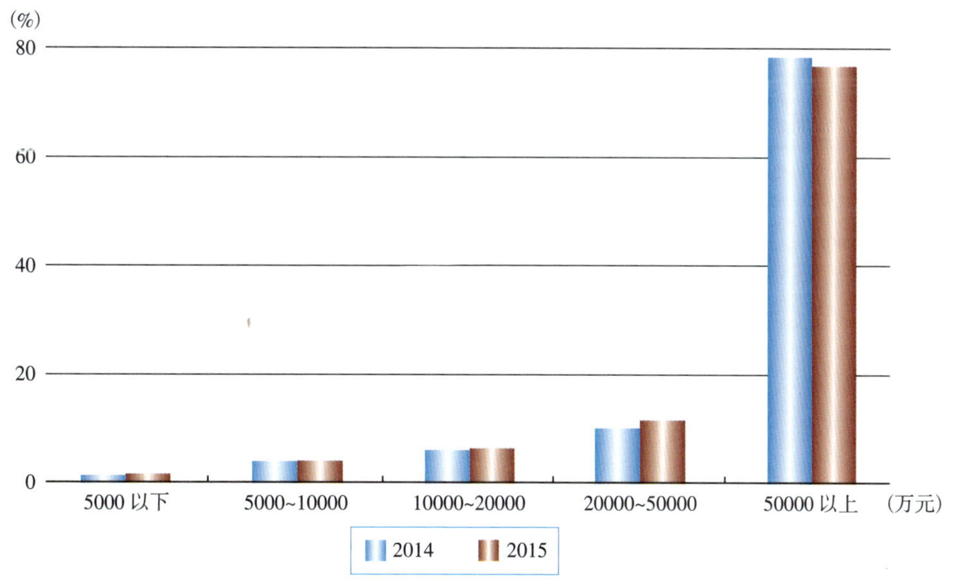

图 1-7 中国不同规模创业风险投资机构管理资本分布（2015）②

2015 年，国内创业风险投资管理机构中，最大管理资金为 230 亿元，超过 100 亿元的有 4 家，超过 50 亿元的有 8 家；在创业风险投资基金中，最大管理资金规模 400 亿元，超过 100 亿元的有 13 家，超过 50 亿元的有 20 家。

① 有效样本数为 2639 份。
② 有效样本数为 2639 份。

1.5 中国创业风险投资总体情况

2015年，中国创投市场整体投资热情高涨，机构当年投资项目数达到3423项，较上年增长39.2%；投资金额达到465.6亿元，较2014年增长24.4%，项目平均投资额为1360万元。其中，投资高新技术企业项目820项，较2014年增加19.0%；投资金额为117.2亿元，较上年略有减少，项目平均投资额为1429万元（见表1-3）。与往年不同的是，尽管项目数额大幅提高，但总体项目的平均投资额却明显小于往年，可能原因之一是：2015年有更多的项目投资于互联网等轻资产项目中，投资阶段前移，减小了项目平均投资额。

表1-3 截至2015年底中国创业风险投资当年投资情况（2011~2015）

年份	当年投资项目总数（项）	投资高新技术企业/项目数（项）	当年投资金额（亿元）	投资高新技术企业/项目金额（亿元）
2011	2399	1250	545.3	229.8
2012	1903	850	356.0	172.6
2013	1501	590	279.0	109.0
2014	2459	689	374.4	124.8
2015	3423	820	465.6	117.2

截至2015年底，全国创业风险投资机构累计投资项目数达到17376项，其中投资高新技术企业项目数8047项，占比46.3%；累计投资金额3361.2亿元，其中投资高新技术企业金额1493.1亿元，占比44.4%（见表1-4）。

表1-4 截至2015年底中国创业风险投资累计投资情况（2011~2015）

年份	累计投资项目总数（项）	投资高新技术企业/项目数（项）	累计投资金额（亿元）	投资高新技术企业/项目金额（亿元）
2011	9978	5940	2036.6	1038.6
2012	11112	6404	2355.1	1193.1
2013	12149	6779	2634.1	1302.1
2014	14118	7330	2933.6	1401.9
2015	17376	8047	3361.2	1493.1

2 中国创业风险投资的投资分析

2.1 中国创业风险投资行业特征

2.1.1 中国创业风险投资行业分布

2015 年，中国创业风险投资年度投资金额主要集中在通信设备、其他行业、软件产业、金融保险业、新材料工业，这五个行业集中了 47.9%的资金投资，其集中度较 2014 年下降了 3.95 个百分点。中国创业风险投资年度投资项目主要集中在其他产业、网络产业、软件产业、通信设备、IT 服务业等行业，集中了当年 40.41%以上的项目，集中度较 2014 年下降 0.23 个百分点（见表 2-1、图 2-1、图 2-2）。

表 2-1 中国创业风险投资项目行业分布：投资金额与投资项目（2014~2015）① 单位：%

行业	2015 年		2014 年	
	投资金额	投资项目	投资金额	投资项目
通信设备	18.6	5.8	13.8	8.3
其他行业	10.4	10.9	8.5	8.1
软件产业	7.5	7.4	7.4	9.4
金融保险业	5.7	5.2	2.9	3.6
新材料工业	5.7	5.5	3.7	5.9
传播与文化娱乐	5.5	4.3	5.4	3.8
医药保健	5.4	4.1	7.4	5.3
网络产业	5.1	10.6	4.0	8.9
传统制造业	3.8	4.4	7.6	5.0
其他制造业	3.7	5.3	3.3	4.1
社会服务	3.4	3.1	2.4	1.7
IT 服务业	3.0	5.8	3.0	5.7
新能源、高效节能技术	3.0	4.2	2.9	4.2
环保工程	2.3	3.1	2.8	3.0
消费产品和服务	2.1	2.7	1.6	2.6
生物科技	2.1	3.5	3.7	4.1
交通运输仓储和邮政业	1.9	2.0	2.6	2.7

① 有效样本数为 2591 份。

续表

行业	2015 年		2014 年	
	投资金额	投资项目	投资金额	投资项目
农林牧副渔	1.9	0.9	0.2	0.2
科技服务	1.8	3.1	2.2	2.6
计算机硬件产业	1.7	1.8	4.2	1.7
批发和零售业	1.2	1.1	3.8	1.9
房地产业	0.9	0.4	2.0	0.2
光电子与光机电一体化	0.9	2.1	1.9	2.9
建筑业	0.8	0.6	0.6	0.6
半导体	0.7	1.2	1.4	1.8
其他 IT 产业	0.5	1.0	1.0	1.6
水电煤气	0.5	0.3	0.4	0.2
核应用技术	0.1	0.0	0.1	0.0
采掘业	0.1	0.0	0.0	0.0

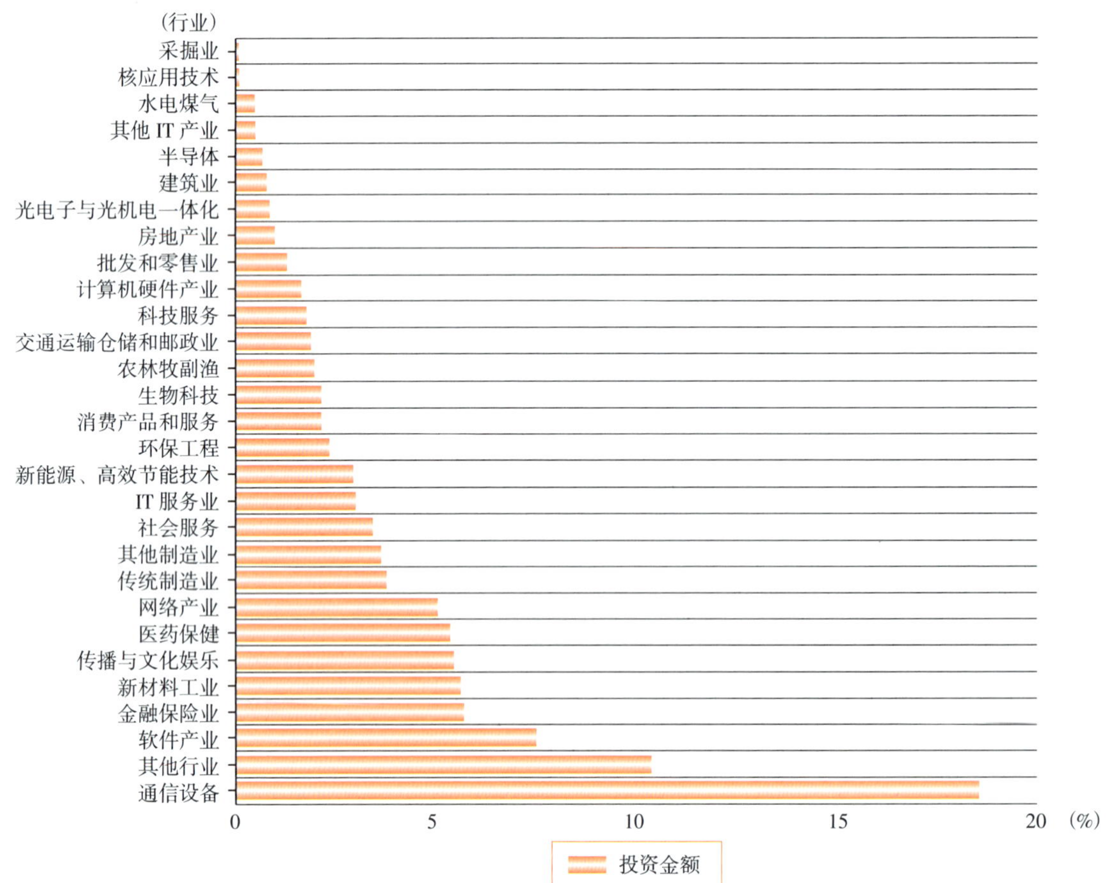

图 2-1　中国创业风险投资业投资项目按资金额的行业分布（2015）

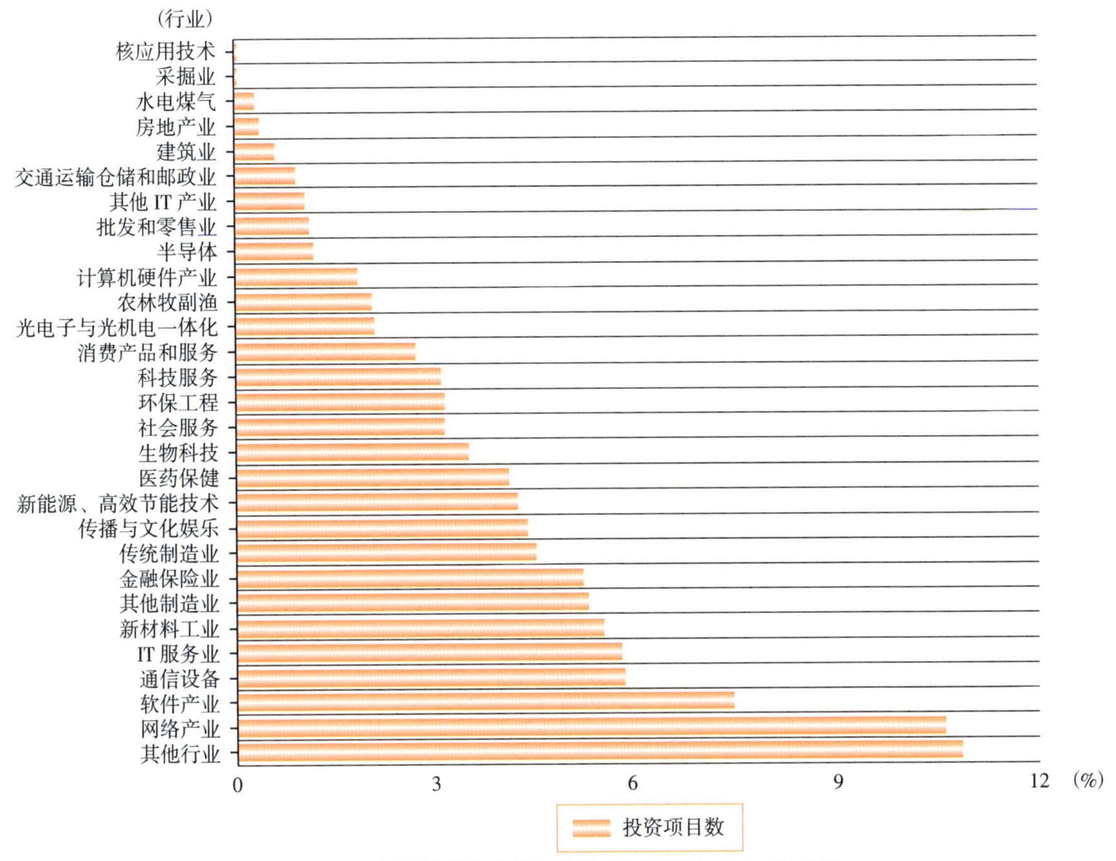

图 2-2 中国创业风险投资业投资项目行业分布（2015）

从近几年我国创业风险投资行业变化趋势看（见表 2-2、表 2-3），投资金额和投资项目数均表现为主要由投资传统制造业向通信设备、新材料工业等转移，同时 IT 服务业、金融保险业和其他行业不断获得创业风险投资青睐。

表 2-2 中国创业风险投资产业投资项目投资金额行业分布（2006~2015） 单位：%

投资行业＼年份	2006	2007	2008	2009	2010	2011	2012	2013	2014	2015
通信设备	4.6	2.9	1.8	1.9	1.0	2.8	3.6	3.1	13.8	18.6
其他行业	7.6	8.3	12.7	10.0	15.7	11.2	7.6	2.7	8.5	10.4
软件产业	14.6	16.0	6.2	10.9	2.9	2.1	2.4	2.0	7.4	7.5
金融保险业	3.8	22.1	8.2	15.2	7.8	2.4	5.4	10.1	2.9	5.7
新材料工业	7.5	7.9	4.4	6.4	9.3	8.7	7.8	7.1	3.7	5.7
传播与文化娱乐	1.1	2.2	1.8	2.5	2.1	2.2	6.4	6.2	5.4	5.5
医药保健	2.7	2.0	2.5	4.9	5.3	3.8	4.9	10.0	7.4	5.4
网络产业	1.5	0.5	2.7	1.8	2.8	2.5	2.1	1.9	4.0	5.1
传统制造业	11.3	12.6	15.6	11.9	10.1	7.7	10.1	7.2	7.6	3.8

续表

投资行业 \ 年份	2006	2007	2008	2009	2010	2011	2012	2013	2014	2015
其他制造业	—	—	—	—	—	8.2	4.8	5.3	3.3	3.7
社会服务	—	—	—	—	—	0.7	1.1	1.9	2.4	3.4
IT 服务业	3.1	1.0	4.6	1.5	3.2	2.8	3.1	3.6	3.0	3.0
新能源、高效节能技术	7.0	4.6	7.7	8.5	8.3	6.2	7.2	8.7	2.9	3.0
环保工程	1.3	1.5	1.3	1.8	3.3	2.6	2.8	2.9	2.8	2.3
消费产品和服务	4.1	1.4	3.9	4.3	7.1	9.4	6.3	5.0	1.6	2.1
生物科技	5.4	2.3	5.7	2.5	3.9	3.9	2.8	2.3	3.7	2.1
农林牧副渔	9.4	1.2	2.6	3.5	4.1	4.1	6.1	6.3	2.0	1.9
交通运输仓储和邮政业	—	—	—	—	—	1.4	0.4	2.6	0.2	1.9
科技服务	1.2	4.9	2.1	2.0	2.3	1.6	1.6	1.0	2.2	1.8
计算机硬件产业	0.4	0.6	3.4	0.1	1.1	0.7	1.1	0.7	4.2	1.7
批发和零售业	0.6	1.1	0.0	0.3	0.7	1.2	0.9	0.5	3.8	1.2
房地产业	—	—	—	—	—	4.9	1.2	0.2	2.0	0.9
光电子与光机电一体化	4.1	2.1	4.0	4.1	4.2	3.3	3.5	4.6	1.9	0.9
建筑业	—	—	—	—	—	1.6	1.9	1.3	0.6	0.8
半导体	2.1	1.3	2.9	2.3	1.2	1.3	1.4	1.4	1.4	0.7
其他 IT 产业	3.2	1.3	2.3	2.2	1.2	1.5	1.7	0.4	1.0	0.5
水电煤气	—	—	—	—	—	0.1	0.3	0.3	0.4	0.5
核应用技术	0.0	0.0	0.0	0.1	0.0	0.4	0.2	0.2	0.1	0.1
采掘业	3.7	1.9	3.6	1.5	2.5	0.6	1.3	0.5	0.0	0.1

表 2–3 中国创业风险投资业投资项目数行业分布（2006~2015） 单位：%

投资行业 \ 年份	2006	2007	2008	2009	2010	2011	2012	2013	2014	2015
其他行业	10.6	9.2	10.4	9.7	11.7	8.4	7.3	3.7	8.1	10.9
网络产业	2.6	2.4	2.0	3.1	4.8	3.2	2.8	3.7	8.9	10.6
软件产业	12.5	17.1	9.7	13.9	7.0	3.5	3.1	5.3	9.4	7.4
通信设备	4.1	2.7	3.9	3.0	2.5	3.2	3.7	3.2	8.3	5.8
IT 服务业	2.6	2.6	3.8	3.3	4.2	4.1	3.4	4.2	5.7	5.8
新材料工业	10.3	9.6	6.6	7.2	10.1	9.5	8.8	7.6	5.9	5.5
其他制造业	—	—	—	—	—	8.3	5.0	4.7	4.1	5.3
金融保险业	4.3	5.0	4.9	5.4	4.1	2.0	4.2	6.5	3.6	5.2
传统制造业	6.7	13.8	14.2	9.4	7.3	8.0	8.8	6.0	5.0	4.4

续表

投资行业＼年份	2006	2007	2008	2009	2010	2011	2012	2013	2014	2015
传播与文化娱乐	2.2	2.0	1.7	2.1	1.9	2.4	5.3	5.2	3.8	4.3
新能源、高效节能技术	5.0	5.7	5.1	6.3	7.8	6.0	7.2	6.8	4.2	4.2
医药保健	5.0	3.3	4.8	6.0	5.8	4.4	6.2	10.0	5.3	4.1
生物科技	7.9	5.6	6.1	5.5	5.6	3.3	4.8	4.2	4.1	3.5
环保工程	2.2	2.2	2.2	2.7	3.3	3.2	3.1	4.0	3.0	3.1
社会服务	—	—	—	—	—	1.3	2.3	1.9	1.7	3.1
科技服务	2.2	2.0	4.5	2.7	2.5	1.8	2.6	1.9	2.6	3.1
消费产品和服务	3.4	1.9	2.8	3.1	4.1	7.2	3.5	3.5	2.6	2.7
光电子与光机电一体化	5.0	4.5	5.9	5.1	6.0	4.6	3.8	4.9	2.9	2.1
农林牧副渔	3.1	1.2	2.6	2.3	3.2	4.8	4.7	3.7	2.7	2.0
计算机硬件产业	1.0	1.1	1.3	0.4	1.4	1.3	1.5	1.2	1.7	1.8
半导体	2.4	3.0	2.7	3.8	2.5	1.7	1.4	2.5	1.8	1.2
批发和零售业	1.9	1.2	0.2	0.3	0.7	1.2	0.7	0.4	1.9	1.1
其他 IT 产业	3.8	2.6	3.2	3.7	2.3	2.4	1.9	1.0	1.6	1.0
交通运输仓储和邮政业	—	—	—	—	—	0.8	0.2	1.2	0.2	0.9
建筑业	—	—	—	—	—	1.8	1.6	1.2	0.6	0.6
房地产业	—	—	—	—	—	0.3	0.5	0.3	0.2	0.4
水电煤气	—	—	—	—	—	0.1	0.4	0.3	0.2	0.3
采掘业	1.2	1.2	1.5	1.0	1.2	0.7	0.5	0.6	0.0	0.0
核应用技术	0.0	0.0	0.0	0.1	0.0	0.5	0.5	0.3	0.0	0.0

按照行业大类统计，计算机、通信和其他电子设备制造业以及信息传输、软件和信息服务业是创业风险投资热点领域。① 从趋势看，新能源与环保业、金融保险业的投资项目数与投资金额快速增加，成为行业新宠（见表 2–4）。

表 2–4 中国创业风险业投资项目前十大行业分布（2014~2015）

单位：%

行业划分（代码）			2014 年		2015 年	
			投资金额	投资项目	投资金额	投资项目
C7	计算机、通信和其他电子设备制造业	通信设备	17.31	14.63	21.74	10.81
		计算机硬件产业				
		半导体				
		光电子与光机电一体化				

① 2011 年，行业统计分类标准与国家统计局颁布的行业分类标准接轨，自此后，行业分类与 2011 年之前有所不同。

续表

行业划分（代码）			2014 年		2015 年	
			投资金额	投资项目	投资金额	投资项目
I	信息传输、软件和信息服务业	网络产业 IT 服务业 软件产业 其他 IT 产业	12.59	25.53	16.12	24.81
C9	新能源和环保业	新能源、高效节能技术 新材料工业 环保工程 核应用技术	7.80	13.16	11.00	12.78
O	其他行业		6.91	8.14	10.41	10.85
C8	医药生物业 医药保健		9.02	9.39	7.50	7.52
J6	金融保险业		2.34	3.59	5.71	5.17
N	文化、体育和娱乐业（传播与文化娱乐业）		4.45	3.81	5.50	4.32
CA	传统制造业		6.24	4.98	3.77	4.44
M	社会服务		1.93	1.65	3.42	3.09
H	消费产品与服务		1.57	2.56	2.14	2.66

2.1.2 中国创业风险投资对高新技术产业与传统产业的投资比较[①]

按照高新技术产业和传统产业划分，中国创业风险投资业对高新技术产业投资项目在经历连续三年增长之后，2015 年出现一定程度的下降，但是对高新技术产业的投资金额保持稳定，可见中国创业风险投资业对高新技术产业投资项目的集中度有所提高（见表 2-5、图 2-3、表 2-6、图 2-4）。

表 2-5 中国创业风险投资项目的年度行业分布：高新技术产业与传统产业（2006~2015） 单位：%

行业 \ 年份	2006	2007	2008	2009	2010	2011	2012	2013	2014	2015
高新技术产业	67.9	65.5	63.2	67.7	67.0	53.4	55.3	61.3	65.4	59.0
传统产业	32.1	34.5	36.8	32.3	33.0	46.6	44.7	38.7	34.6	41.0

① 有效样本数：高新项目样本数为 1529 份，传统项目样本数为 1062 份。

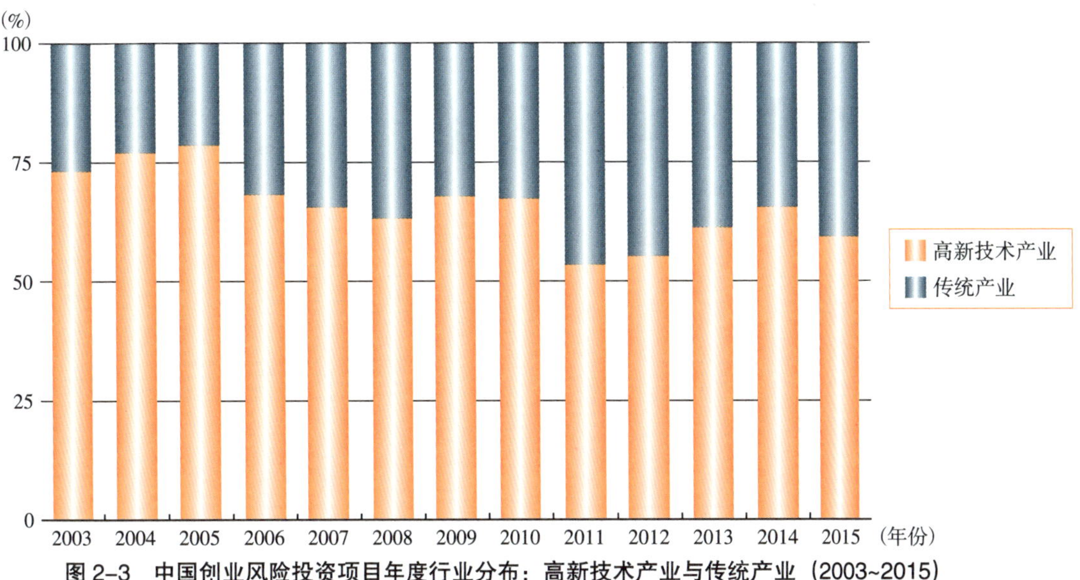

图 2-3　中国创业风险投资项目年度行业分布：高新技术产业与传统产业（2003~2015）

表 2-6　中国创业风险投资金额年度行业分布：高新技术产业与传统产业（2006~2015）　　单位：%

行业＼年份	2006	2007	2008	2009	2010	2011	2012	2013	2014	2015
高新技术产业	62.2	51.1	55.2	52.3	52.4	44.9	47.6	50.4	59.3	58.2
传统产业	37.8	48.9	44.8	47.7	47.6	55.1	52.4	49.6	40.7	41.8

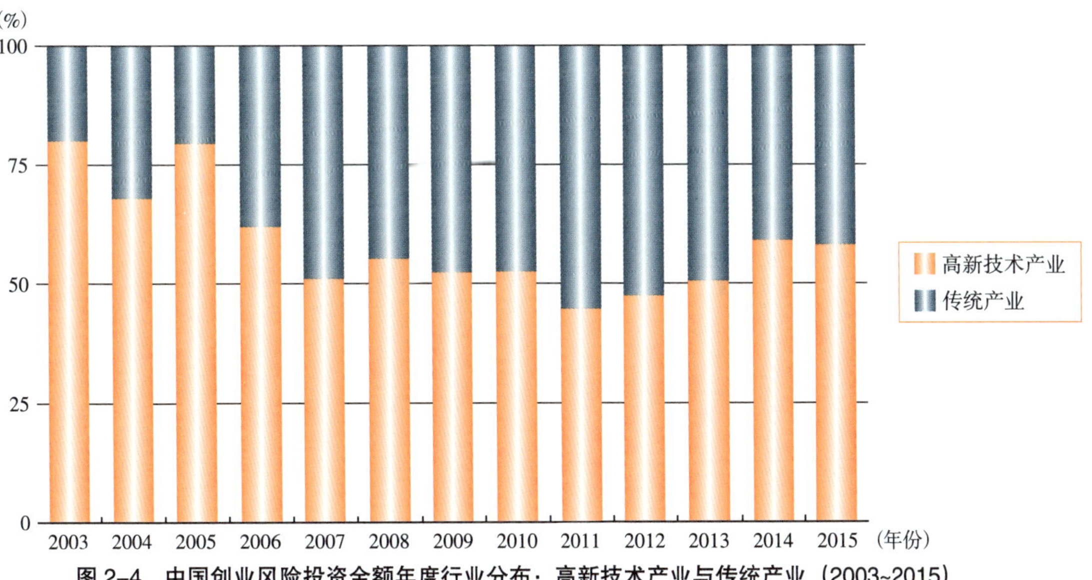

图 2-4　中国创业风险投资金额年度行业分布：高新技术产业与传统产业（2003~2015）

2.2 中国创业风险投资的投资阶段

2.2.1 中国创业风险投资所处阶段总体分布①

2015 年，中国创业风险投资机构对种子期和成熟（过渡）期的投资金额大幅上升，分别为 8.1%和 15.2%，但是这两阶段投资项目数量占比有所下降；对起步期的投资金额略有下降，投资项目有轻微减少。投资机构对成长（扩张）期投资金额依然保持最多，投资项目占比达 40.1%，相比 2014 年上升了 4.1 个百分点；但是对成熟（过渡）期的投资金额有较大幅度的下滑（见表 2-7、图 2-5、表 2-8、图 2-6、表 2-9、图 2-7）。

表 2-7 中国创业风险投资项目所处阶段总体分布：投资项目与投资金额（2015） 单位：%

成长阶段	投资金额	投资项目
种子期	8.1	18.2
起步期	21.5	35.6
成长（扩张）期	54.4	40.1
成熟（过渡）期	15.2	5.4
重建期	0.7	0.7

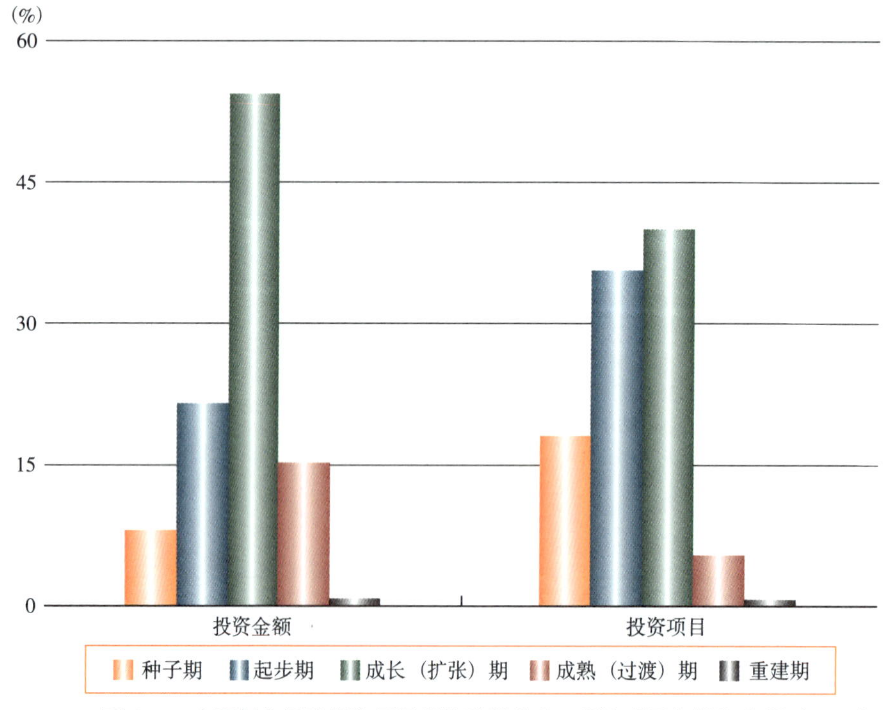

图 2-5 中国创业风险投资项目所处阶段分布：投资项目与投资金额（2015）

① 有效样本数为 2568 份。

表 2-8 中国创业风险投资项目所处阶段分布：投资项目（2006~2015） 单位：%

阶段＼年份	2006	2007	2008	2009	2010	2011	2012	2013	2014	2015
种子期	37.4	26.6	19.3	32.2	19.9	9.7	12.3	18.4	20.8	18.2
起步期	21.3	18.9	30.2	20.3	27.0	22.7	28.7	32.5	36.6	35.6
成长（扩张）期	30.0	36.6	34.0	35.2	40.9	48.3	45.0	38.2	35.9	40.2
成熟（过渡）期	7.7	12.4	12.1	9.0	10.0	16.7	13.2	10.0	6.5	5.4
重建期	3.6	5.4	4.4	3.3	2.2	2.6	0.8	1.0	0.3	0.7

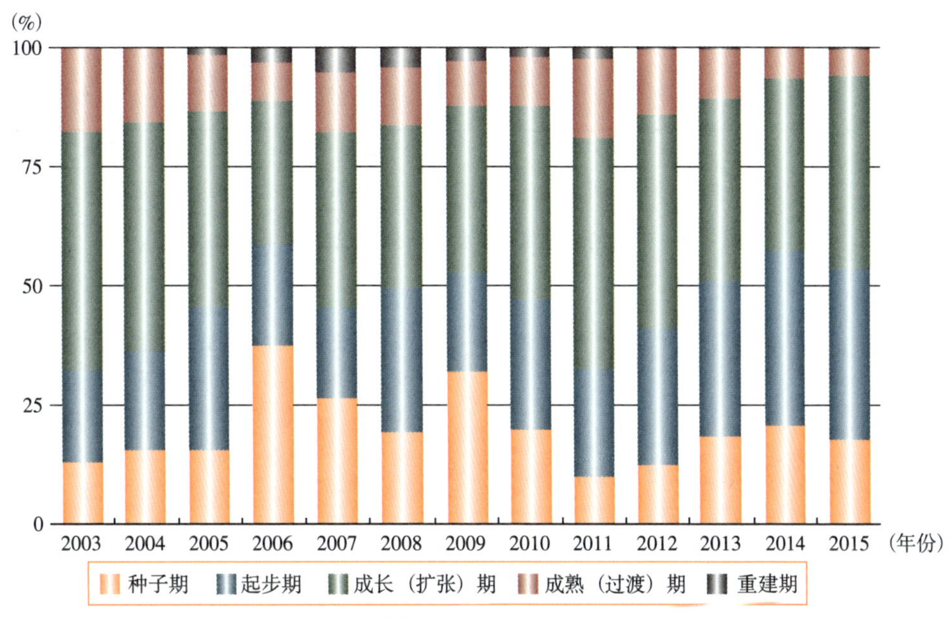

图 2-6 中国创业风险投资项目所处阶段分布（2003~2015）

表 2-9 中国创业风险投资项目所处阶段分布：投资金额（2006~2015） 单位：%

阶段＼年份	2006	2007	2008	2009	2010	2011	2012	2013	2014	2015
种子期	30.2	12.7	9.4	19.9	10.2	4.3	6.6	12.2	5.6	8.1
起步期	11.5	8.9	19.0	12.8	17.4	14.8	19.3	22.4	25.2	21.5
成长（扩张）期	39.4	38.2	38.5	45.1	49.2	55.0	52.0	41.4	59.0	54.4
成熟（过渡）期	14.6	35.2	26.5	18.5	20.2	22.3	21.6	22.8	10.1	15.2
重建期	4.3	5.0	6.6	3.7	3.0	3.6	0.6	1.2	0.1	0.7

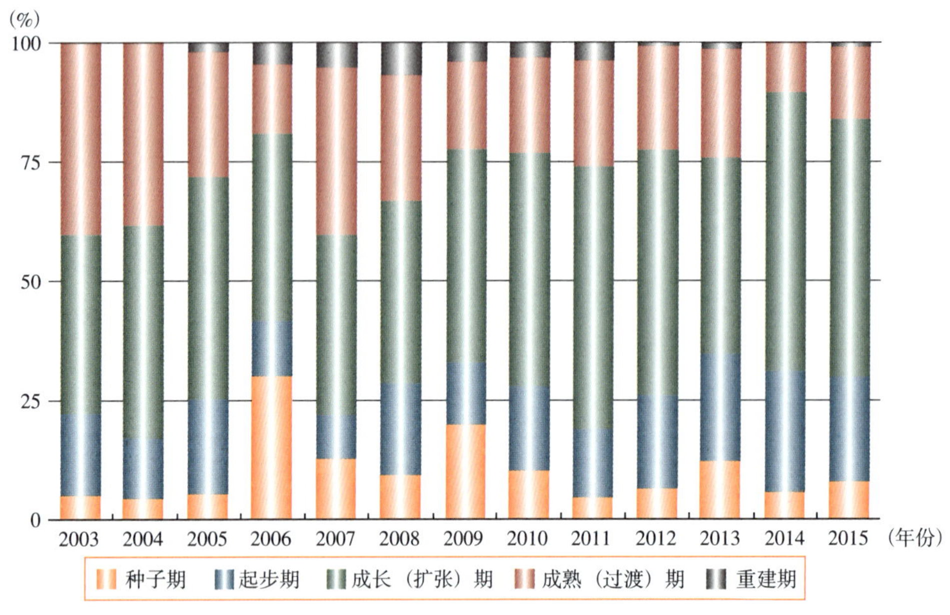

图 2-7 中国创业风险投资金额所处阶段分布（2003~2015）

2.2.2 中国创业风险投资在主要行业投资项目的阶段分布①

2015 年，从投资项目阶段分布看，采掘业、房地产业、网络产业、金融保险业、消费产品和服务的投资项目中种子期占比较高，具有早期投资价值，值得创业风险投资机构长期投资。其中，网络产业、金融保险业、消费产品和服务这一阶段的投资金额比例明显降低，这在一定程度上说明了其种子期的单笔投资金额较小。核应用技术、其他 IT 产业、软件产业、批发和零售业的起步期项目受到普遍关注。水电煤气、传统制造业、其他制造业、建筑业与环保工程在成长（扩张）期的投资项目较多（见表 2-10、表 2-11），符合资金密集型产业的特征。

表 2-10 中国创业风险投资项目主要行业的投资阶段分布：投资项目（2015） 单位：%

投资行业	种子期	起步期	成长（扩张）期	成熟（过渡）期	重建期
农林牧副渔	11.11	35.56	40.00	13.33	0.00
金融保险业	28.46	38.21	21.95	11.38	0.00
建筑业	13.33	6.67	53.33	26.67	0.00
环保工程	8.86	20.25	53.16	16.46	1.27
通信设备	4.05	45.27	46.62	3.38	0.68
光电子与光机电一体化	19.23	32.69	46.15	1.92	0.00
生物科技	17.98	34.83	41.57	4.49	1.12
传统制造业	3.48	23.48	66.09	6.09	0.87
软件产业	14.21	49.47	33.16	3.16	0.00
采掘业	100.00	0.00	0.00	0.00	0.00
其他行业	24.71	38.78	28.14	7.22	1.14

① 有效样本数为 2592 份。

续表

投资行业	种子期	起步期	成长（扩张）期	成熟（过渡）期	重建期
新能源、高效节能技术	14.29	37.14	42.86	3.81	1.90
IT 服务业	19.40	41.04	35.07	3.73	0.75
批发和零售业	7.14	46.43	39.29	7.14	0.00
消费产品和服务	27.94	29.41	36.76	5.88	0.00
科技服务	22.97	32.43	41.89	1.35	1.35
交通运输仓储和邮政业	13.04	21.74	52.17	13.04	0.00
计算机硬件产业	25.00	29.55	38.64	6.82	0.00
网络产业	28.62	42.75	26.77	1.86	0.00
核应用技术	0.00	100.00	0.00	0.00	0.00
水电煤气	0.00	12.50	75.00	12.50	0.00
房地产业	44.44	11.11	33.33	11.11	0.00
社会服务	16.67	44.87	37.18	1.28	0.00
传播与文化娱乐	18.87	33.02	42.45	5.66	0.00
其他制造业	15.67	21.64	55.22	4.48	2.99
医药保健	17.82	36.63	42.57	2.97	0.00
半导体	16.67	50.00	33.33	0.00	0.00
其他 IT 产业	3.70	51.85	44.44	0.00	0.00
新材料工业	15.00	23.57	52.14	7.86	1.43

表 2–11　中国创业风险投资项目主要行业投资阶段分布：投资金额（2015）　　单位：%

投资行业	种子期	起步期	成长（扩张）期	成熟（过渡）期	重建期
环保工程	2.98	15.40	52.78	27.10	1.75
消费产品和服务	13.48	19.01	65.22	2.29	0.00
通信设备	0.52	16.33	53.39	29.68	0.08
光电子与光机电一体化	14.74	13.94	70.93	0.39	0.00
生物科技	16.19	28.16	49.44	5.91	0.30
传统制造业	0.67	10.71	77.52	7.78	3.33
软件产业	2.10	32.80	58.49	6.61	0.00
采掘业	100.00	0.00	0.00	0.00	0.00
其他行业	27.06	25.87	20.50	25.64	0.93
IT 服务业	10.23	31.77	45.25	12.67	0.08
批发和零售业	0.10	65.62	23.95	10.33	0.00
科技服务	14.10	16.21	65.20	2.57	1.93
交通运输仓储和邮政业	5.56	20.66	70.02	3.77	0.00

续表

投资行业	种子期	起步期	成长（扩张）期	成熟（过渡）期	重建期
医药保健	6.77	17.26	73.87	2.10	0.00
计算机硬件产业	3.20	53.29	42.56	0.95	0.00
新材料工业	8.49	16.78	62.14	6.83	5.77
网络产业	14.05	33.70	49.56	2.70	0.00
核应用技术	0.00	100.00	0.00	0.00	0.00
水电煤气	0.00	0.91	57.76	41.33	0.00
房地产业	43.31	3.33	31.91	21.46	0.00
社会服务	3.85	30.66	65.16	0.33	0.00
传播与文化娱乐	4.84	7.86	78.44	8.85	0.00
其他制造业	4.32	8.27	78.85	6.30	2.25
半导体	16.37	49.77	33.86	0.00	0.00
其他 IT 产业	0.87	44.13	55.00	—	—
农林牧副渔	6.82	26.50	42.74	23.95	—
金融保险业	15.43	28.77	25.51	30.29	—
建筑业	2.53	2.60	31.64	63.23	—
新能源、高效节能技术	5.65	25.31	52.21	16.41	0.42

2.3 中国创业风险投资的投资强度

2.3.1 中国创业风险投资强度变化趋势与行业差异①

2014 年，我国经济发展进入新常态，中国创业风险投资强度持续下降，为 1129.53 万元/项。2015 年，这一数值继续下降为 1089.26 万元/项，但下降幅度减缓，接近于 2009 年水平。按行业划分，核应用技术、采掘业、水电煤气业、交通运输仓储和邮政业等行业的项目平均投资强度较大（见表 2–12、图 2–8、表 2–13、图 2–9）。

表 2–12 中国创业风险投资的投资强度（2006~2015） 单位：万元/项

年份	2006	2007	2008	2009	2010	2011	2012	2013	2014	2015
投资强度	802.51	973.37	1041.25	1059.77	1356.53	1550.53	1322.66	1282.12	1129.53	1089.26

① 有效样本数为 2686 份。

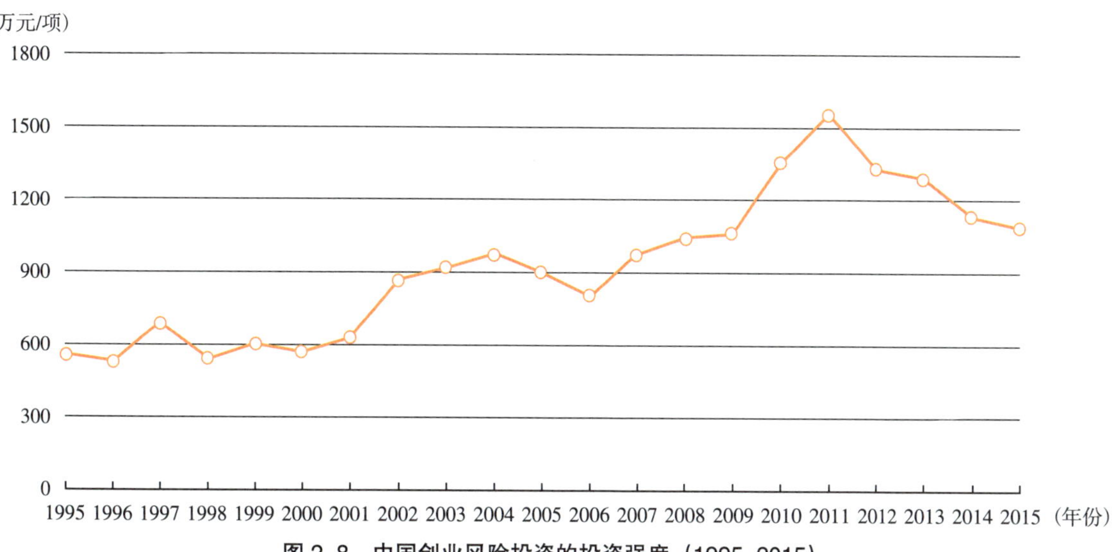

图 2–8 中国创业风险投资的投资强度（1995~2015）

表 2–13 中国创业风险投资的投资强度平均投资额（2006~2015）

单位：万元/项

行业＼年份	2006	2007	2008	2009	2010	2011	2012	2013	2014	2015
医药保健	541.7	884.0	678.8	1052.5	1409.3	1444.5	1144.5	1351.0	1429.6	1190.4
新能源、高效节能技术	915.1	1152.4	1447.4	1156.6	1302.8	1647.8	1373.0	1420.2	1059.2	1054.3
新材料工业	703.8	938.3	867.6	1212.9	1376.6	1639.7	1224.5	1444.0	1006.4	1416.6
消费产品和服务	1190.5	1010.6	1774.1	1435.8	2463.2	2102.0	2036.9	1712.8	1053.3	1260.2
网络产业	559.3	309.0	1186.7	805.5	925.8	1487.4	1028.8	721.0	742.8	794.4
通信设备	1087.0	964.9	580.8	671.0	726.0	1791.6	1439.3	1704.3	1540.4	1268.5
生物科技	660.4	594.0	878.0	612.0	805.1	1369.0	904.5	960.5	1059.2	1130.9
软件产业	763.1	979.1	732.4	788.4	756.2	976.3	1029.8	677.8	945.0	907.7
其他行业	701.7	1089.0	1155.6	1189.9	1542.2	1628.9	1110.4	1075.7	1400.5	1156.7
其他 IT 产业	800.3	696.5	942.3	827.4	980.7	1297.0	1171.2	616.4	971.1	849.4
批发和零售业	304.6	1273.1	30.0	1673.3	1988.2	1642.8	1810.3	2410.0	1638.7	947.8
农林牧副渔	913.6	1411.2	1327.8	1580.6	2054.7	1505.4	1836.0	1516.6	1036.7	1517.0
科技服务	529.7	456.4	600.8	785.9	1400.8	1391.7	842.4	944.0	903.1	854.1
金融保险业	843.5	1498.1	1537.0	1964.0	1326.1	977.6	1653.0	1885.6	929.0	1216.9
计算机硬件产业	365.0	840.4	782.1	495.0	997.3	1117.0	799.6	581.5	1225.9	1067.8
环保工程	567.8	982.2	760.8	893.7	1501.4	1368.9	1402.3	1268.6	1559.3	1311.4
核应用技术	—	—	—	1200.0	—	1517.3	757.4	1008.3	2500.0	4000.0
光电子与光机电一体化	788.8	670.3	898.9	879.1	1075.8	1420.0	1288.3	1294.2	863.4	769.8
传统制造业	1316.0	1286.5	1320.7	1481.1	2057.8	1754.9	1390.3	1409.1	1032.4	1115.1

续表

行业 \ 年份	2006	2007	2008	2009	2010	2011	2012	2013	2014	2015
传播与文化娱乐	474.3	765.7	671.5	1437.6	1413.1	1458.1	1398.6	1441.9	1543.3	961.0
采掘业	2979.2	1037.6	1850.5	1211.0	1633.2	1184.3	2130.4	1537.8	200.0	3002.0
半导体	861.7	626.4	1407.6	688.7	895.4	1608.3	1312.6	963.9	1322.8	856.4
IT 服务业	506.0	607.3	791.0	609.1	1002.1	1208.5	1216.5	963.0	843.4	895.5
水电煤气	—	—	—	—	—	866.7	1050.0	1512.5	1232.5	1845.4
社会服务	—	—	—	—	—	1150.3	728.5	1370.1	1147.2	752.7
其他制造业	—	—	—	—	—	1825.3	1483.5	959.4	1181.2	1107.6
交通运输仓储和邮政业	—	—	—	—	—	2163.9	2244.7	1432.4	1762.5	1633.9
建筑业	—	—	—	—	—	1466.7	1834.0	1989.3	1346.9	1181.1

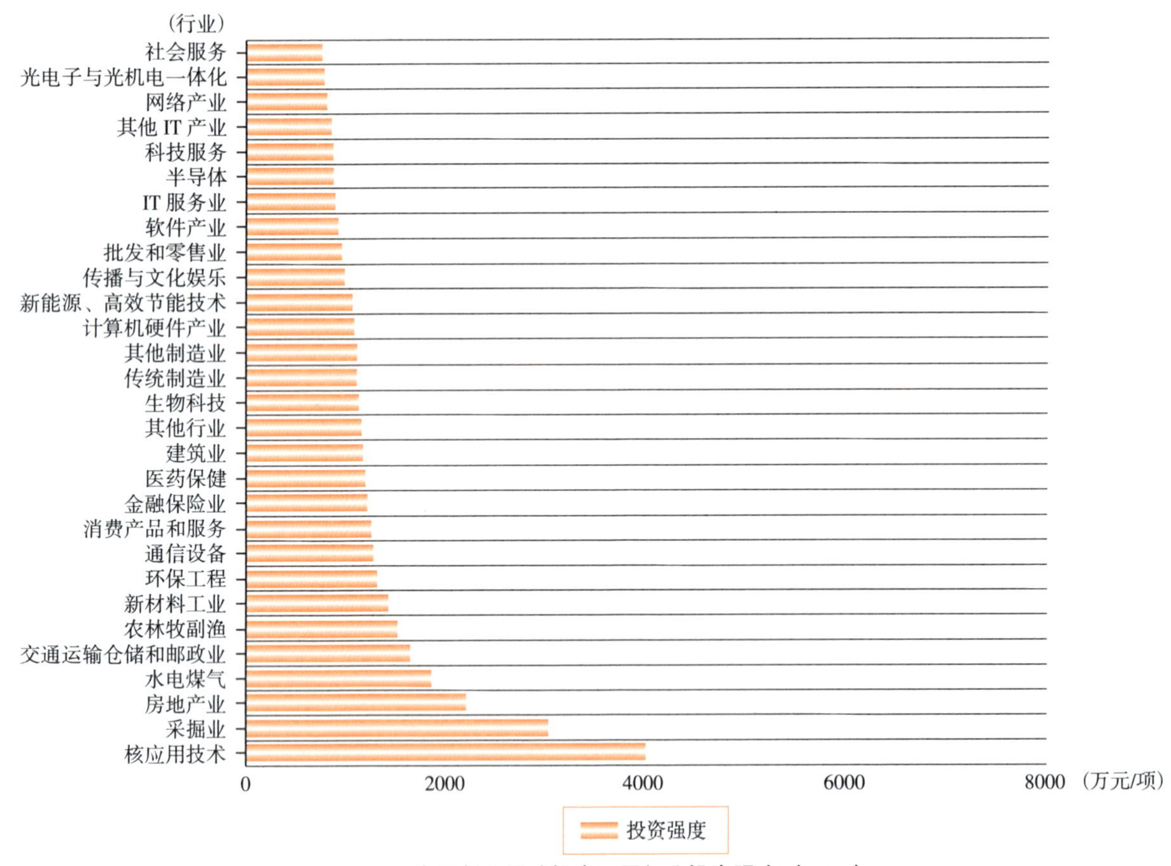

图 2-9 中国创业风险投资不同行业投资强度（2015）

2.3.2 中国创业风险投资机构单项投资规模分布[①]

2015 年，中国创业风险投资机构单项 500 万~1000 万元投资金额的投资项目所占比例最大，达 19.9%；其次为 100 万~300 万元的投资项目；100 万~300 万元、1000 万~2000 万元及 2000 万元以上的单项投资金额占比都有不同程度的减少；100 万元以下、300 万~500 万元及 500 万~1000 万元都有一定程度的增加（见表 2-14、图 2-10）。

表 2-14 中国创业风险投资机构单项投资金额分布（2006~2015） 单位：%

年份 \ 金额（万元）	<100	100~300	300~500	500~1000	1000~2000	>2000
2006	24.1	25.1	9.0	19.3	12.0	10.5
2007	16.1	17.6	18.3	18.1	17.4	12.5
2008	17.1	22.0	11.7	15.0	18.9	15.2
2009	11.7	22.4	12.6	20.3	17.3	15.7
2010	13.4	15.5	8.9	17.5	21.5	23.2
2011	6.8	10.6	10.2	20.6	25.7	26.2
2012	10.2	13.1	11.3	21.2	24.7	19.5
2013	8.4	17.6	14.6	20.0	20.1	19.3
2014	12.3	19.1	13.9	18.3	20.4	15.9
2015	14.5	17.5	15.3	19.9	17.2	15.6

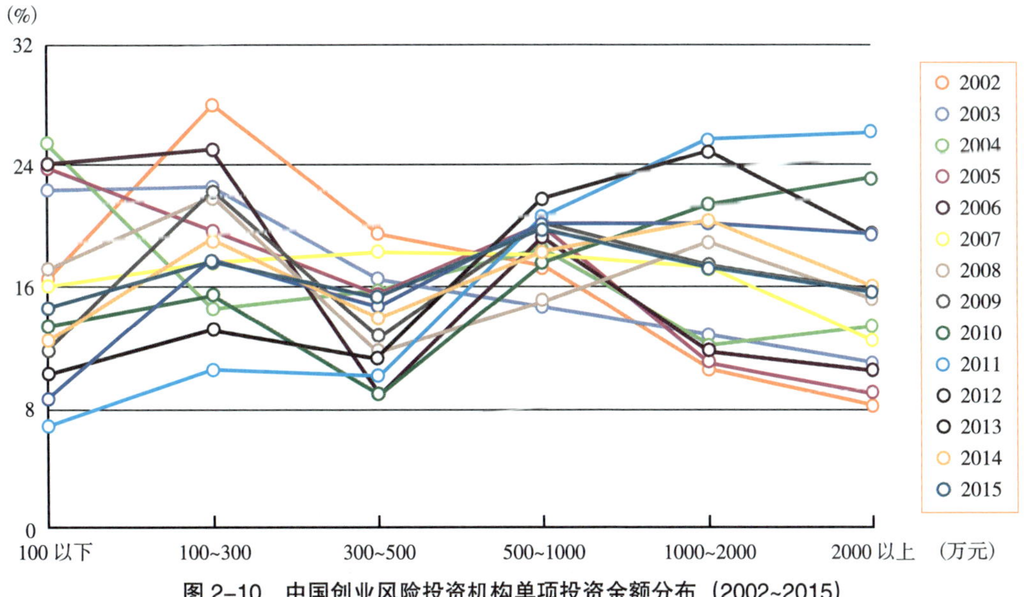

图 2-10 中国创业风险投资机构单项投资金额分布（2002~2015）

① 有效样本数为 2686 份。

2.3.3 中国创业风险投资的投资策略（联合投资）

联合投资可有效分散创业风险投资公司风险，通过合作分享其他联合投资伙伴的专业知识和技能，实现资金使用效率最大化，从而最终实现优化项目选择和提升整体投资组合价值的目标。2015 年，由创业风险投资机构和其他投资主体联合投资项目 100 万元以下及 1000 万元以上占比均降低，而 100 万~1000 万元项目占比上升，其中 500 万~1000 万元项目上升幅度很大。100 万~500 万元项目中，有 28.5%的项目为联合投资，是各投资规模项目中占比最高的（见表 2-15、图 2-11、表 2-16、图 2-12）。

表 2-15 中国创业风险投资联合投资的单项投资金额分布（2006~2015）① 单位：%

年份 \ 金额（万元）	<100	100~500	500~1000	1000~2000	>2000
2006	13.6	50.0	15.9	11.4	9.1
2007	9.1	39.4	9.1	30.3	12.1
2008	19.0	31.6	13.9	20.3	15.2
2009	13.0	28.0	21.0	19.0	19.0
2010	10.3	15.4	24.1	23.1	27.2
2011	6.1	22.0	18.3	25.6	28.0
2012	13.0	28.7	20.9	20.0	17.4
2013	12.0	32.0	28.0	12.0	16.0
2014	16.0	27.6	10.4	23.3	22.7
2015	11.4	28.5	23.2	21.3	15.6

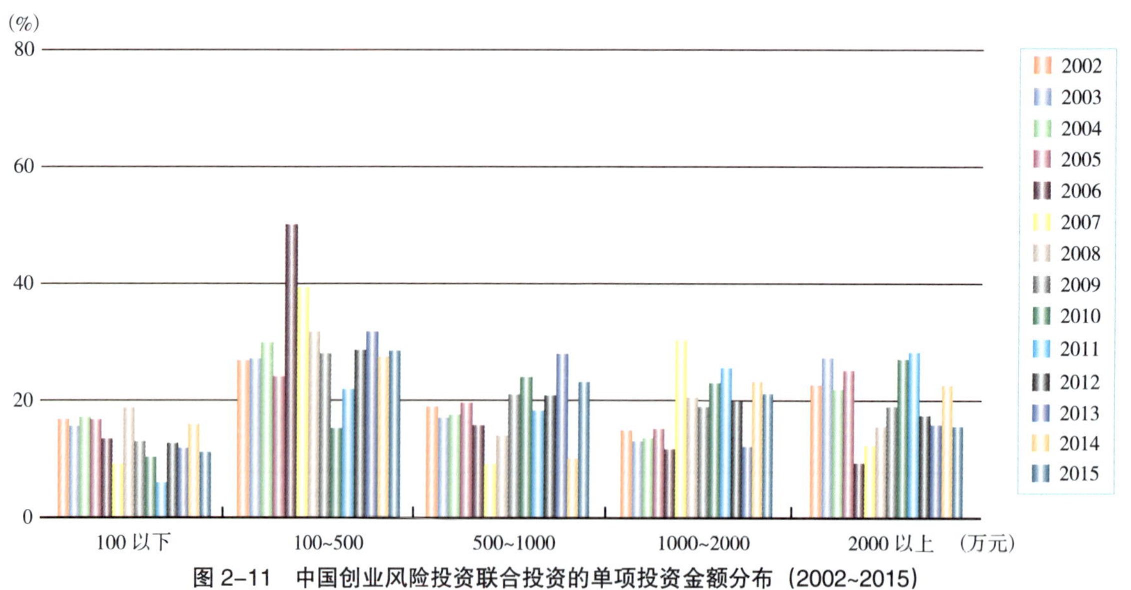

图 2-11 中国创业风险投资联合投资的单项投资金额分布（2002~2015）

① 有效样本数为 263 份。

表 2-16 中国创业风险投资机构与其他类型投资机构的联合投资（2015）[①] 单位：%

投资额分布（万元）	<100	100~300	300~500	500~1000	1000~2000	>2000
创业风险投资机构的投资额	0.85	3.86	6.53	15.77	25.54	47.45
其他类型投资机构的投资额	0.70	2.30	6.04	16.43	29.59	44.94

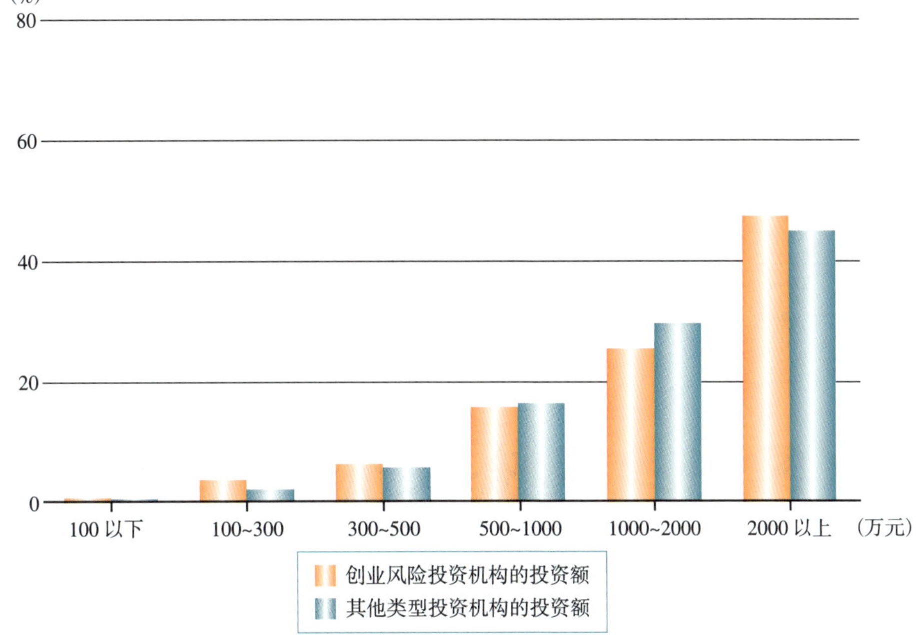

图 2-12 中国创业风险投资机构与其他类型投资机构的联合投资（2015）

2.4 中国创业风险投资的首轮投资与后续投资

2015 年，中国创业风险投资项目的首轮投资和后续投资分别占 62.7%和 37.3%，首轮投资仍然占主导地位，但后续投资的比例在不断上升，基本延续了前几年投资轮次的格局（见表 2-17、图 2-13）。

表 2-17 中国创业风险投资的首轮投资和后续投资（2006~2015）[②] 单位：%

项目 \ 年份	2006	2007	2008	2009	2010	2011	2012	2013	2014	2015
首轮投资	77.0	83.1	84.5	82.7	86.2	83.4	80.1	77.5	68.1	62.7
后续投资	23.0	16.9	15.5	17.3	13.8	16.6	19.9	22.5	31.9	37.3

① 创业风险投资机构有效样本数为 2178 份，其他类型投资机构有效样本数为 263 份。
② 有效样本数为 2034 份。

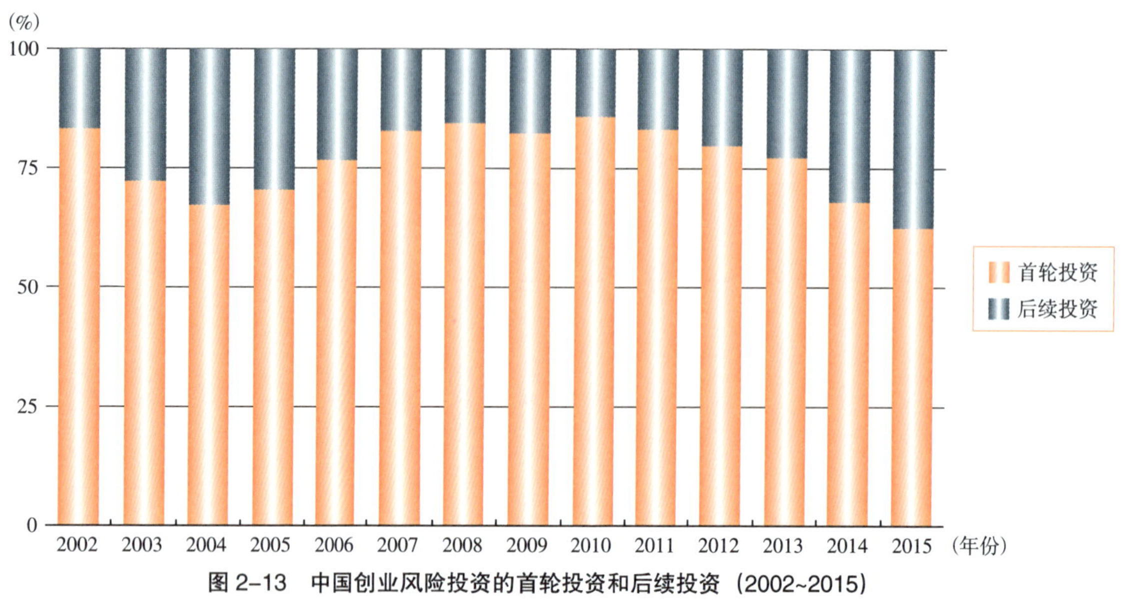

图 2-13 中国创业风险投资的首轮投资和后续投资（2002~2015）

2.5 中国创业风险投资机构持股结构

中国创业风险投资机构的股权结构仍然保持多元化趋势，其中参股和相对控股仍然是主要的投资方式。2015年，持股比例在10%以下的项目所占比例较上年上升幅度明显（见表2-18、图2-14）。这一趋势表明，不谋求控股的创业风险投资经营策略仍然占主导地位。与往年相比，尽管中国创业风险投资机构的投资强度总体呈上升趋势，但其所占股权比例在10%~50%区间的比重均有下降趋势，而其他股权比例的比重则在上升。

表 2-18 中国创业风险投资机构持股结构分布（2006~2015）[①]

单位：%

年份 \ 股权比例（%）	<10	10~20	20~30	30~40	40~50	>50
2006	25.00	25.00	20.35	12.50	6.10	11.05
2007	43.33	20.32	14.44	8.41	4.92	8.57
2008	42.92	23.65	10.95	8.61	6.13	7.74
2009	44.60	22.77	13.64	5.98	5.14	7.87
2010	50.99	25.15	10.85	6.17	3.14	3.70
2011	61.04	20.46	7.08	4.38	2.24	4.80
2012	56.29	22.57	9.07	4.70	3.00	4.37
2013	50.32	25.60	11.60	4.40	2.88	5.20
2014	50.79	26.43	9.30	5.55	4.60	3.33
2015	63.47	21.88	6.10	2.96	2.14	3.46

① 有效样本数为1893份。

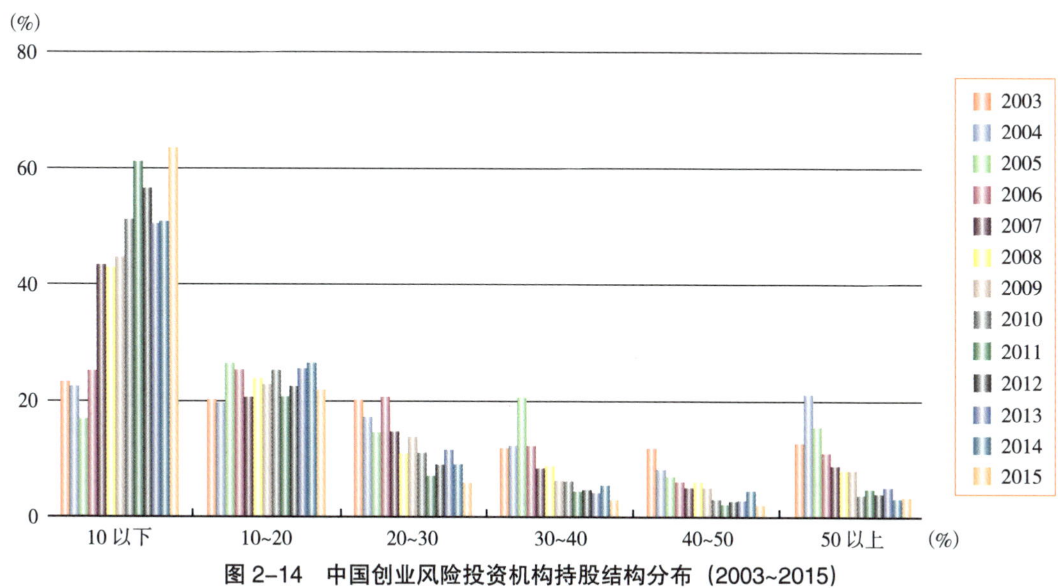

图 2-14 中国创业风险投资机构持股结构分布（2003~2015）

2.6 中国创业风险投资项目特征

2.6.1 中国创业风险投资项目资本规模

从被投资项目的实收资本而言，2015 年规模在 500 万元以下和 5000 万元以上项目依然是中国创业风险投资的重点对象。500 万元以下的中小投资项目占比较 2014 年减少了 2.3 个百分点；5000 万元以上的投资项目占比与 2014 年相比增加了 0.8 个百分点。从长期来看，中国创业风险投资项目规模分布的基本趋势表现为，对中小项目投资有所上升，对大型项目的投资略有下降，其他规模项目的比例大致稳定；就 2015 年来看，所有规模项目比例与 2014 年相比波动不大（见表 2-19、图 2-15）。

表 2-19 中国创业风险投资项目的实收资本规模分布（2006~2015）① 单位：%

年份 \ 资本规模（万元）	<500	500~1000	1000~3000	3000~5000	>5000
2006	28.2	13.2	27.8	14.1	16.7
2007	26.8	12.8	20.4	13.1	26.8
2008	18.9	15.7	26.5	12.2	26.7
2009	21.6	13.9	23.5	15.4	25.6
2010	26.4	12.4	23.4	13.1	24.7
2011	15.2	11.5	24.2	13.6	35.5
2012	16.9	14.5	26.1	13.2	29.3
2013	19.5	15.3	23.7	14.4	27.1
2014	35.4	12.1	20.8	9.8	22.0
2015	33.1	12.6	20.7	10.9	22.8

① 有效样本数为 1598 份。

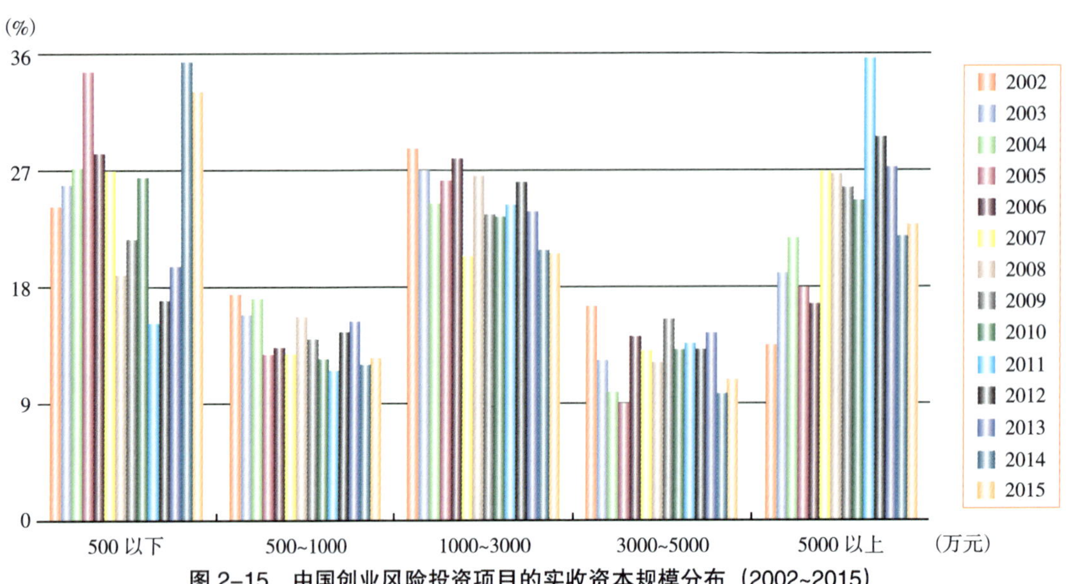

图 2-15 中国创业风险投资项目的实收资本规模分布（2002~2015）

2.6.2 中国创业风险投资项目雇员规模

以项目雇员划分被投资项目的规模，2015 年，中国创业风险投资机构投资项目的规模与 2014 年相比大体一致。创业风险投资机构首选拥有雇员 10~50 人的项目，占比达到 38.1%；其次为雇员 10 人以下与 200 人以上的项目，占比分别为 19.1%与 16.8%（见表 2-20、图 2-16）。

表 2-20 中国创业风险投资项目雇员规模分布（2006~2015）① 单位：%

年份 \ 雇员规模（人）	<10	10~50	50~100	100~150	150~200	>200
2006	14.1	36.4	13.0	7.1	7.6	20.7
2007	14.7	26.1	12.9	8.5	7.0	30.1
2008	14.6	29.9	14.4	7.5	3.4	29.9
2009	21.8	36.7	9.8	6.2	4.8	19.9
2010	14.6	28.9	13.9	8.2	5.9	27.5
2011	11.3	24.3	13.3	8.9	6.9	34.1
2012	12.9	26.0	13.4	11.8	8.6	27.4
2013	13.8	30.4	14.0	10.2	7.4	24.3
2014	18.5	32.5	14.8	8.8	5.1	20.4
2015	19.1	38.1	15.1	5.9	5.0	16.8

① 有效样本数为 1185 份。

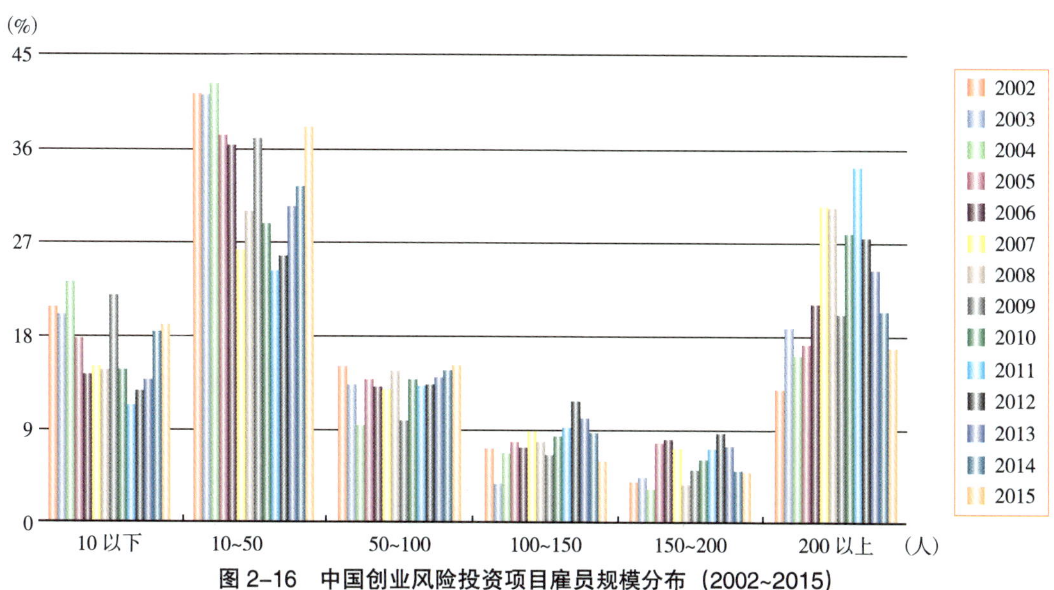

图 2-16 中国创业风险投资项目雇员规模分布（2002~2015）

2.6.3 中国创业风险投资项目经营时间

从被投资项目的经营时间看，一方面，创业风险投资机构仍然偏好比较稳健的成熟项目，到 2015 年，成立 5 年以上的企业占比最高，达到 36.1%，较上年有所上升；另一方面，也有较多年龄为 1~3 年的初创期、成长期企业获得投资机构青睐，占比为 28.0%，连续四年上升（见表 2-21、图 2-17）。结合投资项目的注册资本金额、雇员分布情况可以发现，这些数据对 2014 年中国创业风险投资行为的描述大体一致。

表 2-21 中国创业风险投资项目经营时间分布（2006~2015）① 单位：%

年份 \ 经营时间（年）	<1	1~3	3~5	>5
2006	18.8	32.1	16.5	32.6
2007	24.2	17.4	15.8	42.7
2008	17.3	24.3	19.0	39.4
2009	40.2	16.7	12.3	30.8
2010	13.6	28.8	13.6	43.9
2011	11.8	20.1	16.3	51.8
2012	14.3	20.5	15.2	50.1
2013	19.5	21.5	17.2	41.7
2014	29.3	22.2	16.1	32.4
2015	21.0	28.0	15.0	36.1

① 有效样本数为 1485 份。

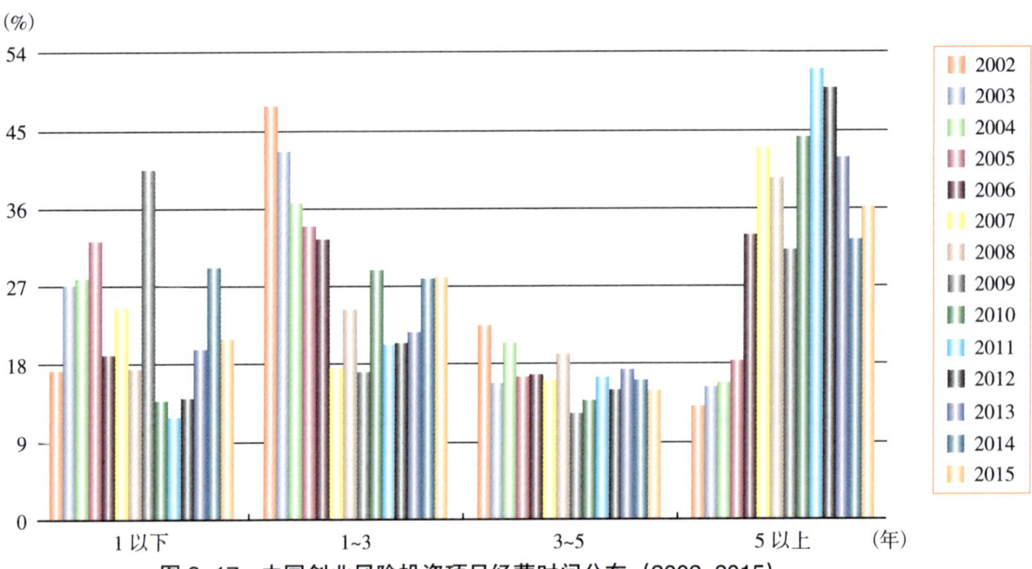

图 2-17 中国创业风险投资项目经营时间分布（2002~2015）

3 中国创业风险投资的退出

3.1 中国创业风险投资退出基本情况[①]

据清科数据统计，2015 年，全年共有 308 家中国企业在境内外资本市场上市，合计融资 3541.45 亿元，平均每家企业融资 11.50 亿元；上市数量占全球的 37.3%，融资总额占比为 23.2%。其中，共有 219 家企业在境内上市，7~11 月尽管 2015 年中以来股市剧烈震荡致使 IPO 暂停近四个月，但得益于上半年资本市场的火爆形势，全年境内上市企业数远高于 2014 年，上市企业融资 1586.14 亿元；境外方面，89 家中企赴海外上市，合计融资 1955.31 亿元。

受益于资本市场行情，中国创业风险投资市场全年退出项目的收入规模总体有所增加。2015 年，中国创业风险投资行业披露了 568 个退出项目收入情况，其中退出项目收入在 2000 万元以上的项目占 34.2%，收入在 1000 万~2000 万元的项目比例较 2014 年显著提高（见表 3-1、图 3-1）。

表 3-1 中国创业风险投资项目的退出收入分布（2009~2015） 单位：%

年份 \ 收入规模（万元）	<100	100~500	500~1000	1000~2000	>2000
2009	26.8	27.5	15.7	12.4	17.6
2010	27.3	19.7	13.7	13.7	25.7
2011	22.9	24.1	11.0	10.6	31.4
2012	19.2	17.1	10.5	17.4	35.8
2013	21.8	19.8	10.6	11.8	35.9
2014	15.7	24.7	14.4	12.7	32.4
2015	10.3	22.4	13.8	19.3	34.2

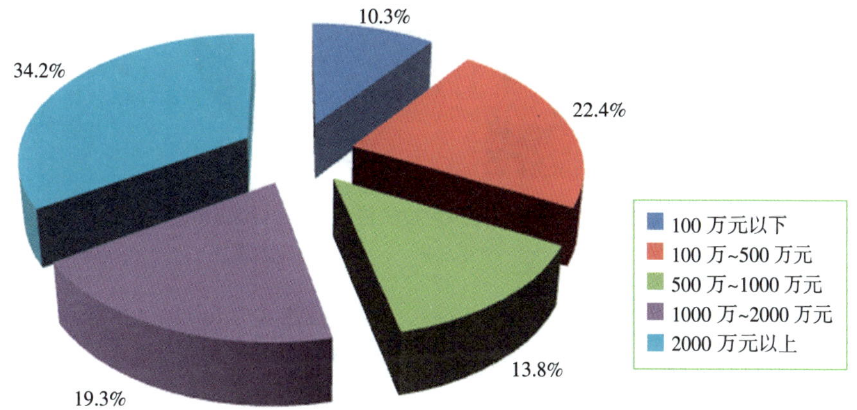

图 3-1 中国创业风险投资项目退出收入分布（2015）

① 有效样本数为 568 份。

3.2 中国创业风险投资退出方式[①]

3.2.1 中国创业风险投资主要退出方式

统计数据显示，2015 年全年共披露了 677 笔退出交易。按照退出渠道划分，创业风险投资的企业中共有 105 个项目通过 IPO 方式退出，较 2014 年略有提升，但占比大幅回落，仅占 15.51%，这主要源于下半年市场 IPO 的暂停；相对而言，并购交易有所提升，尽管占比下降到 31.02%，但项目数额明显提升，达到 210 项；此外，2015 年新三板市场的火爆，也促进了创投企业实现有效退出，全年有 69 个项目通过新三板挂牌进行交易，占比 9.45%，退出总体环境向好（见表 3-2、图 3-2）。

表 3-2 中国创业风险投资的退出方式分布（2009~2015） 单位：%

年份 \ 退出方式	上市（IPO）	并购	回购	清算	其他（含新三板）
2009	25.30	33.00	35.30	6.30	0.00
2010	29.80	28.63	32.82	6.87	1.91
2011	29.40	29.97	32.28	3.17	5.19
2012	29.41	15.86	45.01	6.65	3.07
2013	24.33	23.75	44.83	4.60	2.49
2014	20.72	36.02	36.02	4.83	2.41
2015	15.51	31.02	37.52	6.50	9.45

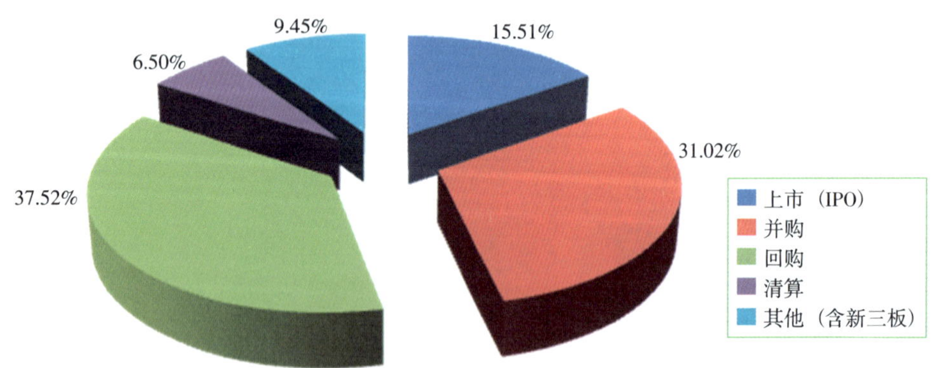

图 3-2 中国创业风险投资退出方式（2015）

3.2.2 中国创业风险投资 IPO 退出渠道

我国多层次资本市场已形成主板、中小板、创业板以及新三板市场的构架。统计显示，2015 年，共有 105 个项目通过 IPO 实现退出收益。与往年不同的是，2015 年境内主板退出成为 IPO 的主要渠道，占比达到 48.48%（见表 3-3）；28.28%的企业通过境内创业板退出，较往年大幅减少；16.16%的企业通过境内中小板市场退出，另有 7.07%的企业通过境外市场退出（见图 3-3）。

① 有效样本数为 677 份。

表 3-3 中国创业风险投资 IPO 分布（2011~2015）[①] 单位：%

年份	境内主板上市	境内创业板上市	境内中小板上市	境外上市
2011	14.71	30.39	49.02	5.88
2012	21.74	38.26	36.52	3.48
2013	21.26	40.94	30.71	7.09
2014	22.33	42.72	21.36	13.59
2015	48.48	28.28	16.16	7.07

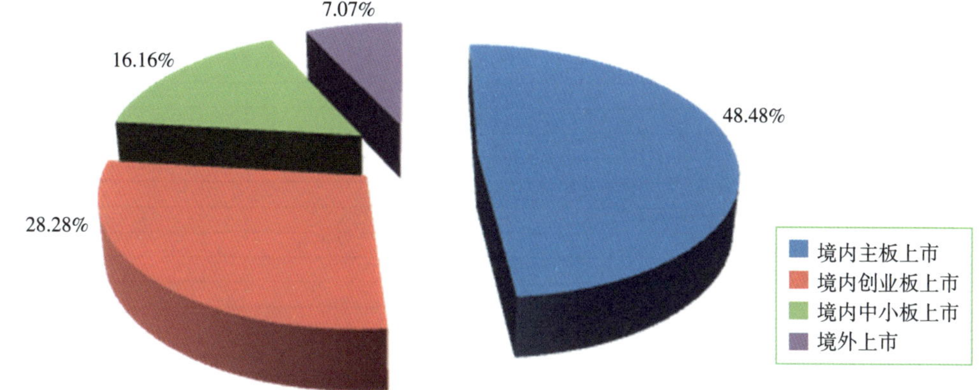

图 3-3 中国创业风险投资 IPO 分布（2015）

3.3 中国创业风险投资退出项目行业分布[②]

从二级行业划分情况看，2015 年，中国创业风险投资实现项目退出最多行业依然是传统制造业，但较 2014 年占比大幅下降（见表 3-4）。排名前 10 的行业合计实现退出的项目占全部退出项目的 65.6%，集中度较 2014 年上升 1.5 个百分点。其中，2015 年较为明显的变化是，软件产业、网络产业与新能源、高效节能技术退出比例明显提高，这主要源于近年来创业风险投资行业对相关产业的投资热潮（见图 3-4）。

表 3-4 中国创业风险投资退出项目行业分布（2014~2015）[③] 单位：%

退出行业	分布比例（2014 年）	分布比例（2015 年）
传统制造业	12.17	9.33
其他制造业	4.15	7.49
其他行业	8.72	7.34
软件产业	5.88	7.03

① 有效样本数为 105 份。
② 有效样本数为 493 份。
③ 有效样本数为 654 份。

续表

退出行业	分布比例（2014 年）	分布比例（2015 年）
网络产业	4.67	6.88
新材料工业	6.29	6.12
新能源、高效节能技术	4.67	6.12
医药保健	6.69	5.50
IT 服务业	4.05	5.05
光电子与光机电一体化	4.15	4.74

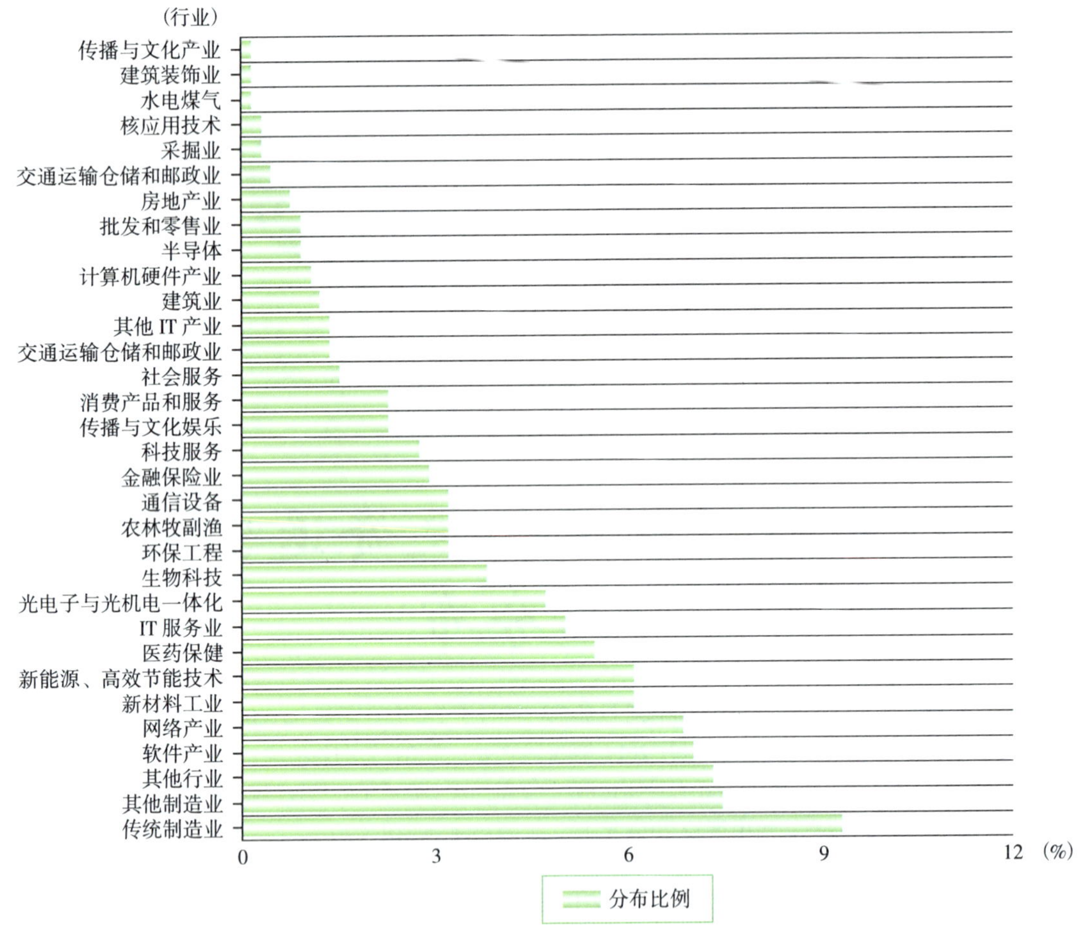

图 3-4 中国创业风险投资退出项目行业分布（2015）

从一级行业划分情况看，2015 年，软件和信息服务业的行业退出占比明显提升，达到 20.3%，其次是新能源和环保业，计算机、通信设备制造业，传统制造业以及医药生物业（见表 3-5、图 3-5）。

表 3-5 中国创业风险投资退出项目行业分布（2006~2015）[①]　　单位：%

行业 \ 年份	2006	2007	2008	2009	2010	2011	2012	2013	2014	2015
软件和信息服务业[②]	13.7	32.2	24.5	26.7	15.9	12.9	9.4	11.5	11.6	20.3
新能源和环保业[③]	15.7	12.9	10.1	12.7	24.5	16.7	22.2	16.2	15.2	15.7
计算机、通信设备制造业[④]	18.6	8.8	16.0	18.1	14.2	14.4	10.6	14.0	14.2	9.9
传统制造业	6.9	8.1	13.0	12.2	7.9	11.3	14.3	17.5	12.2	9.3
医药生物业[⑤]	15.6	18.6	15.5	9.0	11.0	13.5	11.1	12.5	8.3	8.7
其他制造业	0.0	0.0	0.0	0.0	0.0	5.3	6.2	8.2	4.1	7.5
其他行业	16.7	14.5	10.6	9.5	11.4	5.0	6.2	3.9	8.7	7.3
农林牧渔业	1.0	0.0	2.4	1.4	4.7	6.0	6.5	3.7	4.3	3.2
金融保险业	4.9	0.8	2.4	2.7	3.1	2.2	2.2	3.9	1.8	2.9
科技服务	2.9	1.6	3.4	2.7	1.6	0.6	2.2	0.6	1.2	2.8
传播与文化娱乐	1.0	0.8	0.5	0.9	1.6	1.9	3.0	2.7	5.5	2.3
社会服务	0.0	0.0	0.0	0.0	0.0	0.6	1.6	0.8	1.4	1.5

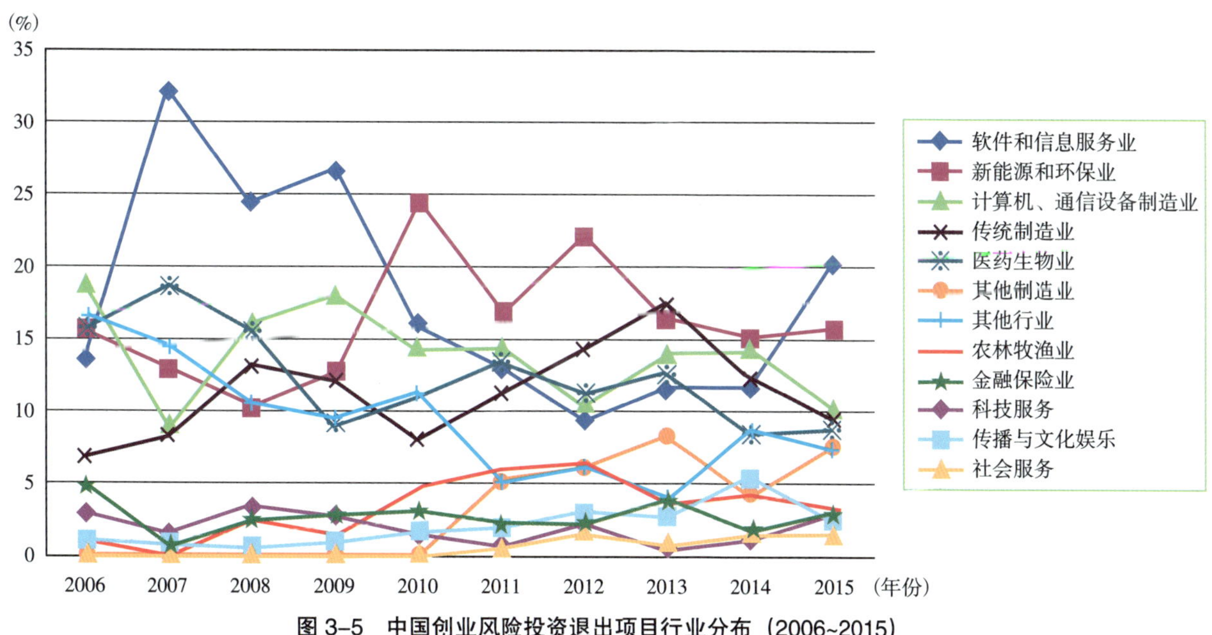

图 3-5 中国创业风险投资退出项目行业分布（2006~2015）

① 有效样本数为 654 份。
② 包括原有的网络产业、IT 产业、软件产业、其他 IT 产业四个细分的二级行业。
③ 包括原有的新材料工业，新能源、高效节能技术，核应用技术，环保工程四个细分的二级行业。
④ 包括原有的通信设备、半导体、计算机硬件产业、光电子与光机电一体化四个细分的二级行业。
⑤ 包括原有的医药保健、生物科技两个细分的二级行业。

3.4 中国创业风险投资退出项目地区分布[①]

2015 年，中国创业风险投资退出项目地区分布总体与创业风险投资机构投资分布情况一致，东部地区因创业风险投资发展相对成熟，退出项目占比较高，其中江苏、浙江、广东、上海等地区在项目退出方面长期处于领先地位，此外，北京地区项目退出较往年有较大增长。

2015 年，退出项目占比排名前 10 的地区合计占比 81.0%，与历年趋势基本持平，区域集聚效应仍然较为明显（见表 3-6、图 3-6）。

表 3-6 中国创业风险投资退出项目地区分布前 10 名（2006~2015） 单位：%

年份											
2006 年	地区	广东	江苏	浙江	上海	北京	黑龙江	深圳	陕西	安徽	四川
	比例	16.0	11.7	11.7	9.6	8.5	7.4	6.4	5.3	4.3	4.3
2007 年	地区	江苏	上海	广东	浙江	山东	湖北	安徽	云南	山西	辽宁
	比例	24.2	11.0	9.9	5.5	5.5	5.5	4.4	4.4	4.4	4.4
2008 年	地区	江苏	广东	上海	浙江	山东	安徽	湖南	北京	湖北	四川
	比例	15.9	14.0	13.4	10.8	6.4	6.4	5.7	5.1	4.5	3.8
2009 年	地区	江苏	广东	浙江	北京	陕西	安徽	上海	四川	湖北	天津
	比例	26.4	17.4	10.0	7.5	5.5	5.0	4.0	4.0	3.5	3.0
2010 年	地区	江苏	湖北	广东	浙江	上海	山东	北京	新疆	湖南	天津
	比例	26.6	16.7	12.4	9.0	6.4	3.4	3.0	3.0	2.6	2.6
2011 年	地区	江苏	上海	浙江	广东	天津	北京	河南	山东	湖北	福建
	比例	27.6	11.5	11.2	9.6	8.1	6.5	3.4	2.8	2.8	2.2
2012 年	地区	江苏	浙江	广东	湖北	北京	上海	河北	天津	安徽	湖南
	比例	35.6	9.8	8.4	7.6	7.3	5.4	3.8	3.8	3.8	3.5
2013 年	地区	江苏	浙江	上海	广东	北京	天津	安徽	山东	湖北	重庆
	比例	35.0	10.6	8.1	7.7	5.4	5.2	3.3	3.1	2.9	2.7
2014 年	地区	江苏	浙江	广东	上海	北京	湖北	辽宁	湖南	山东	天津
	比例	20.4	13.5	13.3	10.2	9.8	3.8	3.3	3.1	2.9	2.7
2015 年	地区	江苏	北京	浙江	广东	上海	河南	安徽	天津	湖北	四川
	比例	24.3	13.2	10.4	8.6	5.3	4.2	4.2	4.1	3.6	3.1

① 有效样本数为 637 份。

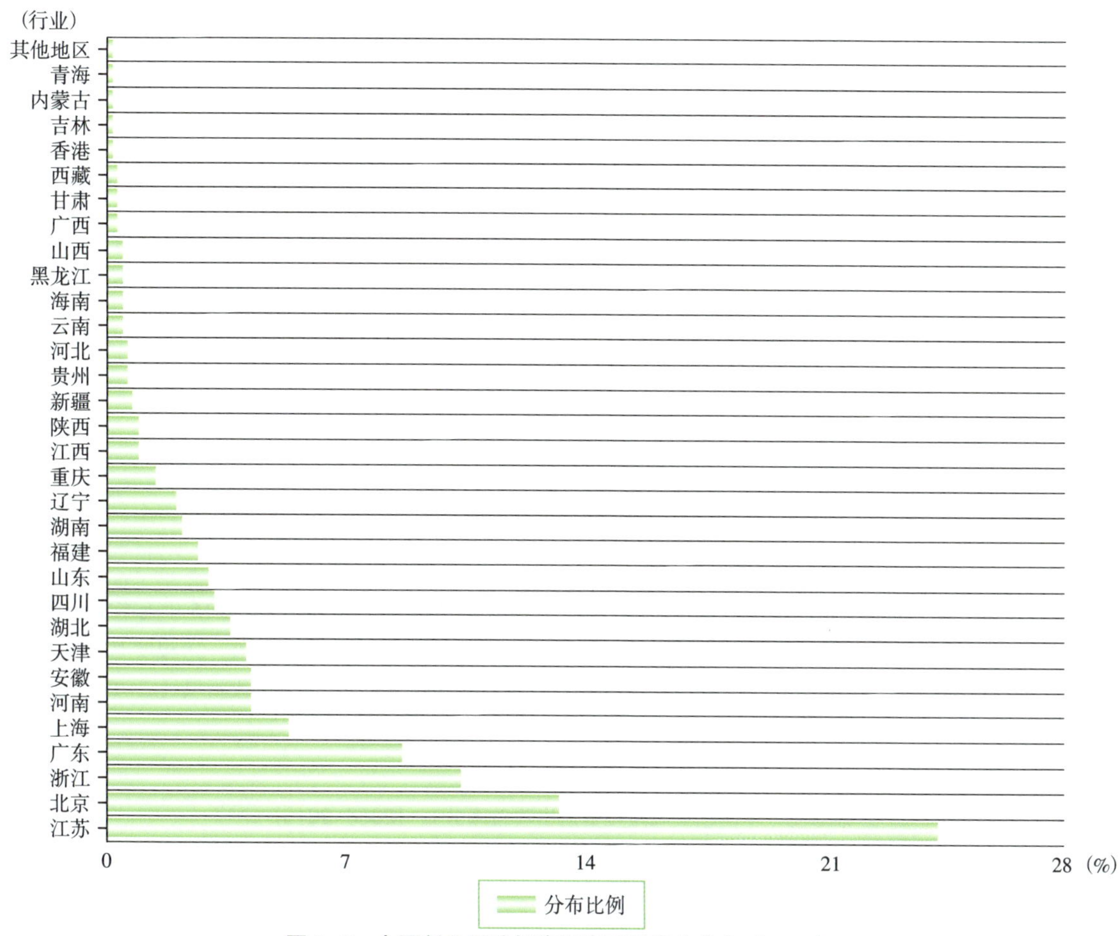

图 3-6 中国创业风险投资退出项目行业分布（2015）

3.5 中国创业风险投资项目退出绩效

3.5.1 中国创业风险投资退出的总体绩效表现

2015 年上半年，受资本市场利好、货币宽松政策等积极影响，创业风险投资项目退出收益率明显高于往年，全行业项目退出收益率高达 260.18%，整个行业投资退出步伐加速，项目投资时间明显缩短，平均投资退出时间仅为 3.92 年，整体行业平均收益率达到 32.39%（见表 3-7、图 3-7）。

表 3-7 中国创业风险投资退出的投资收益率（2006~2015）①　　单位：%

年份	2006	2007	2008	2009	2010	2011	2012	2013	2014	2015
总体收益率	56.62	77.12	240.36	144.89	221.87	193.71	196.35	117.7	123.04	260.18
年均收益率	4.66	4.32	32.68	19.33	37.82	45.62	44.01	13.85	23.46	32.39

① 有效样本数为 2211 份。

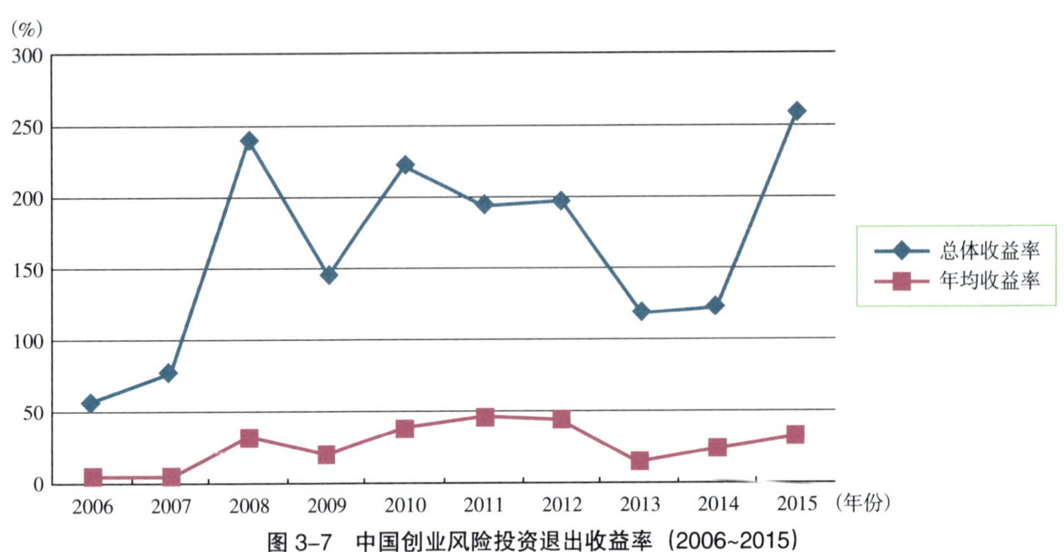

图 3-7 中国创业风险投资退出收益率（2006~2015）

退出项目投资收益分布趋势情况显示（见表 3-8、图 3-8）：尽管 2015 年亏损的退出项目仍然接近半数，但明显少于往年，仅占 48.9%。此外，投资收益在 0~15%、20%~50%以及 100%以上的项目占比明显高于往年，整体收益显著提高。一方面，与 2015 年上半年资本市场的高收益率有关；另一方面，也在一定程度上表明，中国创业风险投资市场更加专业化，投资项目成功率有所提升。

表 3-8 中国创业风险投资退出收益率分布（2006~2015）① 单位：%

年份	亏损	0~15	15~20	20~50	50~100	>100
2006	73.8	6.0	0.0	3.6	2.4	14.2
2007	61.2	9.2	5.1	6.1	8.2	10.2
2008	65.1	3.4	1.4	4.1	8.9	17.1
2009	63.0	4.8	3.2	10.6	4.2	14.3
2010	63.2	8.0	1.9	4.7	4.2	17.9
2011	47.9	9.9	3.0	10.6	6.5	22.1
2012	47.0	8.6	3.5	10.5	4.5	25.9
2013	67.1	2.4	2.7	8.7	2.2	16.9
2014	56.9	4.7	4.1	9.4	11.6	13.3
2015	48.9	12.1	3.5	11.8	7.4	16.2

① 有效样本数为 568 份。

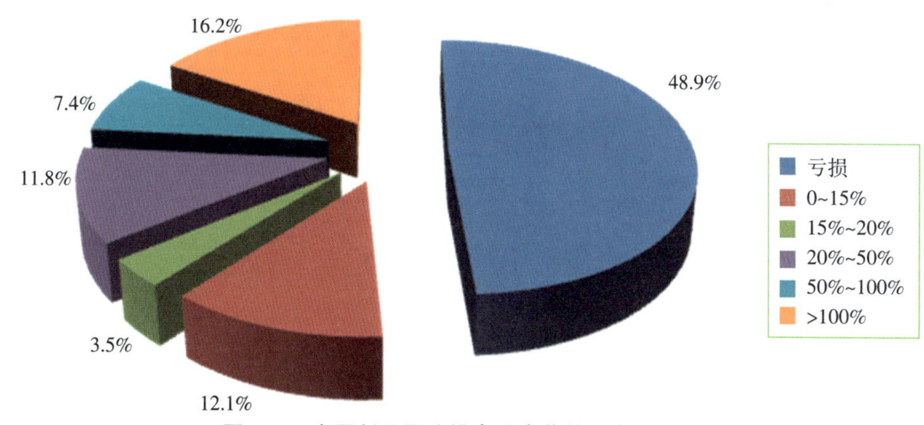

图 3-8 中国创业风险投资退出收益分布（2015）

3.5.2 中国创业风险投资不同退出方式绩效表现

从 2015 年的表现来看，2015 年上半年股票市场活跃等利好因素推动了上市退出收益率进一步提高，达到 779.27%，即平均账目回报 7.8 倍，接近历史表现最好水平；通过并购退出的项目收益率也出现大幅度提高，收益率达 135.55%，此外，回购股份也有好的表现，收益率达到 19.01%。新三板市场的快速发展不仅为部分项目退出提供了良好通道，也实现了 16.86%的收益水平。

从历年不同退出渠道绩效表现来看，一般而言，上市退出的收益最为可观，投资收益约为投资总额的 5 倍左右，在资本市场火热的 2008 年，收益曾高达 9 倍；并购退出收益其次，由于存在并购企业价值被低估的情况，部分年份并购退出未能获得收益；在大部分情况下，股份回购未能实现收益，投资存在部分损失；而清算退出则存在较大投资损失。总体而言，创业风险投资行业投资收益主要由少数上市退出项目收益弥补多数项目的损失（见表 3-9、图 3-9）。

表 3-9 不同渠道创业风险投资退出项目总体收益率（2006~2015）①　　单位：%

年份	上市	并购	回购	清算	新三板挂牌交易
2006	491.45	27.35	-30.81	-53.63	—
2007	436.07	-15.37	-26.80	-42.63	—
2008	916.66	28.35	-41.98	-29.13	—
2009	327.75	4.74	-29.47	-42.66	—
2010	736.68	44.71	-21.19	-24.43	48.85
2011	799.38	41.47	-30.51	-65.37	63.19
2012	486.10	198.29	29.18	-15.34	32.48
2013	448.03	15.27	-34.28	-43.47	89.79
2014	601.66	63.55	-34.43	-34.43	27.23
2015	779.27	135.55	19.01	-15.60	16.86

① 有效样本数为 2351 份。

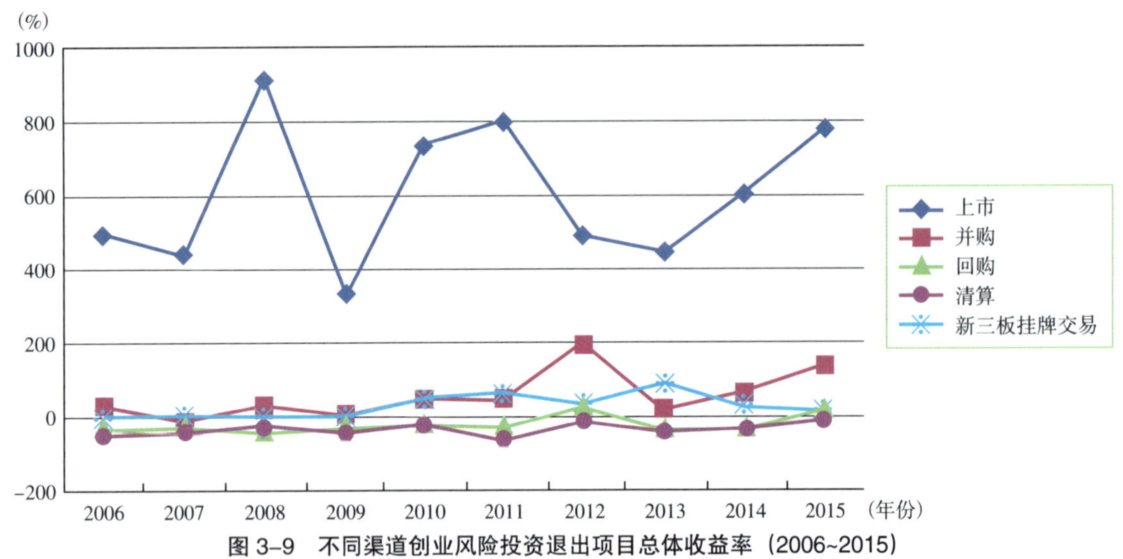

图 3–9 不同渠道创业风险投资退出项目总体收益率（2006~2015）

按照年均收益率统计，由于项目从投资到退出一般要经历 4~7 年时间，因此从年均收益率来看，创业风险投资并非一夜暴富的行业。从历年年均收益率情况看，上市退出仍然是收益最高的退出渠道，一般年均收益率在一倍左右，2011 年实现最高年均收益率为 2 倍，2015 年实现年均收益率 114.38%，达到历史平均水平。这在一定程度上说明，尽管 2015 年上市退出实现了较高的总收益率，但由于通过上市退出投资周期较往年更长，因此仅能达到历史平均收益水平；此外，并购退出年均收益率达到 44.45%，明显好于往年（见表 3–10、图 3–10）。

表 3–10 不同渠道创业风险投资退出项目年均收益率（2006~2015）① 单位：%

年份	上市	并购	回购	清算	新三板挂牌交易
2006	45.55	15.00	−14.28	−17.57	—
2007	46.53	−9.35	−4.94	−7.86	—
2008	143.33	1.33	−17.61	−6.05	—
2009	113.08	−0.37	−21.02	−6.59	—
2010	187.62	5.04	−5.35	−4.83	5.64
2011	200.41	12.99	−20.71	−8.46	13.20
2012	84.62	66.40	14.86	−10.33	−4.47
2013	73.36	2.71	−19.31	−8.26	−0.90
2014	107.19	17.49	−4.22	−11.48	12.93
2015	114.38	44.45	4.05	−2.00	6.10

① 有效样本数为 2211 份。

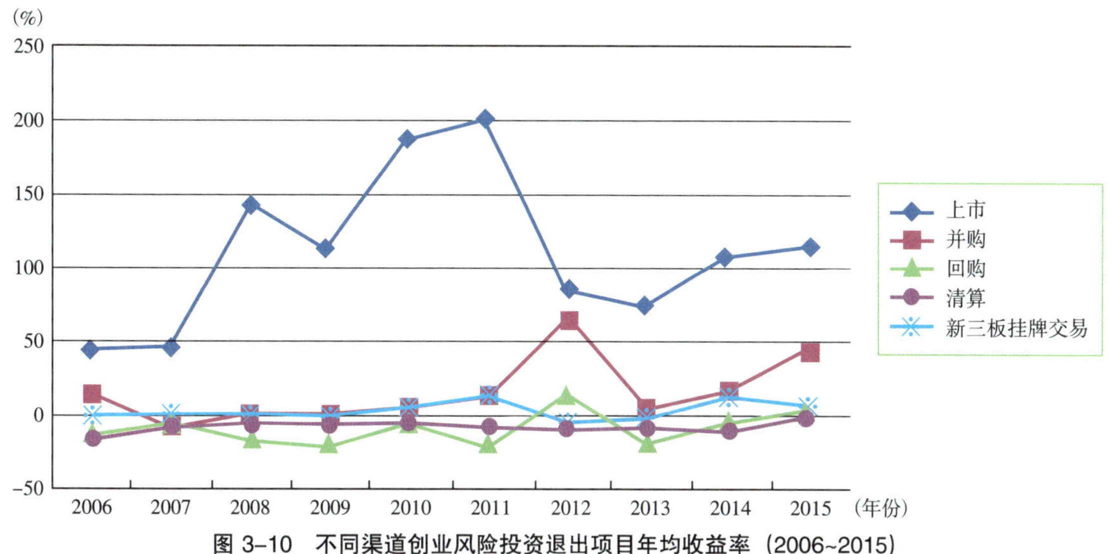

图 3-10　不同渠道创业风险投资退出项目年均收益率（2006~2015）

3.5.3　中国创业风险投资不同行业退出的绩效表现

通常而论，创业风险投资行业退出绩效呈现出“成三败七”特点，往往需要用少数成功的投资项目弥补多数的损失。但近年来，随着我国创业风险投资行业投资管理能力的逐步提升，项目总体收益率呈现上升趋势。无论是高新技术行业还是传统行业，在经历了 2013 年的较大下滑后，项目退出盈利水平连续两年有较大提升。

比较传统行业与高新技术行业的退出绩效可以看出，大部分情况下高新技术行业尽管面临着更高的投资风险，但投资盈利比例也明显高于传统行业（见表 3-11、图 3-11、表 3-12、图 3-12）。与往年明显不同的是，2015 年，传统行业盈利水平出现较大幅度增长，盈利项目占比首次超过了亏损项目。

表 3-11　高新技术行业创业风险投资退出项目盈亏状况（2006~2015）①　　单位：%

年份	2006	2007	2008	2009	2010	2011	2012	2013	2014	2015
盈利	25.00	40.58	35.35	37.17	37.30	52.87	55.62	32.13	47.76	51.06
亏损	75.00	59.42	64.65	62.83	62.70	47.13	44.38	67.87	52.24	48.94

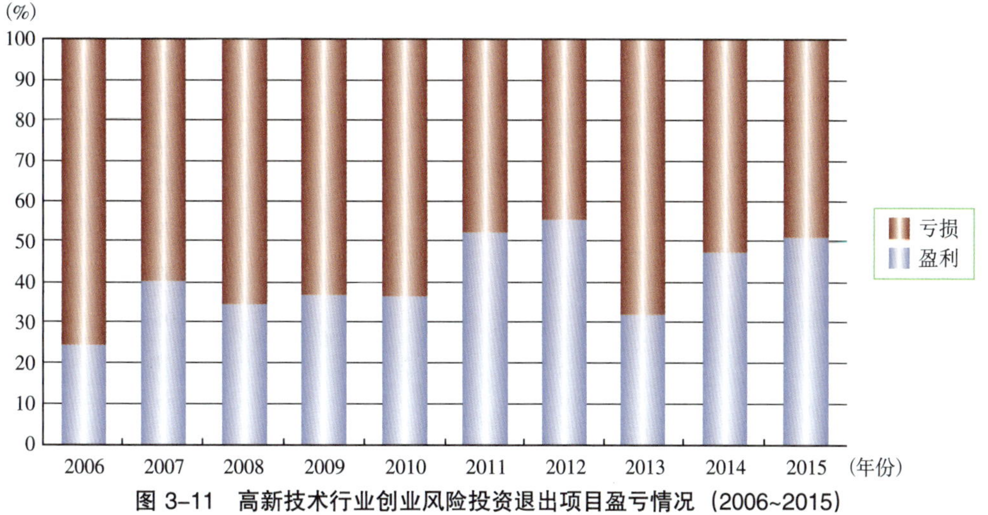

图 3-11　高新技术行业创业风险投资退出项目盈亏情况（2006~2015）

① 有效样本数为 331 份。

表 3–12 传统行业创业风险投资退出项目盈亏状况（2006~2015）① 单位：%

年份	2006	2007	2008	2009	2010	2011	2012	2013	2014	2015
盈利	25.00	20.00	15.00	39.29	36.36	48.48	50.00	35.45	38.56	50.23
亏损	75.00	80.00	85.00	60.71	63.64	51.52	50.00	64.55	61.44	49.77

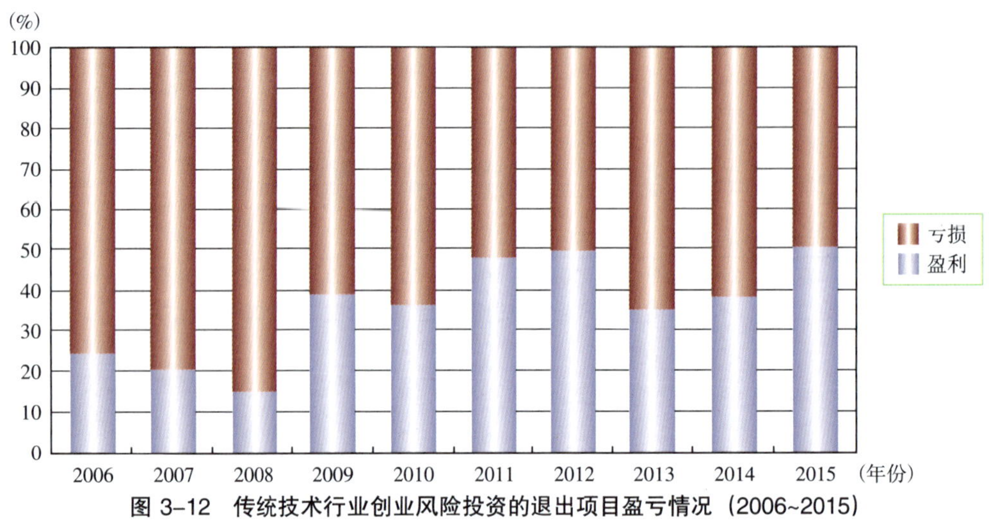

图 3–12 传统技术行业创业风险投资的退出项目盈亏情况（2006~2015）

按细分行业划分，2015 年，网络产业退出收益水平最高，总体账面回报率达到 14 倍以上，新能源、高效节能技术达到 462.62%，通信设备达到 291.17%，医药保健达到 223.02%，这也在一定程度上解释了为什么网络产业，新能源、高效节能技术，医药保健等行业成为行业投资热点。此外，传统制造业、传播与文化娱乐、社会服务等行业收益率超过 150%（见表 3–13）。

表 3–13 按细分行业划分的创业风险投资退出项目总体收益率（2015） 单位：%

行业	退出总体收益率
网络产业	1496.29
新能源、高效节能技术	462.62
通信设备	291.17
医药保健	223.02
传统制造业	190.95
传播与文化娱乐	183.79
社会服务	170.67
其他制造业	143.06
半导体	130.84
新材料工业	58.37
环保工程	52.60

① 有效样本数为 221 份。

4 中国创业风险投资绩效

4.1 创业风险投资机构收入

4.1.1 投资机构收入

2015 年，披露信息的创业风险投资机构① 主营业务总收入和平均收入分别达到 208.21 亿元和 2009.79 万元，均创近五年来新高（见图 4–1）。

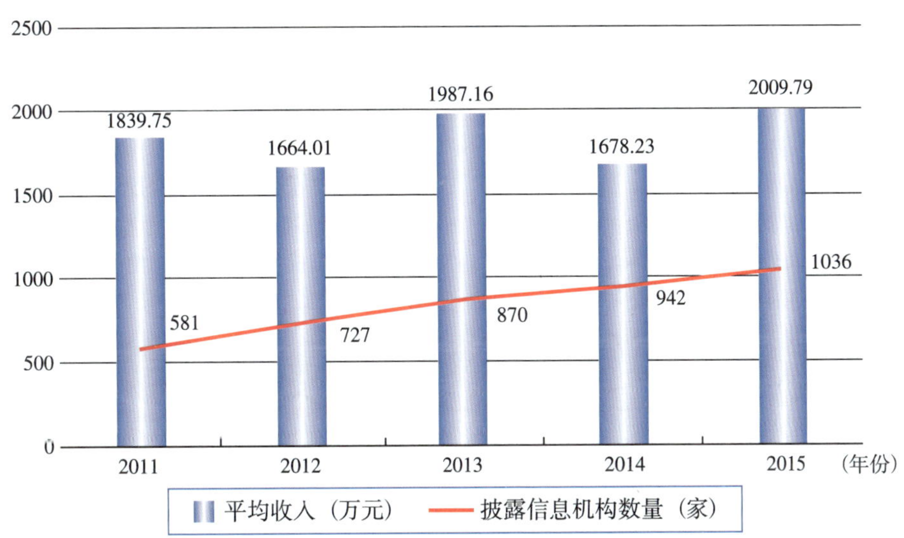

图 4–1 投资机构收入趋势（2011~2015）

（1）机构主营业务收入权重提高。2015 年，披露收入和主营业务收入机构数量均有所增加，其中 65.25%的机构获得与投资相关的主营业务收入，较 2014 年提高了 10 个百分点；676 家收入大于 0 的机构中有 592 家获得投资相关主营业务收入，占比高达 87.57%；主营业务收入占收入的比重也达到 92.89%。

（2）机构主营业务收入提高。受大宗退出事件影响，2015 年，创业风险投资机构收入规模有较大幅度提升，平均主营业务收入首次超过 2000 万元，较 2014 年增长了 19.76%。

（3）基金收入远高于管理机构。分析有收入的机构发现，194 家管理机构主营业务收入 18.93 亿元，平均每家机构为 975.58 万元，482 家投资基金主营业务收入 189.29 亿元，平均每家机构为 3927.13 万元，基金的平均主营业务收入是管理机构的 4 倍多。

（4）政府资助机构收入水平更高。获得政府资助的 240 家机构平均收入达到 3912.79 万元，是未获得政府资金资助机构的 1.35 倍，与 2014 年相比差距缩小。

① 有效样本数为 1036 份。

4.1.2 不同规模投资机构收入特征[①]

按机构管理资本规模从低到高，将创业风险投资机构划分为 5 个组别，统计不同规模创业风险投资机构的平均收入及不同规模机构收入占总收入的比重（见表 4-1）。

表 4-1 不同规模投资机构的收入分布（2011~2015）

年份	机构规模（亿元）	≤0.5	0.5~1	1~2	2~5	≥5
2011	平均收入（万元）	694.4	486.7	983.9	2777.6	5577.4
	占总收入比重（%）	8.7	6.4	9.8	28.6	46.4
2012	平均收入（万元）	916.0	593.1	1224.9	1190.6	6794.9
	占总收入比重（%）	10.8	7.9	13.7	14.8	52.8
2013	平均收入（万元）	443.4	945.4	1406.6	3150.7	7896.3
	占总收入比重（%）	4.7	10.1	12.3	31.9	41.1
2014	平均收入（万元）	319.8	1205.3	779.7	1299.7	7383.7
	占总收入比重（%）	4.8	17.5	9.6	16.5	51.5
2015	平均收入（万元）[②]	374.6	985.9	1477.6	2049.1	9544.2
	占总收入比重（%）[③]	4.6	11.0	13.2	18.9	52.3

2015 年，中国创业风险投资机构收入分布具有如下特征：

（1）机构平均收入与机构规模正相关。管理资本 5000 万元以下的机构平均收入最低，为 374.6 万元，管理资本超过 5 亿元的机构平均收入最高，达到 9544.2 万元，超过前者 20 倍；大型机构收入占比保持较高水平，管理资本 5 亿元以上的机构收入占总收入的比重超过 50%，而管理资本 5000 万元以下的机构收入占比仅为 4.6%。

（2）小规模机构收入持续下降。管理资本在 5000 万元以下的机构平均收入持续下降趋势有所减缓，2015 年较上年有所提高；管理资本 5000 万~1 亿元的机构平均收入较上年有所下降，但稳定增长趋势未变。

（3）中等规模创业风险投资机构平均收入和收入占比波动较大，其中管理资本 2 亿~5 亿元的机构平均收入波动最大，形成一条连续波动曲线。

4.1.3 投资机构的收入来源结构

2015 年，587 家[④]创业风险投资机构披露主营业务收入，其中，股权转让增值收入占全部收入的 60.3%，分红收入占 14.5%，管理费、咨询费收入占 10.3%，其他收入占 14.9%（见图 4-2）。与 2014 年相比，股权转让增值收

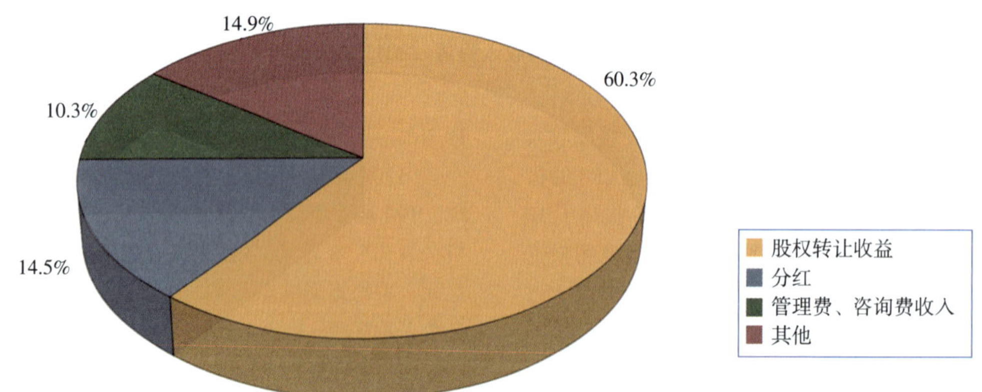

图 4-2 投资机构收入来源比例（2015）

① 有效样本数为 1009 份。
② 有效样本数为 969 份。
③ 有效样本数为 969 份。
④ 仅包括收入大于 0 且各项收入占比之和等于 100%的机构。

入和分红收入占比分别提高了 3.3 个和 5.5 个百分点，管理费、咨询费收入持平，其他收入占比下降了 8.1 个百分点。

近年来，股权转让增值和分红收入对创业风险投资机构的贡献逐年增加，在一定程度上说明，随着资本市场的不断完善、退出渠道的逐渐拓宽，创业风险投资机构从长期投资中获得的回报增长迅速。2015 年，资本市场发生较多并购、上市事件，部分机构获得高额股权转让收入，股权收益的爆发式增长符合创业风险投资行业投资收益特征，但是投资和收入多元化仍然是创业风险投资机构行为特征。

4.1.4 投资机构当年收入最大来源[①]

2015 年统计调查显示，中国创业风险投资机构最大收入来源分布与往年相比未发生显著的结构变化。

（1）不同最大收入来源的机构分布。以股权转让为最大收入来源的机构占 27.8%，较上年提高 0.9 个百分点；以分红为最大收入来源的创业风险投资机构占 18.8%，较上年下降 0.3 个百分点；两者合计为 46.6%，较上年增加了 0.6 个百分点；以管理、咨询费等收入为最大收入来源的创业风险投资机构占比为 35.9%，在 2014 年增长 3.1 个百分点的基础上再次增长 5.4 个百分点；以其他收入为最大收入来源的创业风险投资机构占比为 17.5%，较上年有较大下降，与 2011 年水平接近（见图 4-3、表 4-2）。

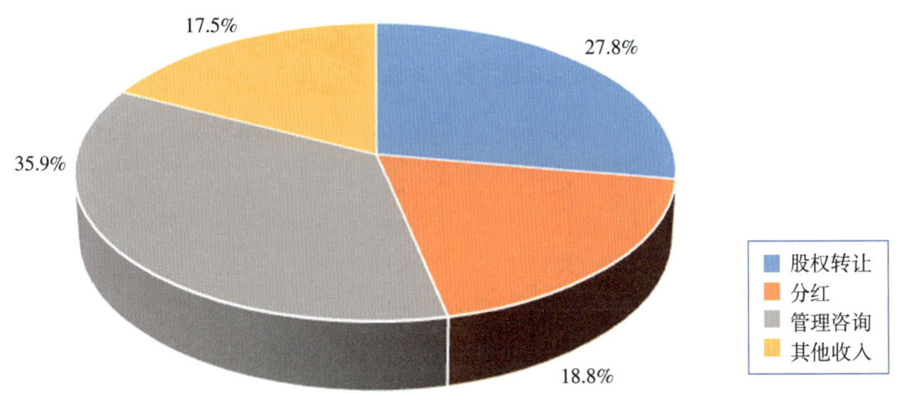

图 4-3　中国创业风险投资机构最大收入来源（2015）

表 4-2　中国创业风险投资机构最大收入来源（2006~2015）　单位：%

收入来源 / 年份	股权转让	分红	管理、咨询等	其他
2006	31.5	28.7	21.7	18.1
2007	42.9	14.9	31.7	10.5
2008	44.0	23.4	22.5	10.1
2009	33.8	17.4	29.8	19.0
2010	34.4	14.1	32.5	19.0
2011	36.8	15.5	30.4	17.3
2012	34.1	16.5	28.9	20.5
2013	37.1	15.0	27.4	20.5
2014	26.9	19.1	30.5	23.5
2015	27.8	18.8	35.9	17.5

① 有效样本数为 589 份。2015 年不再要求创业风险投资机构对最大收入来源单独作答，而是分析企业的实际收入情况，因此仅包括收入大于 0、各项收入占比之和等于 100%且四类收入中有明显最大者的机构。

（2）投资相关业务收入占比提高。近年来，股权转让和分红为中国创业投资机构带来较多收益的同时，也成为更多机构的主要利润来源，充分说明中国创业风险投资机构的主营业务更加明晰，行业的发展也更加成熟稳定。

（3）最大收入来源能够反映机构业务特征。管理公司和基金公司主要收入来源也与其经营模式保持高度一致，以管理、咨询等为最大收入来源的机构主要是管理机构，比重高达 70.6%，而以股权转让和分红为最大来源的机构中，基金占比分别达到 91.5%和 91.0%。

4.2 创业风险投资项目收益情况

2015 年调查显示，1775 家创业风险投资机构新增投资项目 3423 项，其中 1100 余个项目披露了主营业务收入和利润信息。

4.2.1 被投资项目主营业务收入①

创业风险投资机构新增投资项目主营业务收入与 2014 年相比有较明显变化，但与更早年份结构接近（见表 4-3、图 4-4）。

表 4-3 被投资项目主营业务收入分布（2006~2015） 单位：%

年份 \ 收入（万元）	<100	100~500	500~1000	1000~3000	3000~5000	>5000
2006	29.0	16.7	7.4	14.8	4.3	27.8
2007	24.6	11.9	5.2	17.2	5.2	35.8
2008	18.8	12.1	8.1	15.1	5.6	40.3
2009	33.9	9.4	7.1	7.6	7.0	34.9
2010	29.1	6.8	5.0	12.3	4.8	41.9
2011	14.9	6.7	4.7	10.0	5.4	58.3
2012	20.3	7.7	5.5	9.8	6.7	49.9
2013	29.9	10.7	4.6	10.4	5.9	38.6
2014	54.0	5.8	3.4	8.7	4.8	23.3
2015	34.9	13.9	6.8	11.1	4.2	29.1

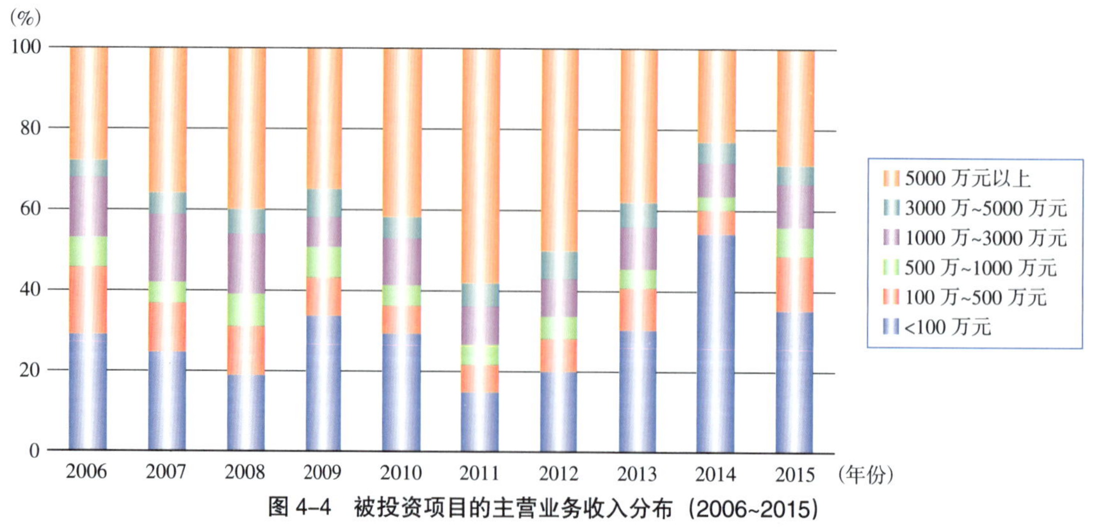

图 4-4 被投资项目的主营业务收入分布（2006~2015）

① 有效样本数为 1176 份。

（1）2015 年新增投资项目主营业务收入“W 形”分布并未发生改变，其中，主营业务收入 100 万元以下和 5000 万元以上的项目占比较高，其他组别的项目分布相对平均，基本与 2013 年及之前年份的结构相近。

（2）主营业务收入 100 万元以下项目占比较 2014 年下降了近 20 个百分点，但是仍然高于 2013 年水平；相应的主营业务收入 100 万~500 万元的项目得到了创业风险投资机构较高关注，这部分项目占比提高了 8.1 个百分点，是 2015 年度增长最多、增幅最大的一类项目；除主营业务收入 3000 万~5000 万元的项目占比略有下降外，其他组别项目占比均有所提高。

创业风险投资机构投资项目主营业务收入基本能够反映经济形势。2015 年，大众创业、万众创新已经进入相对成熟局面，规模极小的创业项目被具技术含量更高、商业模式更完善的项目取代，这些项目的主营业务收入相应更高。同时，2013~2014 年大量众创空间培育的一些仅有想法的项目也逐步进入实际运营阶段，从而中小规模的项目占比也有所增加。此外，创业投资机构投资项目的规模偏好也值得创业者关注，主营业务收入太小的项目可能会难以获得更多融资机会，创业者应把更多精力放在将想法、技术转换为真实的产品或服务收入上。

4.2.2 被投资项目利润[①]

2015 年，中国创业风险投资项目利润分布总体依然呈现为 U 形，利润超过 1000 万元和亏损的项目占比较高，分别为 20.6%和 49.9%，其他项目占比均较低（见表 4-4、图 4-5）。

表 4-4 被投资项目利润分布（2006~2015） 单位：%

利润（万元） 年份	亏损	0~100	100~300	300~500	500~1000	>1000
2006	33.7	23.2	11.9	7.3	7.3	16.6
2007	29.5	18.1	9.8	2.0	6.7	33.9
2008	24.2	17.1	9.9	5.5	7.7	35.6
2009	38.6	13.3	5.9	2.8	4.8	34.6
2010	31.2	10.4	7.4	5.1	7.4	38.5
2011	19.6	8.1	7.3	4.2	7.6	53.2
2012	27.2	8.9	8.1	5.8	7.5	42.5
2013	39.0	9.7	8.0	5.7	5.5	32.1
2014	61.5	7.8	4.7	3.2	4.4	18.4
2015	49.9	12.6	6.7	4.3	5.9	20.6

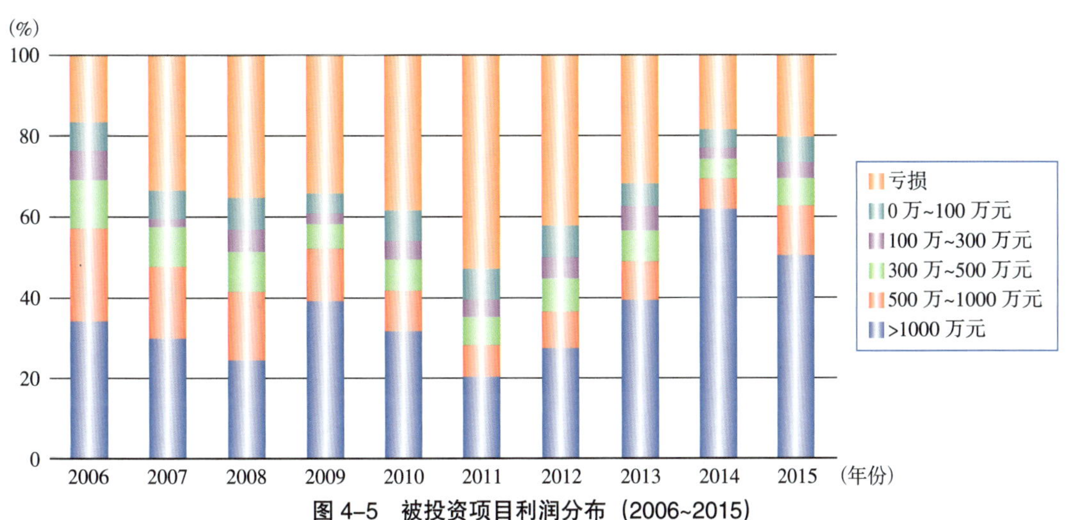

图 4-5 被投资项目利润分布（2006~2015）

① 有效样本数为 1161 份。

（1）亏损项目所占比重下降。2015 年，被投资项目亏损比重为 49.9%，为近五年来的首次下降。这种波动主要是因为 2014 年创业风险投资机构投资了较多的亏损项目，大幅拉高了该类项目的比重。由于 2015 年大众创业、万众创新进入新局面，创业企业和投资机构也更加成熟，因此亏损项目比重也有所下降。但是，不容忽视的是大众创业、万众创新的确对创业风险投资机构的投资行为产生了影响，2015 年被投资项目中亏损项目所占比重较 2013 年高 10.9 个百分点，创业风险投资机构投资前移趋势明显。

（2）小微项目占比提高。2015 年，利润 100 万元以下的被投资项目比重为 12.6%，较 2014 年提高了 4.8 个百分点，是所有项目中增幅最大的部分。创业投资机构虽然对亏损企业的投资相对减少，但是仍然偏好早期项目。

2013 年以来，参加创业风险投资调查的创业风险投资机构大幅增加，受大众创业、万众创新环境影响，创业风险投资机构对早前期项目的投资保持了较高水平。成功退出带来的资本溢价效应也为创业风险投资机构投资早前期项目提供了资金支撑和信心支持。

4.2.3 被投资项目主营业务收入与利润的关系

2015 年，中国创业风险投资机构投资项目[①] 平均利润率与 2014 年相比有较大变化。

（1）新增投资项目整体利润率偏低。2015 年，创业风险投资机构新增投资项目盈利能力总体偏弱，主营业务收入 3000 万元以下的项目整体上处于亏损状态，其中主营业务收入 100 万元以下的项目平均利润率为-770.9%，低于 2014 年的-687.1%。

（2）不同规模新增投资项目平均利润率分化。主营业务收入超过 5000 万元的项目平均利润率上升明显，达到了 19.4%；主营业务收入 3000 万~5000 万元和 1000 万~3000 万元的项目平均利润率分别下降 7.4 个和 14.6 个百分点（见图 4-6、表 4-5）。

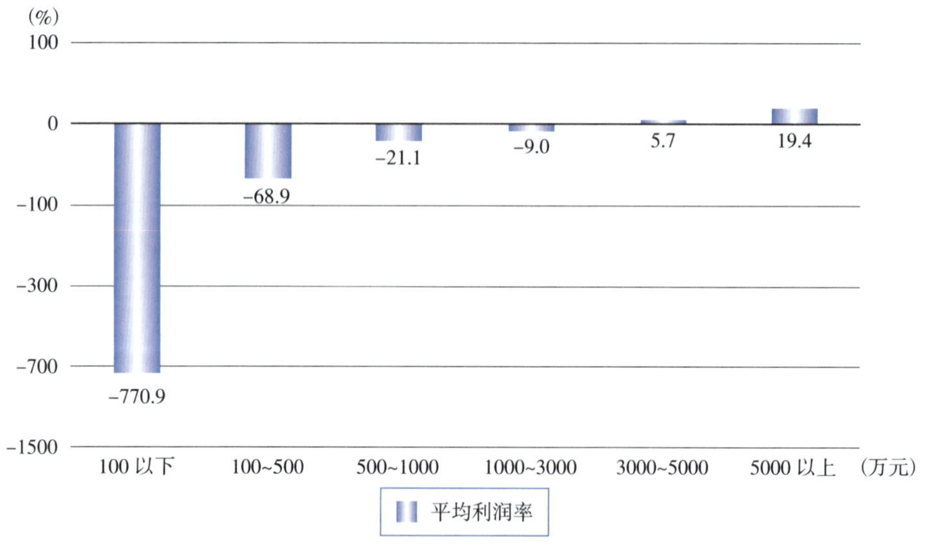

图 4-6 创业风险投资项目平均利润率（2015）

表 4-5 不同规模被投资项目主营业务收入和利润（2011~2015）

单位：万元

主营业务收入（万元）		<100	100~500	500~1000	1000~3000	3000~5000	>5000
2011 年	平均主营业务收入	13.00	281.00	759.00	1971.00	3951.00	62777.00
	平均利润	-123.00	-15.00	114.00	270.00	593.00	5739.00
2012 年	平均主营业务收入	13.00	281.00	729.00	2170.00	4030.00	37292.00
	平均利润	58.00	-135.00	-52.00	316.00	497.00	4192.00

① 有效样本数为 1152 份。

续表

主营业务收入（万元）		<100	100~500	500~1000	1000~3000	3000~5000	>5000
2013 年	平均主营业务收入	13.00	253.00	776.00	1915.00	4040.00	64047.00
	平均利润	-477.00	-99.00	-48.00	130.00	121.00	5266.00
2014 年	平均主营业务收入	33.02	290.00	725.00	1871.00	4028.00	775370.00
	平均利润	-226.90	-259.80	-355.70	105.00	527.00	12579.00
2015 年	平均主营业务收入①	16.00	249.40	741.10	1775.40	3883.50	52008.30
	平均利润②	-122.30	-171.00	-155.90	-159.50	220.20	9921.80

（3）从 2015 年的调查看，规模较小的项目出现亏损的可能性更大，其中，主营业务收入在 1000 万元以下的项目平均利润均为负，主营业务收入在 100 万~500 万元的项目已经连续五年为负平均利润，而主营业务收入在 500 万~1000 万元的项目平均利润也连续四年为负。

（4）主营业务收入规模中等的项目依然对宏观经济环境最为敏感。在中国经济发展进入新常态的背景下，这部分项目的平均利润出现了持续下滑的趋势；2015 年，主营业务收入在 1000 万~3000 万元的项目平均利润连续四年下降，并出现了整体亏损。

（5）主营业务收入在 3000 万元以上的项目的平均利润经过 2014 年的回升后再次下降，其中主营业务收入 5000 万元以上的项目平均利润首次降至 1 亿元以下；部分项目严重亏损，拉低整体利润，其中 25 家主营业务收入超过 1 亿元的项目利润均为负值，平均亏损 32 亿元（见表 4–5）。

4.3 创业风险投资项目总体运行与趋势

4.3.1 被投资项目总体运行情况

截至 2015 年底，中国创业风险投资机构③累计投资项目达到 17376 项，其中，继续运行项目占 74.8%；境内外已上市项目占比为 9.2%；原股东（创业者）收购和管理层收购项目合计占比为 9.0%；被其他机构收购项目比重为 5.1%；清算的项目比重为 1.9%（见图 4–7）。

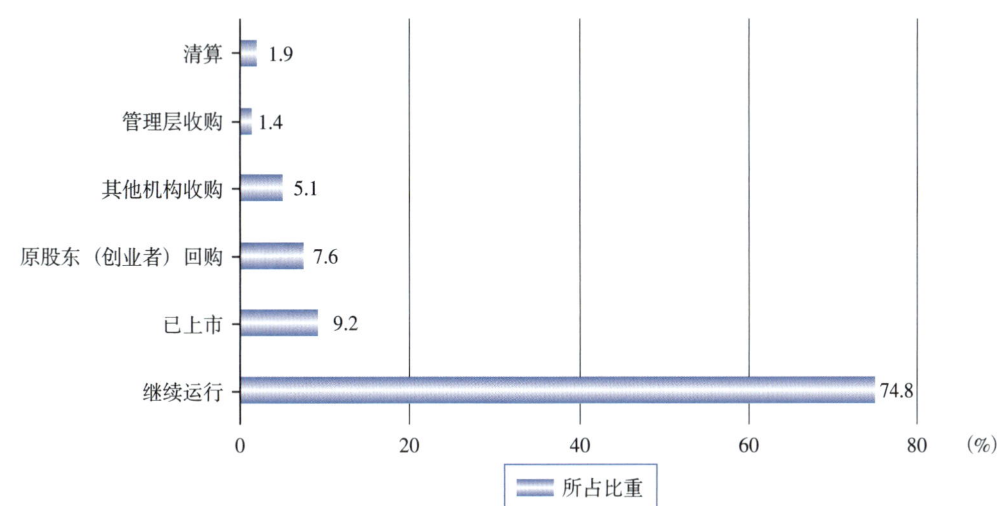

图 4–7 累计被投资项目的总体运行情况（2015）

① 有效样本数为 1173 份。
② 有效样本数为 1161 份。
③ 有效样本数为 1041 份。

4.3.2 被投资项目总体运行趋势

2015 年，中国创业风险投资机构累计投资项目运行趋势表现出如下特征（见表 4-6）：

（1）资本市场回暖推动被投资项目上市。国内外资本市场继续回暖，中国资本市场再次迎来一轮虽然短暂但是强劲的牛市，从而为创业风险投资项目退出提供了契机，最终带来大批境内上市退出项目，并将境内上市比重推高至 8%；与境内上市不同，境外上市退出比重下降至 1.3%。

（2）五种不同类型收购占比增减不一。总体上，国内并购市场更为活跃，境内收购占比提高了 0.5 个百分点，原股东和管理层收购也分别提高了 1 个和 0.7 个百分点；但是境外收购占比下降为 0.2%，说明近年来创业风险投资机构的投资项目还没有得到境外机构的青睐。

（3）清算项目占比提升。累计投资项目中被清算比例再次上升，达到 1.9%，主要是近年来双创大潮为创业风险投资机构带来大量投资机遇的同时，也在一定程度上拉升了项目的比重，一批初创期的项目未能得到更好的发展而选择了清算。

（4）运行项目占比下降。受新增投资项目数增加影响，继续运行项目比重有所下降，达到近 5 年最低水平的 74.7%。

表 4-6 累计被投资项目总体运行状况（2006~2015） 单位：%

年份 \ 运行情况	已上市		被收购		原股东收购	管理层收购	继续运行	清算
	境内	境外	境内收购	境外收购				
2006	2.5	1.8	7.4	0.7	4.9	1.2	78.5	3.0
2007	3.7	2.0	6.7	0.6	13.0	1.7	70.1	2.2
2008	1.8	1.1	3.1	2.9	6.2	0.6	82.7	1.6
2009	4.6	1.8	4.5	4.0	13.2	1.0	67.6	3.3
2010	5.9	1.7	4.7	4.1	10.6	0.9	69.6	2.5
2011	6.7	1.5	3.6	0.2	8.0	1.4	76.9	1.7
2012	6.7	1.4	3.3	0.1	7.2	1.0	78.9	1.4
2013	5.7	0.9	3.8	0.1	8.7	2.7	76.4	1.7
2014	6.0	1.6	4.4	0.3	6.6	0.7	79.0	1.4
2015	8.0	1.3	4.9	0.2	7.6	1.4	74.7	1.9

2014 年，125 家公司在 A 股首发融资，1193 家公司在新三板挂牌，加之 2015 年上半年中国股市的整体高涨，为创业风险投资机构通过上市方式退出提供了最好机遇。

4.4 创业风险投资机构总体运行情况评价

4.4.1 投资机构对自身发展状况的评价①

2015 年，1272 家创业风险投资机构对自身发展情况进行评价，总体上持乐观评价机构比重较 2014 年略有提高。

调查显示，2015 年，有超过一半的创业风险投资机构对自身发展持乐观态度，在增加“不确定”选项的基础下，认为“非常好”的机构比重仍然增长了 1.2 个百分点，有 52.1%的机构认为自身发展状况“好”，二者合计达到

① 有效样本数为 1272 份。

58.4%，实现连续三年增长（见表 4–7）。

表 4–7 投资机构对自身发展状况的评价（2013~2015） 单位：%

年份＼评价	非常好	好	一般	差	非常差	不确定
2013	3.3	47.9	42.3	6.0	0.5	—
2014	5.1	52.3	38.6	3.6	0.4	—
2015	6.3	52.1	37.0	3.8	0.5	0.3

同时需要注意的是，对发展持悲观态度的机构比重也有所增加，其中认为 2015 年自身发展“非常差”的机构比重为 0.5%，认为“差”的机构比重为 3.8%，二者分别较 2014 年提高了 0.1 个和 0.2 个百分点。

2014 年，创业风险投资机构对自身发展的评价分布有明显左偏倾向，但 2015 年与 2014 年分布基本相同，创业风险投资机构自身评价整体上没有发生大的变动（见图 4–8）。

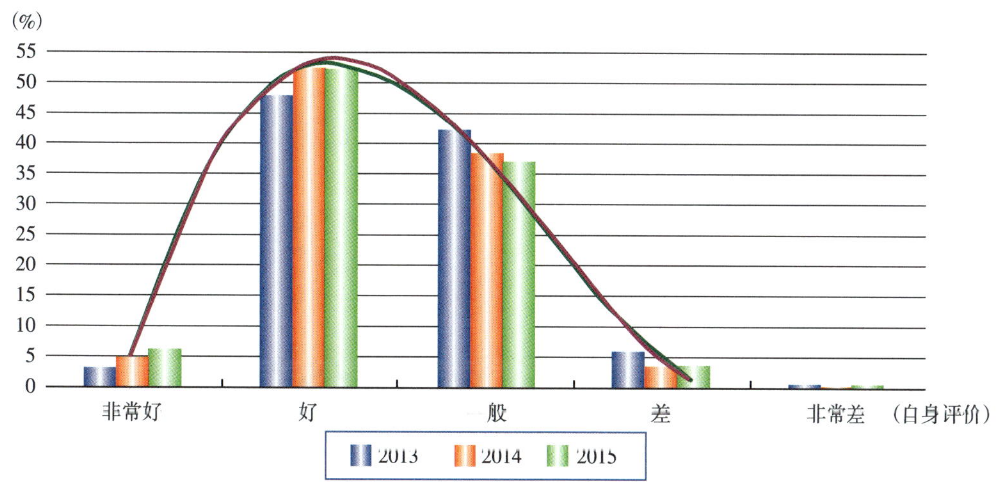

图 4–8 投资机构对自身发展状况的评价（2013~2015）

4.4.2 投资机构对全行业发展情况评价①

2015 年，1270 家创业风险投资机构对全行业发展情况给出自己的评价。与 2014 年相比，中国创业风险投资机构对全行业评价相对保守，认为全行业发展“非常好”和“好”的机构比重分别下降了 1.0 个和 9.1 个百分点，而认为“差”和“非常差”的机构比重分别提高了 0.9 个和 0.8 个百分点。但与更早年份相比，创业风险投资机构 2015 年全行业的评价依然较乐观，44.8%的机构给出了积极评价，较 2013 年高 14.2 个百分点；8.8%的机构给出了消极评价，较 2013 年低 12.5 个百分点（见表 4–8）。

表 4–8 投资机构对全行业的整体评价（2013~2015） 单位：%

年份＼整体评价	非常好	好	一般	差	非常差	不确定
2013	1.3	29.3	48.1	20.0	1.3	—
2014	3.4	51.5	38.0	6.7	0.4	—
2015	2.4	42.4	44.7	7.6	1.2	1.7

① 有效样本数为 1270 份。

2015 年，中国创业风险投资机构对全行业整体评价分布出现右移趋势，整体上对全行业的发展评价比 2014 年更加保守。具体而言，积极评价的机构占比再次下降到一半以下，而给出一般评价的机构占比达到 44.7%，此外，还有 1.7%的机构无法给出判断，说明 2015 年机构在自身经营状况分析基础上虽然整体倾向于积极乐观，但是对全行业的评价出现了分歧，个体的良好表现未能带来行业的整体繁荣（见图 4–9）。

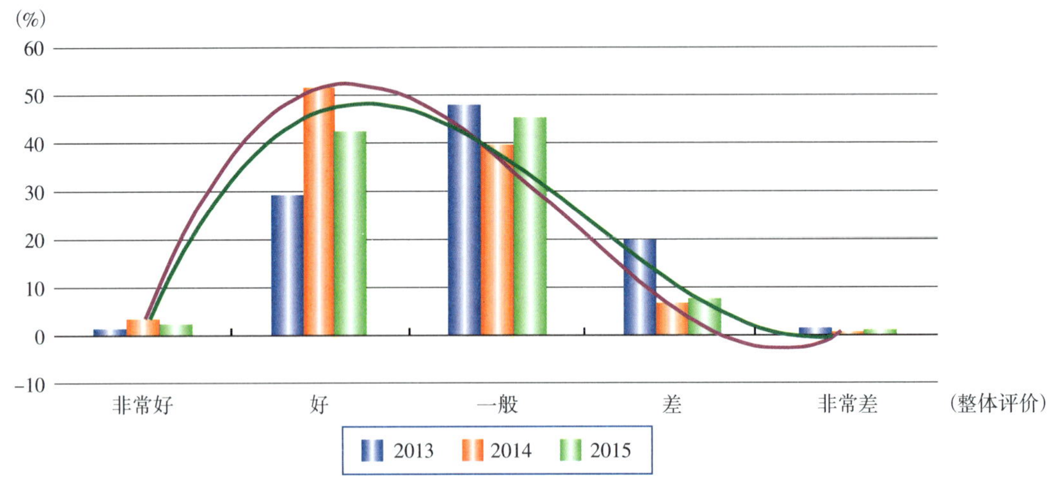

图 4–9 投资机构对全行业的整体评价（2013~2015）

2015 年，机构虽然对行业评价仍然保持积极，但是受我国宏观经济不确定性和资本市场大幅下挫影响，与 2014 年创业风险投资机构的预测相比，2015 年的实际评价更加保守。2014 年，给出乐观积极预测的机构占比达到 69.9%，而机构最终对 2015 年行业发展评价显示，仅有 44.6%的机构给出积极评价。

4.4.3 投资机构投资前景预测①

对于 2016 年投资前景，1279 家中国创业风险投资机构整体上给出了相对乐观的预测。但是与上年相比，持乐观态度的机构占比下降明显。53.0%的机构看好 2016 年的投资前景，分别有 3.7%和 49.3%的机构认为 2016 年投资前景“非常好”和“好”；同时有 4.5%和 0.8%的机构认为 2016 年投资前景“不好”和“非常不好”。此外，有 37.8%的机构持中立观点，3.9%的机构不置可否。从投资者的预期分布看，2016 年行业的发展可能出现整体下行趋势（见表 4–9、图 4–10）。

表 4–9 投资机构投资前景预测（2014~2016） 单位：%

整体评价 / 年份	非常好	好	一般	不好	非常不好
2014	2.0	54.6	37.9	5.2	0.3
2015	5.6	65.2	27.7	1.3	0.2
2016	3.7	49.3	37.8	4.5	0.8

① 有效样本数为 1279 份。

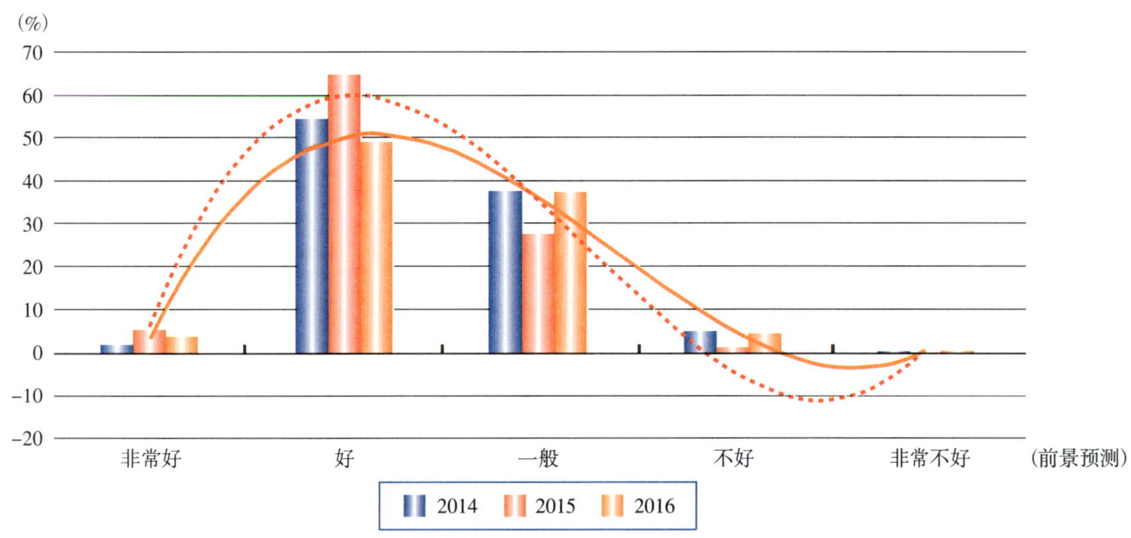

图 4-10 投资机构投资前景预测（2014~2016）

5 中国创业风险投资经营管理

5.1 中国创业风险投资项目来源

2015 年，中国创业风险投资获取信息渠道仍然延续 2008 年以来的结构，但与往年最大不同在于，2015 年首次增加了“众创空间（孵化器）”来源渠道（见表 5-1、图 5-1）①。

表 5-1 创业风险投资机构获取项目信息来源渠道（2008~2015） 单位：%

年份 \ 信息渠道	政府部门推荐	朋友介绍	项目中介机构	股东推荐	项目业主	众创空间（孵化器）	银行介绍	媒体宣传	其他
2008	25.7	17.7	16.1	13.6	15.5	—	5.6	2.9	2.8
2009	25.9	19.1	16.1	13.4	13.0	—	6.6	3.0	2.9
2010	26.2	17.9	18.5	13.2	11.3	—	7.2	2.9	2.7
2011	25.4	18.7	18.5	13.3	11.7	—	7.4	2.8	2.1
2012	25.2	19.2	18.6	13.2	11.5	—	6.9	2.2	3.2
2013	25.5	19.9	19.1	13.2	10.1	—	6.0	2.6	3.6
2014	24.9	17.7	17.1	14.3	11.0	—	7.4	3.9	3.6
2015	21.3	14.6	15.2	13.9	11.3	10.4	7.1	3.5	2.7

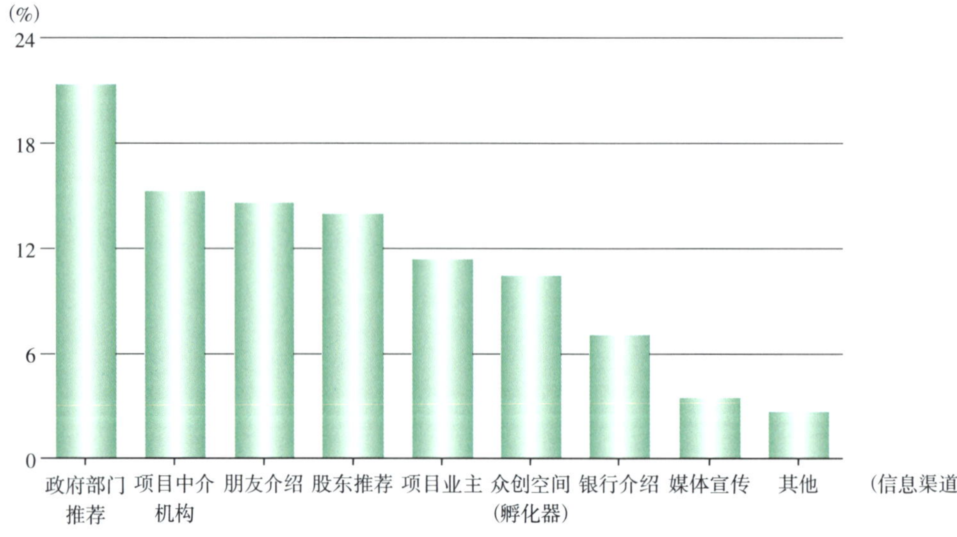

图 5-1 创业风险投资机构获取项目信息渠道（2015）

① 有效样本数为 1299 份。

（1）“政府部门推荐”、“朋友介绍”、“项目中介机构”仍然是创业风险投机机构获取信息的三大主要渠道，分别占比 21.3%、14.6%和 15.2%，但自 2008 年以来所占比重呈持续下降趋势。

（2）首次增加“众创空间（孵化器）”信息来源渠道，占比 10.4%。2015 年被称作众创空间发展元年。根据科技部公布的数据，截至 2015 年，全国科技企业孵化器数量近 3000 家，众创空间 2300 多家。全国科技企业孵化器孵化面积超过 8000 万平方米，服务和管理人员超过 3 万人，在孵企业超过 10 万家，毕业企业超过 6 万家，孵化器内的创业人数超过 150 万。众创空间（孵化器）的快速发展是创新创业爆发时期强大市场需求驱动下的必然结果，同时拓宽了创投机构获取创新创业企业（项目）信息的渠道。

5.2 中国创业风险投资决策要素

根据对 2015 年影响创业风险投资机构决策要素进行调查，结果如图 5-2 所示[①]。总体看来，各个决策要素所占比重较以往逐渐趋于均衡。“市场前景”、“管理团队”、“技术因素”仍然是影响创业风险投资机构决策的三个最主要因素，分别占 20. 3%、18.2%和 12.7%，但三者累计占比从 2014 年的 59.4%下降到 51.2%。这说明被投资项目市场前景、被投项目管理团队以及技术因素仍然是创业风险投资机构最看重的三大因素。

与 2014 年相比，“财务状况”所占比重从 8.8%上升至 11.0%，排名上升一位，成为继“市场前景”、“管理团队”、“技术因素”的第四个影响创业风险投资的重要决策要素；“盈利模式”所占比重持续下降，从 2014 年 11.7%下降到 10.8%。不难看出，被投项目盈利模式对于创业风险投资机构作出投资决策的影响逐年下降。此外，“公司治理结构”占比延续 2014 年的上升趋势，表明创业风险投资机构在进行投资决策时，更加重视公司的内部控制、管理团队等内部因素。

与 2014 年相比，“股权价格”、“资信状况”、“竞争对手”、“投资地点”和“中介服务质量”所占比重都有所上升，所占比重分别是 5.8%、5.1%、4.7%、2.6%和 1.1%，分别上升了 1.4 个、1.4 个、1.4 个、0.5 个和 0.4 个百分点（见表 5-2）。

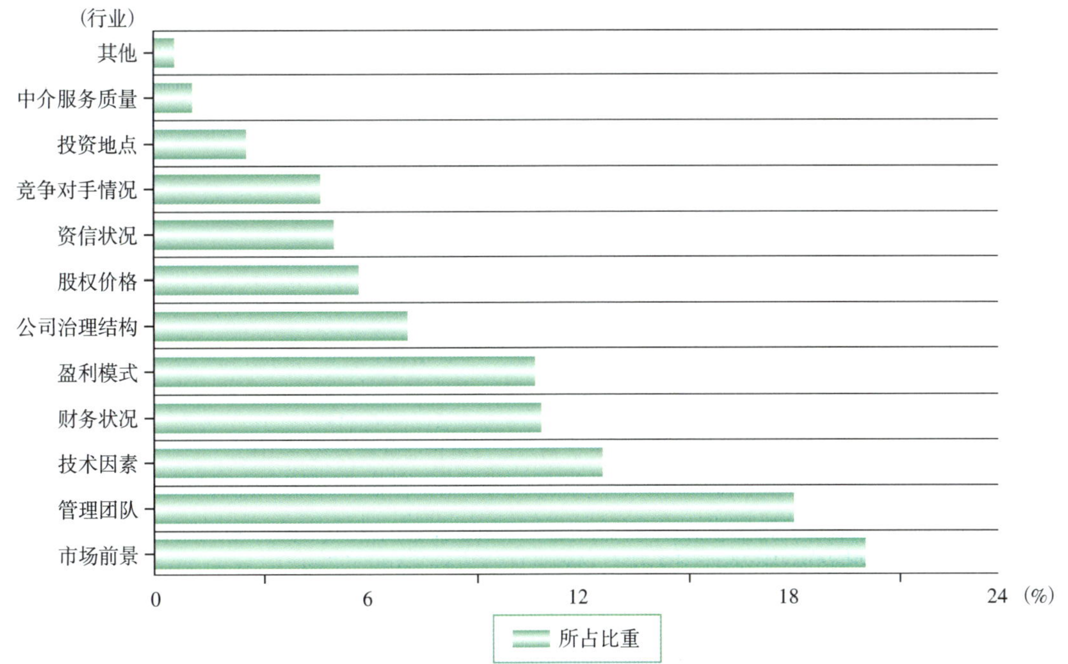

图 5-2 影响创业风险投资机构进行投资决策的因素（2015）

① 有效样本数为 1295 份。

表 5-2 影响创业风险投资机构进行投资决策的因素（2012~2015） 单位：%

原因 年份	市场前景	管理团队	技术因素	财务状况	盈利模式	公司治理结构	股权价格	资信状况	竞争对手情况	投资地点	中介服务质量	其他
2012	24.3	22.5	13.0	9.2	12.4	5.4	5.2	2.9	2.9	1.7	0.3	0.2
2013	24.1	22.5	12.7	9.9	12.1	5.1	4.5	3.2	2.9	2.1	0.6	0.3
2014	24.3	21.4	13.7	8.8	11.7	5.6	4.4	3.7	3.3	2.1	0.7	0.4
2015	20.3	18.2	12.7	11.0	10.8	7.2	5.8	5.1	4.7	2.6	1.1	0.6

5.3 中国创业风险投资对被投资项目的监管方式

调查显示①，创业风险投资机构对被投资企业的监管方式中，“提供管理咨询”、“董事会席位”仍然是最主要的两种监管方式，分别占 41.5%和 36.5%，累计占比高达 78%，较 2014 年有了较大提升（见图 5-3）。

与 2014 年不同，“只限监管”较 2014 年有所提升，占比从 2014 年的 8.3%上升至 12.3%，上升了 4 个百分点。而在 2014 年排名第三位的监管方式——“财务咨询”在 2015 年下降幅度较大，从 2014 年占比 20%以上骤降到了 2015 年的 4.3%。由此可见，创业风险投资机构采用的监管方式正趋于统一，都更加倾向于选择“提供管理咨询”和“董事会席位”。

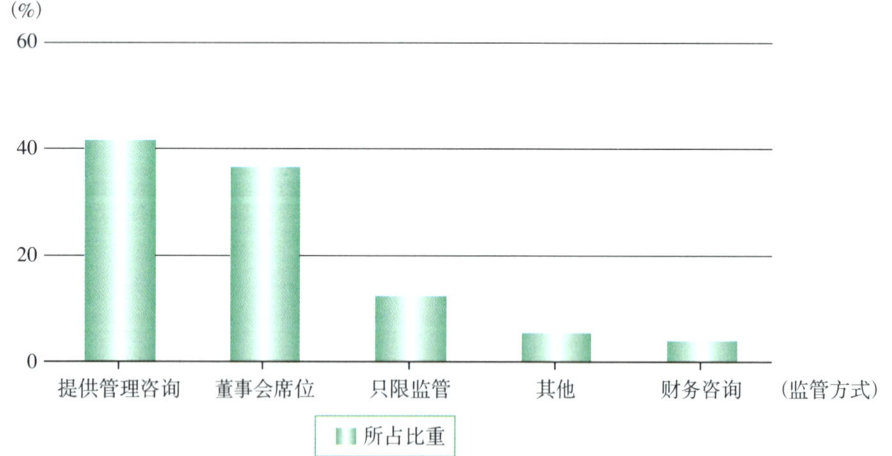

图 5-3 创业风险投资机构对被投资企业监管方式（2015）

① 有效样本数为 1287 份。

2015 年，创业风险投资机构依旧以“一般参股”为重点方式[①]（见表 5–3、图 5–4），但比重略有上升，从 2014 年的 84.3%上升至 2015 年的 89.4%，上升了 5.1 个百分点。与 2014 年相比，2015 年创业风险投资机构股权参与程度中的“绝对控股”方式基本稳定，仅上升 0.1 个百分点，到 3.5%；“相对控股”下降较为明显，并没有延续 2014 年的上升趋势，从 12.3%下降到 7.1%，在一定程度上说明我国创业风险投资机构越来越倾向于成为战略投资者。

表 5–3 创业风险投资机构股权参与程度（2008~2015） 单位：%

年份 \ 股权参与程度	绝对控股	相对控股	一般参股
2008	3.9	15.7	80.0
2009	7.7	16.1	76.3
2010	3.7	12.1	84.2
2011	4.9	8.6	86.5
2012	4.4	11.0	84.6
2013	5.2	10.2	84.6
2014	3.4	12.3	84.3
2015	3.5	7.1	89.4

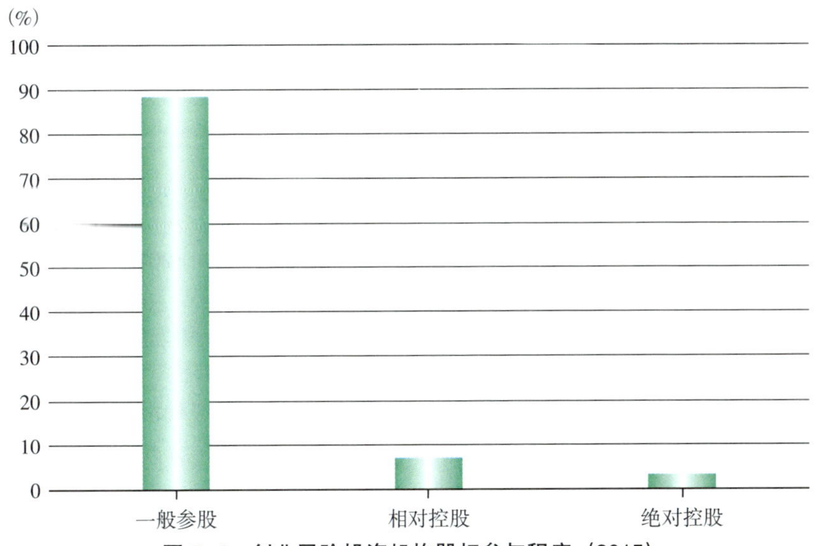

图 5–4 创业风险投资机构股权参与程度（2015）

① 有效样本数为 2198 份。

5.4 与创业风险投资经营管理有关的人力资源因素

对 2015 年从事创业风险投资人员基本素质的调查发现（见图 5-5）①，“资本运作能力”、“判断力和洞察力”仍是一名合格的创业风险投资人员最应该具备的两种素质。除此之外，其他素质的总体排名与 2014 年相比略有不同，“财务管理能力”取代“商务谈判能力”成为创业风险投资从业人士应该具备的第三种素质。

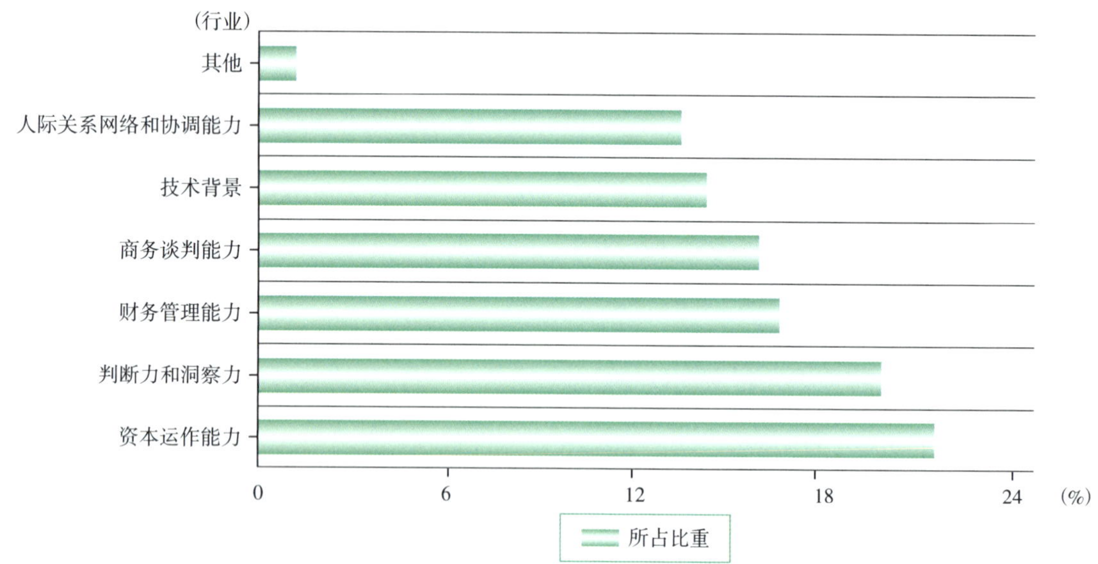

图 5-5 合格的创业风险投资人员应该具备的素质（2015）

具体而言，“资本运作能力”及“判断力和洞察力”分别占比 21%和 19.3%，其中“资本运作能力”较 2014 年下降 1.7 个百分点；“判断力和洞察力”则较 2014 年上升了 1 个百分点，所以累计占比较 2014 年变化不大。

相较 2014 年，对于创业风险投资从业人员而言，对“财务管理能力”的需求有了明显提升，从 15.3%上升至 16.2%；“商务谈判能力”、“技术背景”以及“人际关系网络和协调能力”都稍有变化，所占比重分别是 15.5%、13.9%和 13.1%。

综上所述，合格的创业风险投资人员应更加注重自身的技术背景，更应具备资本运作能力，同时应具有对国家宏观政策等问题的敏感性。

图 5-6 给出 2015 年创业风险投资人员缺乏知识的统计情况②。“技术评估”和“资本运作”依然是从事创业风险投资人员最缺乏的两个专业知识。但是，相较于 2014 年，“技术评估”所占比重略有上升，从 17.9%上升至 18.6%，而缺乏“资本运作”能力基本与 2014 年持平。

此外，“项目识别”能力的欠缺超过“企业管理”能力的欠缺，成为 2015 年第三种较为缺乏的能力，所占比重从 2014 年的 14.1%上升至 14.4%，上升了 0.3 个百分点。与此同时，缺乏“企业管理”的能力占比较 2014 年下降幅度较为明显，从 15.3%下降至 14.2%。

“技术背景”、“法律知识”、“财务管理能力”和“商务谈判能力”排名与 2014 年相同。其中，“技术背景”和

① 有效样本数为 1288 份。
② 有效样本数为 1285 份。

“法律知识”所占比重均有所上升，从2014年的9.2%和8.8%，分别上升至2015年的12.7%和9.2%；“财务管理能力”较2014年略有上升，至8%；“商务谈判能力”则从2014年的6.5%下降至2015年的5.6%。

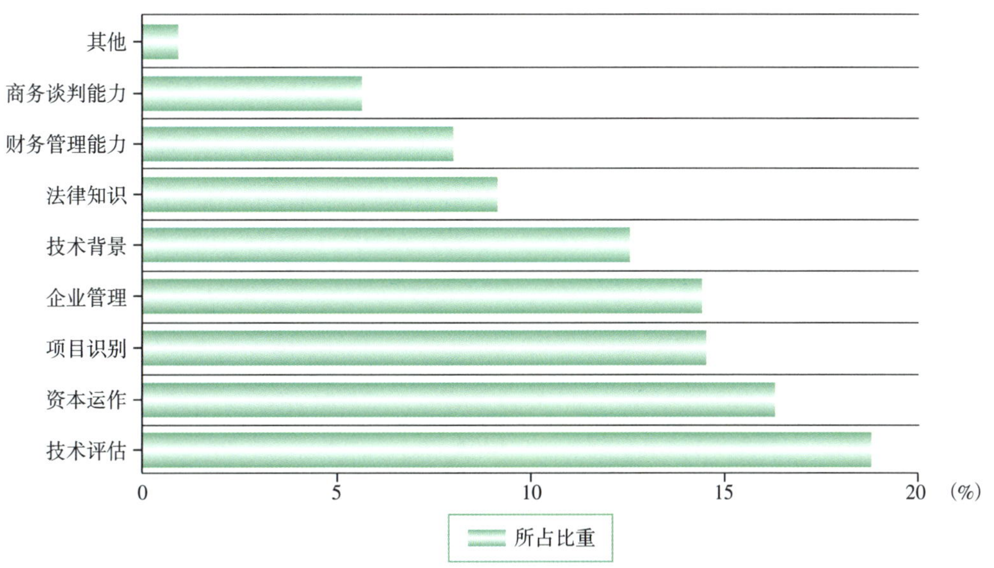

图 5-6 创业风险投资人员缺乏的专业知识（2015）

5.5 投资效果不理想的主要原因

2015年，我国创业风险投资机构投资效果不理想的主要原因依然集中在“退出渠道不畅”、“政策环境变化”、“市场竞争”、“内部管理水平有限”、“后续融资不力”、“技术不成熟”以及“缺乏诚信”等方面①（见图5-7、表5-4）。

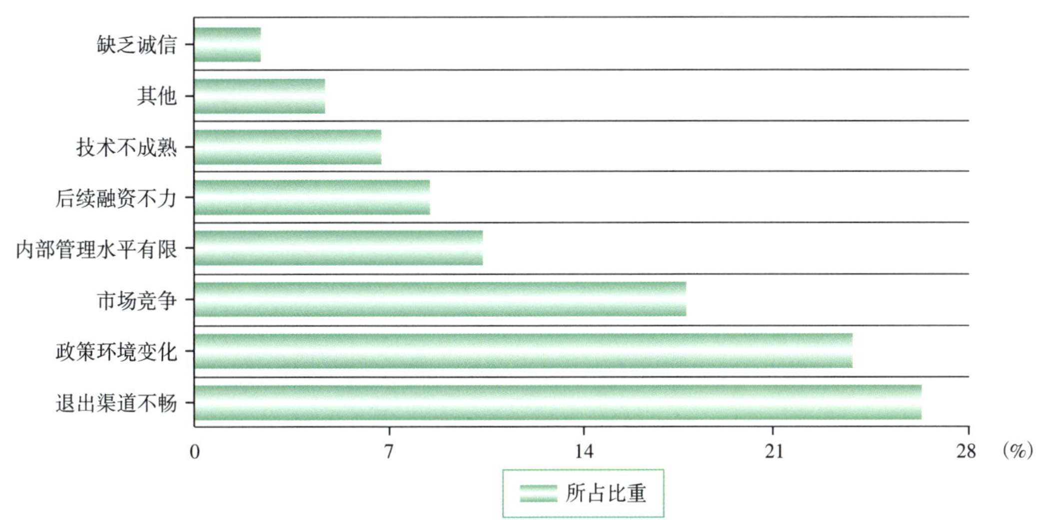

图 5-7 创业风险投资机构投资效果不理想的主要原因（2015）

① 有效样本数为1276份。

与 2014 年相比，出现了一些较为明显的变化：

（1）“政策环境变化”延续 2014 年变化态势，不再作为导致创业风险投资机构效果不理想的最主要原因。自 2012 年起，“政策环境变化”一直是导致创业风险投资效果不理想的最主要原因，且所占比重呈连年上升趋势，从 2012 年的 18.9%骤升至 2013 年的 26.7%，2014 年所占比重小幅下降至 23.4%。2015 年，“政策环境变化”较 2014 年上升了 0.3 个百分点，至 23.7%，但总体而言，在我国“大众创业、万众创新”的经济背景下，有利于创业风险投资机构发展的政策环境已经逐渐趋于成熟，创业风险投资机构的良好生态环境正在逐渐形成。

（2）“退出渠道不畅”仍然被创业风险投资机构选为造成投资效果不理想的最主要原因，所占比重从 2014 年 25.4%上升至 2015 年的 26.2%，上升了 0.8 个百分点。“内部管理水平有限”、“后续融资不力”所占比重较 2014 年有所上升。这说明由于内部管理、融资等因素导致的创业风险投资机构投资效果不理想进一步提高。

（3）“市场竞争”仍然是影响投资效果是否理想的第三个原因，但所占比重改变了自 2012 年以来逐年上涨趋势，从 2014 年的 19.4%下降至 2015 年的 17.6%。

表 5-4 创业风险投资机构投资效果不理想的主要原因（2012~2015） 单位：%

年份 \ 原因	退出渠道不畅	政策环境变化	市场竞争	内部管理水平有限	后续融资不力	技术不成熟	其他	缺乏诚信
2012	15.6	18.9	17.4	16.6	9.9	12.4	0.9	8.4
2013	26.6	26.7	18.2	8.4	5.7	6.8	4.6	3.1
2014	25.4	23.4	19.4	9.5	8.0	7.1	4.6	2.6
2015	26.2	23.7	17.6	10.3	8.4	6.7	4.7	2.4

5.6 创投机构最看好的投资领域

2015 年创投调查较以往增加了创投机构预计未来一年最看好的投资领域项，共涉及 30 个领域。通过调查发现，“新能源、高效节能技术”、“医药保健”、“新材料工业”成为 2016 年创投机构最看好的前三领域，分别占比 12.5%、10.4%和 9.7%，而网络产业（互联网金融）以 8.6%的比重排名第六位，位居占比 9.1%的“生物科技”和 8.9%的“环保工程”之后（见图 5-8）。可见，2015 年频频曝光的互联网金融事件后，包括创业风险投资机构在内的投资者和消费者对网络产业（互联网金融）的态度逐渐趋于理性。

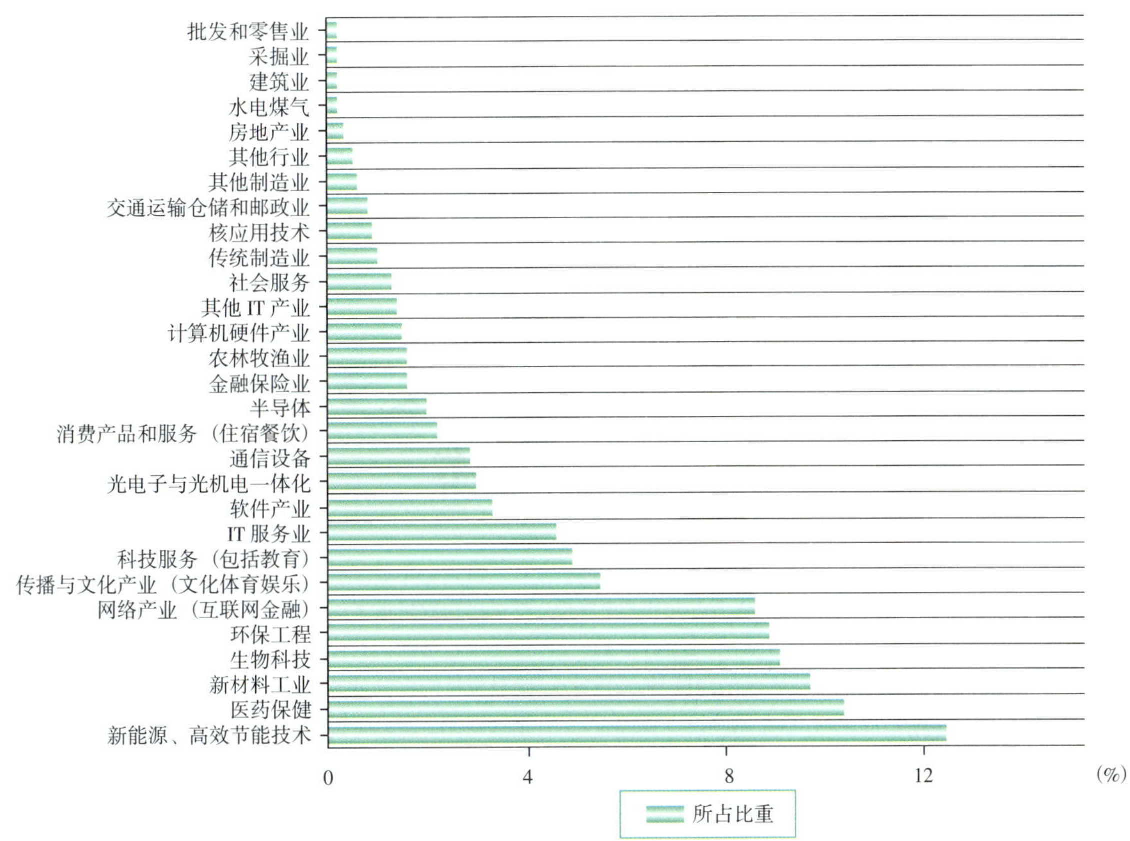

图 5-8 2016 年机构最看好的投资领域

6 中国创业风险投资区域运行状况

6.1 创业风险投资机构数量和管理资本地区分布

根据调查统计，2015 年，创业风险投资机构总数达 1775 家，比 2014 年增加 224 家，仍然保持了近几年机构数量持续增长态势，增幅达 14.4%，高于 2014 年的 10.2%。其中，创业风险投资企业（基金）1311 家，比 2014 年增加 144 家，增幅达 12.3%；创业风险投资管理企业 464 家，较 2014 年增加 80 家，增幅 20.8%；创业风险投资管理企业继续保持了增长比例高于创业风险投资企业（基金）的趋势。

从地域分布看，2015 年 1775 家创业风险投资机构分布在全国 28 个省、直辖市和自治区，创业风险投资在全国的分布具有如下显著特点：

（1）整体上，全国创业风险投资机构仍然集中在江苏、浙江、上海、北京和广东等经济发达地区，中西部大部分地区创业风险投资机构数量相对较少，个别地区机构数量是个位数。其中，创业风险投资管理机构表现更为明显，创投管理机构主要集中在经济发达地区，西部地区主要是直接投资的企业，管理类机构很少。

（2）国内创业风险投资由原来的“两超”向“三足鼎立”改变。2015 年，江苏、浙江和北京成为国内创业风险投资机构数量最多的地区；改变了原来江苏和浙江机构数量远远超过国内其他地区的情况。江苏省仍然保持创业风险投资机构数量最多的趋势，2015 年创业风险投资机构数量达到 513 家，高居国内榜首，占全国机构总数的 28.9%；浙江省机构数量排名第二，达到 316 家，北京市机构数量则上升到第三，有 181 家。三个地区机构数量合计占全国总数的 56.9%。

（3）山东、重庆、安徽、上海、广东、湖南、湖北成为国内创业风险投资机构数量相对较多的地区。其中，山东省创业风险投资机构数量增加较多，2015 年有 94 家，国内排名第四，重庆市有 73 家，排名第五。上海、广东两地机构数量与上年基本持平，保持相对稳定发展状态。

（4）四川、新疆、福建和贵州 2015 年的创业风险投资机构数量增加较多。其中，四川有 34 家，比 2014 年增加 16 家；新疆有 33 家，增加 10 家；福建有 31 家，增加 8 家；贵州有 30 家，增加 13 家（见表 6-1、图 6-1）。

表 6-1　中国各地区创业风险投资机构数量（2015）　单位：家

地　区	创投机构数	创投基金数	创投管理机构数
江　苏	513	395	118
浙　江	316	254	62
北　京	181	107	74
山　东	94	83	11
重　庆	73	33	40
安　徽	72	59	13

续表

地 区	创投机构数	创投基金数	创投管理机构数
上 海	62	43	19
广 东	58	43	15
湖 南	57	37	20
湖 北	44	32	12
天 津	39	28	11
四 川	34	23	11
新 疆	33	24	9
福 建	31	19	12
贵 州	30	22	8
河 北	30	27	3
辽 宁	25	18	7
黑龙江	19	15	4
陕 西	18	7	11
河 南	16	16	0
甘 肃	5	5	0
江 西	5	5	0
宁 夏	5	1	4
云 南	5	5	0
广 西	3	3	0
吉 林	3	3	0
青 海	2	2	0
山 西	1	1	0

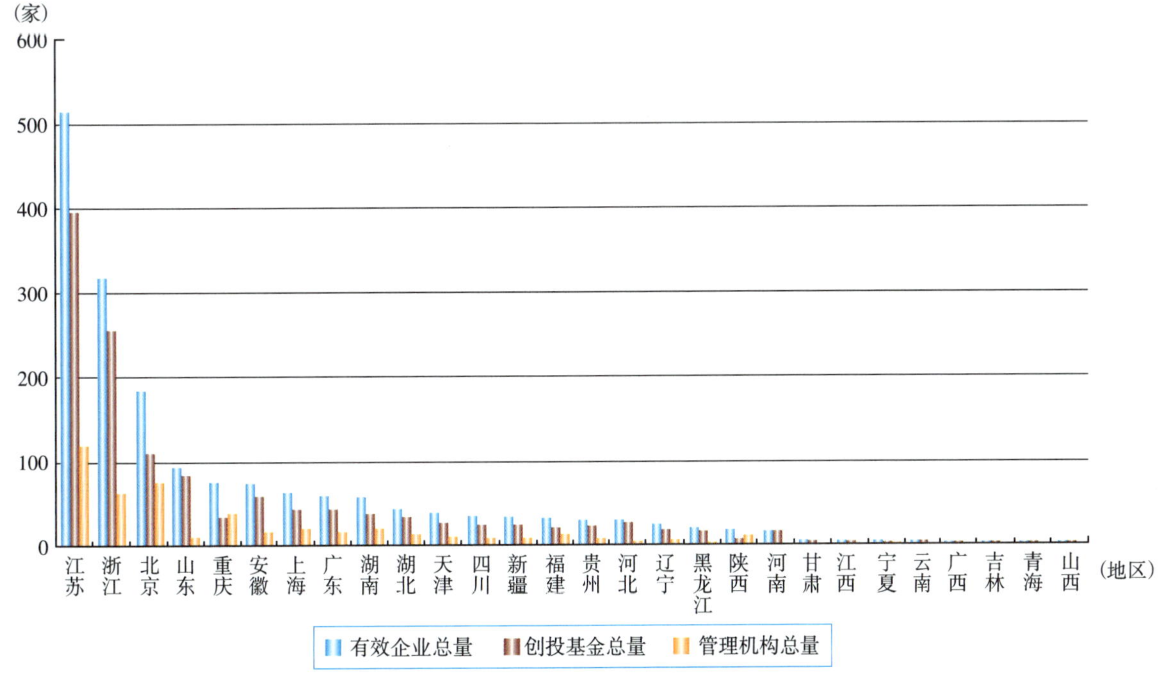

图 6-1 2015 年中国各地区创业风险投资机构

表 6–2 和图 6–2 显示了 2015 年我国不同地区创业风险投资公司管理资本规模。2015 年，全国创业风险投资公司管理资金规模达 6653.3 亿元，较 2014 年增加 1420.9 亿元，增幅达 27.2%。从地区角度看，全国创业风险投资机构管理资金具有如下特点：

（1）整体上，与 2014 年一样，不同地区创业风险投资机构管理资本差距明显。东部经济发达地区创业风险投资管理资金规模较大，最高地区管理资本规模超过 1900 亿元，而西部部分地区创业风险投资管理资金规模只有 2 亿元。

（2）北京、江苏、广东和浙江创业风险投资管理资本总量位居全国前列，远远高出国内其他地区。2015 年，北京成为国内创业风险投资管理资本规模最大的地区，管理资本总量达到 1927.2 亿元①，首次超过江苏，成为国内管理资本规模最大的地区。江苏创业风险投资管理资本总量排名第二，管理资本总量达 1834.7 亿元，管理资本总量比北京市略低。广东创业风险投资管理资本总量排名第三，与 2014 年排名相同，资本总量是 1020 亿元。浙江省排名与2014 年相同，管理资本总量排名第四，资本总额是 531.1 亿元。

（3）北京、江苏、广东和浙江成为国内创业风险投资管理资本增长最快的地区。与 2014 年相比，2015 年北京创业风险投资管理资本增加 698.2 亿元，江苏增加 105.4 亿元，广东增加 189.2 亿元，浙江增加了 236.8 亿元，增长近 90%，合计增加 1229.6 亿元，占 2015 年全部管理资本增加总量 1420.9 亿元的 86.5%。

（4）部分地区创业风险投资的资本规模较小。2015 年，江西和云南创业风险投资管理资本规模在 7 亿~10 亿元，而广西、吉林、青海的创业风险投资管理资本总量都在 3 亿元以下。

（5）部分地区创业风险投资机构管理资本差距较大。2015 年，北京和广东机构平均管理资本规模明显高于国内其他地区，北京是 10.6 亿元，广东是 17.6 亿元。江苏、浙江的创投机构数量排名前两位，但大部分机构管理资本数量相对较小，江苏是 3.6 亿元，浙江只有 1.7 亿元。浙江机构管理资本数量较小，主要原因是很多机构由民间资本出资，而且是有限合伙形式。其他大部分地区创业风险投资机构管理资本平均规模在 1 亿元左右②，如山东，虽然 2015 年的创投机构数量排名第四，但是机构较小，平均管理资本只有 1 亿元。只有 4 个地区的创业风险投资机构管理资本平均规模在 1 亿元以下。

表 6–2 中国创业风险投资管理资本地区分布（2015） 单位：亿元

地 区	管理资本总额
北 京	1927.2
江 苏	1834.7
广 东	1020.0
浙 江	531.1
安 徽	162.7
重 庆	157.6
湖 北	155.6
湖 南	131.5
上 海	95.2
山 东	93.0
天 津	91.5
贵 州	82.8

① 北京创业风险投资资本居首位，除与北京金融中心的地位有关之外，也与北京调查工作比较到位有关。北京机构数量不是最多的，但是管理的资金很大，资金充足，因此管理资金总量大。

② 山西省创投机构平均管理资本是 11.6 亿元，但是由于该省创投机构只有 1 家，而且还是一家国有创投机构，因此山西的数据不具有代表性。

续表

地　区	管理资本总额
黑龙江	50.9
福　建	48.4
辽　宁	45.1
四　川	42.7
河　北	33.1
甘　肃	28.4
宁　夏	25.3
新　疆	23.7
河　南	20.5
陕　西	18.3
山　西	11.6
云　南	9.3
江　西	7.4
广　西	2.5
吉　林	1.9
青　海	1.4

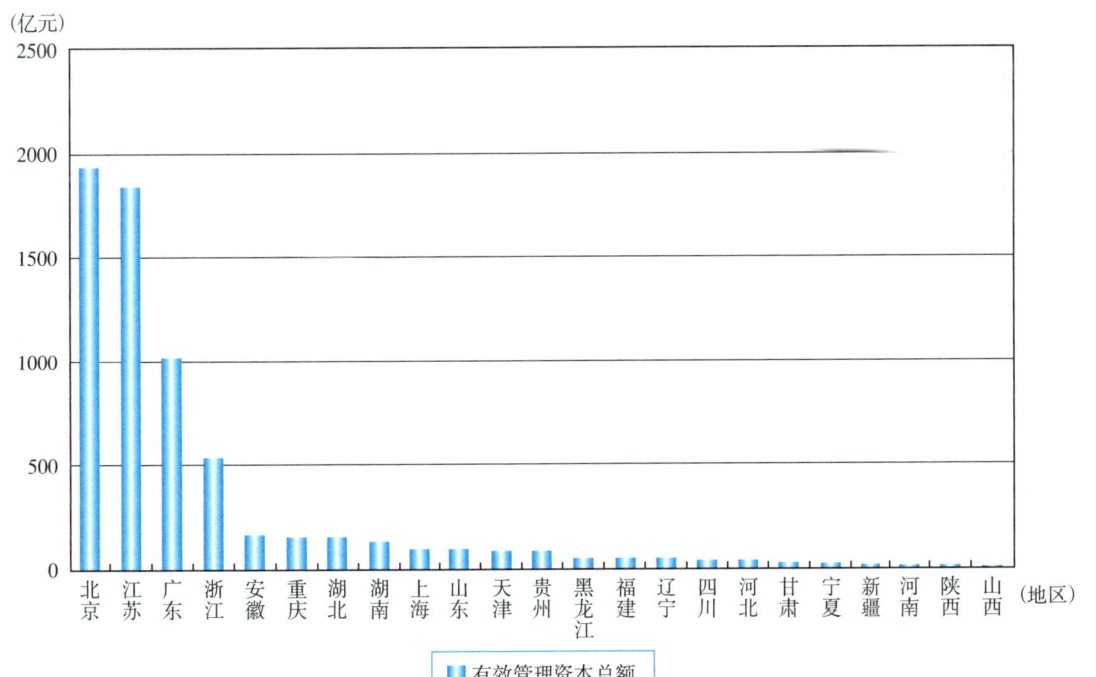

图 6-2　创业风险投资有效管理资本总额的地区分布（2015）

6.2 各地区创业风险投资机构规模分布

表 6-3 和图 6-3 显示了 2015 年我国不同地区创业风险投资管理资本规模分布。

表 6-3 各地区创业风险投资机构的管理资本规模分布（2015） 单位：%

地 区	5000 万元以下	5000 万~1 亿元	1 亿~2 亿元	2 亿~5 亿元	5 亿元以上
安 徽	13.6	13.6	23.7	37.3	11.9
北 京	36.3	7.5	6.3	10.0	40.0
福 建	34.6	3.9	34.6	19.2	7.7
甘 肃	20.0	20.0	0.0	40.0	20.0
广 东	16.0	8.0	16.0	20.0	40.0
广 西	0.0	50.0	0.0	50.0	0.0
贵 州	30.0	26.7	23.3	10.0	10.0
河 北	52.6	10.5	10.5	15.8	10.5
河 南	15.4	15.4	23.1	46.2	0.0
黑龙江	0.0	15.8	42.1	36.8	5.3
湖 北	15.6	12.5	25.0	43.8	3.1
湖 南	18.0	15.4	25.6	18.0	23.1
吉 林	0.0	50.0	50.0	0.0	0.0
江 苏	20.2	19.7	30.6	20.4	9.1
江 西	0.0	0.0	75.0	25.0	0.0
辽 宁	23.8	14.3	23.8	23.8	14.3
宁 夏	0.0	0.0	33.3	33.3	33.3
青 海	50.0	0.0	50.0	0.0	0.0
山 东	28.8	12.3	37.0	19.2	2.7
山 西	0.0	0.0	0.0	0.0	100.0
陕 西	23.1	30.8	23.1	15.4	7.7
上 海	22.6	12.9	16.1	29.0	19.4
四 川	19.1	28.6	23.8	19.1	9.5
天 津	25.7	22.9	22.9	14.3	14.3
新 疆	43.8	18.8	18.8	12.5	6.3
云 南	25.0	25.0	0.0	25.0	25.0
浙 江	24.0	24.7	24.0	20.4	6.9
重 庆	26.9	10.5	20.9	22.4	19.4

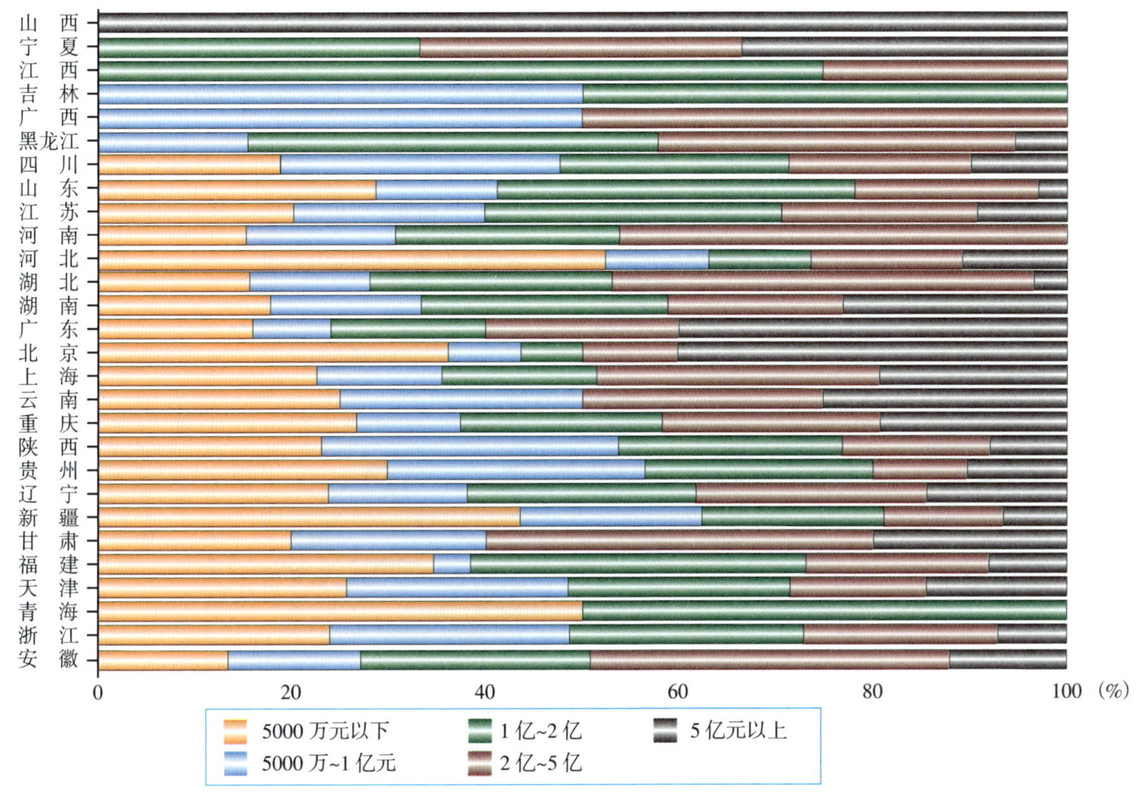

图 6-3　各地区不同规模创业风险投资机构数量分布（2015）

整体看，2015 年国内大部分地区创业风险投资机构管理资金规模以 1 亿~2 亿元机构居多，其次是 2 亿~5 亿元。管理资金规模在 5 亿元以上机构占比较多的地区呈现两个特点：一是经济发达的北京市和广东省，管理资金规模在 5 亿元以上机构占比都是 40%，显示发达地区创业风险投资机构筹集资金能力较强；二是经济相对不发达地区，创业风险投资机构多由政府主导出资设立基金。

部分地区管理资金规模在 5000 万元以下的创业风险投资机构较多，包括新疆、河北、北京、福建、贵州；其中，河北省此类机构占比超过 50%。

2015 年，北京市创业风险投资机构管理资金规模以两头为主，5000 万元以下和 5 亿元以上的机构占比之和达到了 76.3%。浙江省的创业风险投资机构与 2014 年一样，管理资金规模基本都均匀分布在 5000 万元以下、5000 万~1 亿元、1 亿~2 亿元和 2 亿~5 亿元。

6.3 各地区创业风险投资机构资本来源

本部分从三个角度分析 2015 年国内创业风险投资机构资本来源。

6.3.1　机构所有制性质

表 6-4 显示：2015 年，全国各地区创业风险投资机构资本来源以政府财政资金、民营投资机构和个人为主。

（1）政府资金仍然是国内创业风险投资机构的主要资金来源。2015 年，有 9 个地区创业风险投资机构的政府资金占比超过 50%，分别是甘肃、贵州、黑龙江、宁夏、吉林、湖南、青海、江西和安徽，这些地区大部分是创业风险投资相对不发达的地区。另外，江苏、山东、湖北、重庆、福建、河南、四川的创业风险投资机构资金来源中，政府资金占比都超过 40%。

（2）部分地区政府资金占据创业风险投资机构资金比例较低。浙江、云南、广西、广东、新疆的创业风险投资机构管理资金中，政府资金占比在 5%~11%。

（3）民营投资机构成为很多地区创业风险投资机构的主要资金来源。2015 年，有 10 个地区的创业风险投资机构来自民营投资机构的资金占比超过 20%，分别是江西、安徽、山东、湖北、福建、河南、四川、天津、辽宁和河北，其中江西省占比最高，达 46.7%。

（4）私人投资进一步成为全国创业风险投资机构重要资金来源。在国家相关政策引导下，个人投资者越来越积极参与创业风险投资。2015 年，新疆、四川、青海、浙江、重庆、北京、福建、山东、广东、湖南、河南创业风险投资机构资金来源中，个人投资者比重超过 10%，其中以新疆最高，达到 61.2%，另外，四川是 32%，浙江是 22.3%。

表 6-4 2015 年不同地区创业风险投资资本来源（一）

单位：%

地 区	个人	混合所有制企业	境内外资	民营投资机构	其他	政府（含事业单位、国有独资投资机构）	境外资本	社保基金
甘 肃	0.2	0.0	0.0	3.5	1.7	94.6	0.0	0.0
贵 州	1.7	2.0	0.0	5.5	2.0	88.8	0.0	0.0
黑龙江	5.6	0.1	0.0	12.2	2.3	79.8	0.0	0.0
宁 夏	4.6	0.0	17.2	0.0	0.0	78.2	0.0	0.0
吉 林	0.0	25.9	0.0	0.0	0.0	74.1	0.0	0.0
湖 南	12.0	4.9	0.0	4.2	18.5	60.3	0.0	0.0
青 海	23.9	0.0	0.0	7.1	9.1	59.9	0.0	0.0
江 西	0.0	0.0	0.0	46.7	0.0	53.3	0.0	0.0
安 徽	5.2	4.8	0.2	24.6	13.1	52.1	0.0	0.0
江 苏	9.9	5.8	0.6	14.4	19.0	48.3	2.0	0.0
山 东	13.0	2.9	0.0	25.4	14.3	44.4	0.0	0.0
湖 北	5.8	0.8	0.0	45.2	2.7	43.7	1.6	0.2
重 庆	21.6	7.7	1.7	18.5	6.9	43.3	0.4	0.0
福 建	15.0	1.3	0.0	40.6	0.2	43.0	0.0	0.0
河 南	12.0	2.0	0.0	21.1	22.3	42.7	0.0	0.0
四 川	32.0	0.1	0.0	26.4	1.1	40.3	0.0	0.0
天 津	3.1	0.7	0.1	31.1	30.9	34.2	0.0	0.0
辽 宁	3.1	22.3	5.7	36.2	0.4	32.2	0.0	0.0
河 北	2.1	10.9	0.3	39.3	15.2	32.1	0.0	0.0
上 海	8.2	2.0	1.5	15.9	40.7	31.5	0.1	0.0
北 京	16.2	6.8	0.0	37.0	9.7	28.1	2.3	0.0
陕 西	4.2	10.2	34.0	14.9	10.4	23.9	2.3	0.0
山 西	0.0	0.0	0.0	0.0	82.8	17.2	0.0	0.0
浙 江	22.3	5.3	0.3	12.7	48.7	10.6	0.2	0.0

续表

地　区	个人	混合所有制企业	境内外资	民营投资机构	其他	政府（含事业单位、国有独资投资机构）	境外资本	社保基金
云　南	6.4	51.4	0.0	4.3	28.3	9.6	0.0	0.0
广　西	3.2	80.0	0.0	8.4	0.0	8.4	0.0	0.0
广　东	12.9	4.9	0.0	4.0	67.5	7.8	2.8	0.0
新　疆	61.2	3.2	0.0	16.9	13.1	5.6	0.0	0.0

6.3.2 上市公司/非上市公司

表 6–5 显示了 2015 年不同地区创业风险投资机构管理资本中上市公司与非上市公司情况。

整体上，非上市公司是国内各地区创业风险投资机构主要资本来源。2015 年，非上市公司资金占比超过 50% 的地区有 12 家，其中最高的是云南省，高达 95.7%。

上市公司资金比例较高的地区是安徽、北京、广东、广西和湖北等，其中最高的广西达到 42%，安徽 6.8%，北京 5.9%。

表 6–5　2015 年不同地区创业风险投资资本来源（二）　　单位：%

地　区	非上市公司	上市公司	其他
云　南	95.7	3.2	1.1
上　海	89.3	0.6	10.1
江　苏	77.2	1.9	21.0
福　建	73.1	0.0	26.9
辽　宁	72.4	3.4	24.2
北　京	69.7	5.9	24.4
四　川	68.6	0.0	31.4
湖　南	63.2	0.4	36.4
山　东	59.1	1.3	39.6
河　北	58.6	0.0	41.4
湖　北	56.5	4.7	38.8
天　津	50.5	1.7	47.9
安　徽	48.8	6.8	44.4
河　南	47.4	1.3	51.3
江　西	46.2	0.0	53.8
浙　江	43.7	3.3	53.0
广　西	42.0	42.0	16.0
陕　西	38.1	0.0	61.9
黑龙江	37.2	0.0	62.8
重　庆	32.8	0.4	66.8

续表

地　区	非上市公司	上市公司	其他
吉　林	31.3	0.0	68.7
宁　夏	21.8	0.0	78.2
广　东	20.8	4.2	74.9
甘　肃	19.4	0.9	79.7
新　疆	19.0	0.0	81.0
贵　州	13.0	0.0	87.0
青　海	7.1	0.0	92.9
山　西	0.0	0.0	100.0

6.3.3 金融机构/非金融机构

表 6-6 显示：非金融资本是全国大部分地区创业风险投资机构主要资金来源，有 24 个地区非金融资本占比超过 50%。

2015 年，部分地区出现银行等金融机构出资设立创业风险投资基金的情况，分别是四川、重庆、甘肃、浙江、湖南、安徽、广东、江苏和河北，其中以四川省最为明显。2015 年，四川省创业风险投资机构中，银行资金占比达到 31.2%，另外重庆市银行资金占比也有 4.8%。上述情况与国家放松对银行的限制政策有直接关系。

另外，证券公司、信托公司和保险公司也在某些地区涉猎创业风险投资领域。北京创业风险投资机构中证券公司资金占比达 5.2%；广东创业风险投资机构中证券公司资金占比达 4.1%。

表 6-6　2015 年不同地区创业风险投资资本来源（三）　　单位：%

地　区	银行	证券公司	信托公司	保险公司	其他金融资本	非金融资本
广　西	0.0	0.0	0.0	0.0	0.0	100.0
江　西	0.0	0.0	0.0	0.0	0.0	100.0
山　西	0.0	0.0	0.0	0.0	0.0	100.0
甘　肃	0.2	0.0	0.0	0.0	1.8	98.1
陕　西	0.0	0.0	0.0	0.0	2.2	97.8
云　南	0.0	1.6	0.0	0.0	1.1	97.3
浙　江	1.2	0.0	0.3	0.0	13.7	84.8
重　庆	4.8	0.0	0.0	0.0	10.5	84.7
河　南	0.0	0.0	0.0	0.0	16.9	83.1
广　东	0.2	4.1	0.0	0.0	13.2	82.5
新　疆	0.0	0.0	0.0	0.0	17.6	82.4
上　海	0.0	0.0	0.2	0.0	18.7	81.2
宁　夏	0.0	0.0	0.0	0.0	21.8	78.2
贵　州	0.0	0.0	0.0	0.0	25.1	74.9
山　东	0.0	0.0	0.0	0.0	25.2	74.8

续表

地 区	银行	证券公司	信托公司	保险公司	其他金融资本	非金融资本
辽 宁	0.0	0.0	0.4	0.0	26.6	73.1
湖 北	0.0	0.0	0.0	0.0	27.2	72.8
黑龙江	0.0	0.0	0.0	0.0	31.6	68.4
四 川	31.2	0.0	0.0	0.0	6.2	62.5
安 徽	0.5	0.5	0.0	0.0	36.6	62.4
湖 南	0.2	0.4	0.1	0.2	39.1	60.1
北 京	0.0	5.2	1.0	0.0	34.8	58.9
江 苏	2.0	0.0	0.3	0.4	41.3	55.9
福 建	0.0	0.0	0.0	0.3	47.6	52.1
青 海	0.0	0.0	0.0	0.0	53.6	46.4
天 津	0.0	0.0	0.3	0.0	57.7	42.0
吉 林	0.0	0.0	0.0	0.0	68.7	31.3
河 北	1.5	0.0	0.0	0.0	68.2	30.3

6.4 各地区创业风险投资的投资特征

6.4.1 创业风险投资项目地区分布

本部分从两个维度分析 2015 年中国创业风险投资项目地区分布。

（1）以机构注册地划分。表 6-7 显示了以项目所属机构注册地为标准依据，创业风险投资机构投资项目的地区分布情况。

2015 年，全国共有 26 个地区的创业风险投资机构进行了项目投资，投资项目较多机构所属地区有江苏、浙江、广东和北京，四个地区项目合计占全国总数的 66.2%，充分显示东部沿海发达地区是国内创业风险投资最活跃的地区。其中，江苏省投资项目占比虽然较 2014 的 32.2%有所下降，但仍然连续 5 年高居国内榜首，占全国投资项目的近 1/4；浙江排名第二，占比是 16.1%。而西部地区，包括陕西、新疆、宁夏、甘肃、云南、青海、广西、山西等地区，创业风险投资机构活跃性不高，投资项目很少，部分地区甚至没有投资。

表 6-7 2015 年完成投资项目的中国创业风险投资机构地区分布 单位：%

地 区	项目数
江 苏	22.5
浙 江	16.1
广 东	14.7
北 京	12.9
山 东	4.0
湖 北	3.7

续表

地 区	项目数
重 庆	3.4
安 徽	3.3
福 建	2.9
上 海	2.8
湖 南	2.3
黑龙江	1.6
贵 州	1.6
天 津	1.5
河 南	1.4
四 川	1.1
辽 宁	0.8
河 北	0.8
陕 西	0.7
新 疆	0.5
宁 夏	0.4
甘 肃	0.4
江 西	0.3
云 南	0.3
青 海	0.2
广 西	0.0
山 西	0.0

（2）以项目所在地划分。表 6-8 显示了以创业风险投资机构投资项目注册地为准，2015 年中国创业风险投资项目的地区分布。

从表 6-8 可以看出，2015 年，中国创业风险投资的投资项目分布在全国 29 个地区，吸收投资项目较多的地区有江苏、浙江、北京、广东、上海，项目合计占全国总数为 69.3%，说明这 5 个地区是国内创业风险投资最青睐的投资地区。其中，江苏省内投资项目在国内居榜首，项目占比是 19.1%，北京市第二，项目占比是 18.6%。另外，山东、安徽、湖北和福建也是创业风险投资相对关注的投资地区；东北三省和西部省份创业风险投资的投资则较少。

表 6-8 2015 年中国创业风险投资机构投资项目地区分布

单位：%

地 区	项目数
江 苏	19.1
北 京	18.6
浙 江	14.0

续表

地　区	项目数
广　东	9.3
上　海	8.3
山　东	4.2
安　徽	3.7
湖　北	3.5
福　建	2.9
湖　南	1.9
天　津	1.8
重　庆	1.7
四　川	1.7
贵　州	1.6
河　南	1.5
黑龙江	1.1
陕　西	1.0
河　北	0.8
辽　宁	0.6
江　西	0.5
宁　夏	0.4
甘　肃	0.4
新　疆	0.4
云　南	0.3
内蒙古	0.2
青　海	0.2
海　南	0.1
广　西	0.1
山　西	0.1

6.4.2 各地区创业风险投资的投资强度

2015 年，全国有 27 个地区创业风险投资机构进行了投资，比 2014 年减少 1 个，各地区创业风险投资所投资项目的投资强度见表 6-9 和图 6-4。

表 6-9　2015 年各地区创业风险投资的投资强度　　单位：万元/项

地　区	投资强度
山　西	10000.0
宁　夏	8935.0

续表

地　区	投资强度
北　京	4187.9
云　南	3470.3
湖　南	2307.9
江　西	2305.9
辽　宁	2273.5
广　东	2032.8
安　徽	1876.9
江　苏	1654.8
重　庆	1574.2
新　疆	1483.5
上　海	1436.5
河　北	1278.6
浙　江	1258.2
山　东	1175.5
四　川	986.8
河　南	960.5
贵　州	896.4
甘　肃	799.0
青　海	738.8
黑龙江	735.3
湖　北	689.8
天　津	528.5
福　建	411.3
陕　西	389.0
广　西	200.0

整体上看，2015 年大部分地区的创业风险投资机构所投资项目的平均规模在 1000 万~4000 万元。2015 年全国各地创业风险投资机构所投资项目的投资强度差距比 2014 年大，最高的是山西省，项目平均投资是 1 亿元/项，高于 2014 年最高的北京市 5740 万元/项；最低是广西的 200 万元/项，低于 2014 年最低的山西省 300 万元/项。

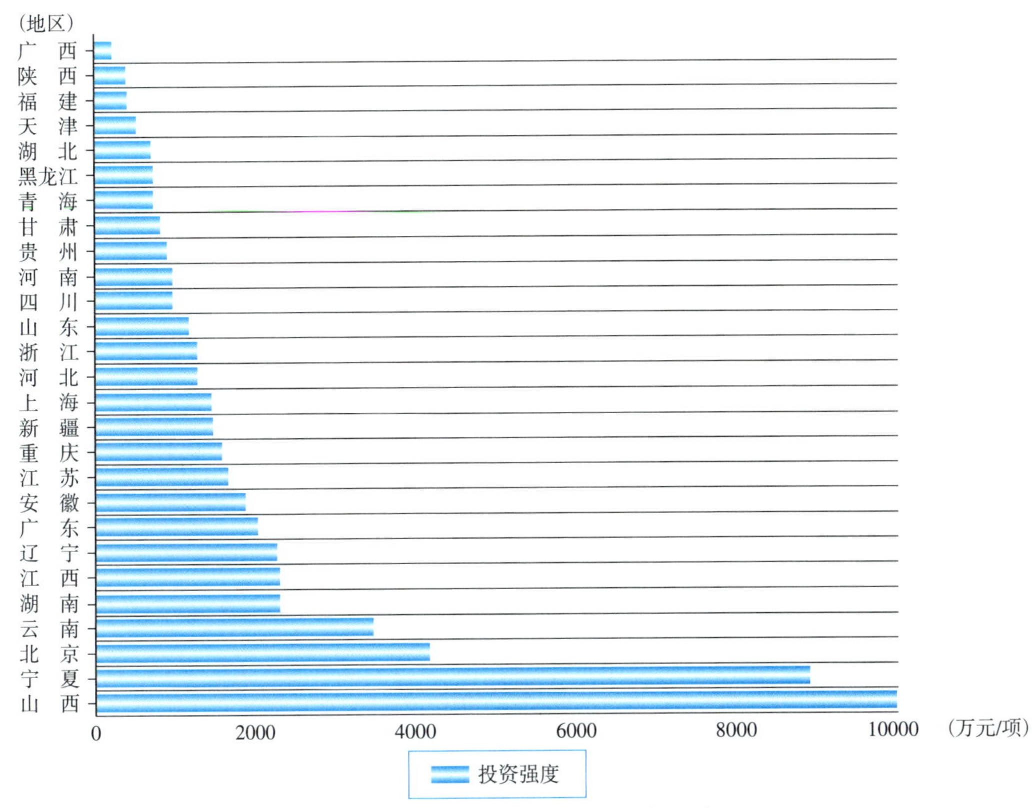

图 6-4 各地区创业风险投资的投资强度（2015）

6.4.3 各地区创业风险投资机构项目持股结构

表 6-10、图 6-5 显示：2015 年，绝大部分地区创业风险投资机构投资时不寻求绝对控股，持股比例<50%的投资项目占全部投资数比例超过 90%的地区有 23 个；但是，不追求绝对控股的创业风险投资机构的地区数量有所减少，由 2014 年的 10 个投资项目下降到 8 个投资项目。

表 6-10 2015 年中国创业风险投资机构投资项目持股结构地区分布 单位：%

地 区	持股比例≥50%	持股比例＜50%
山 西	100.0	0.0
青 海	33.3	66.7
云 南	25.0	75.0
天 津	17.5	82.5
新 疆	9.1	90.9
山 东	9.1	90.9
贵 州	8.9	91.1
安 徽	7.3	92.7
辽 宁	6.7	93.3
上 海	5.1	94.9

续表

地　区	持股比例≥50%	持股比例＜50%
重　庆	4.6	95.4
江　苏	4.3	95.7
湖　南	3.3	96.7
浙　江	3.3	96.7
黑龙江	2.2	97.8
福　建	1.2	98.8
广　东	1.1	98.9
湖　北	1.1	98.9
北　京	0.6	99.4
陕　西	0.0	100.0
河　南	0.0	100.0
江　西	0.0	100.0
宁　夏	0.0	100.0
四　川	0.0	100.0
广　西	0.0	100.0
河　北	0.0	100.0
甘　肃	0.0	100.0

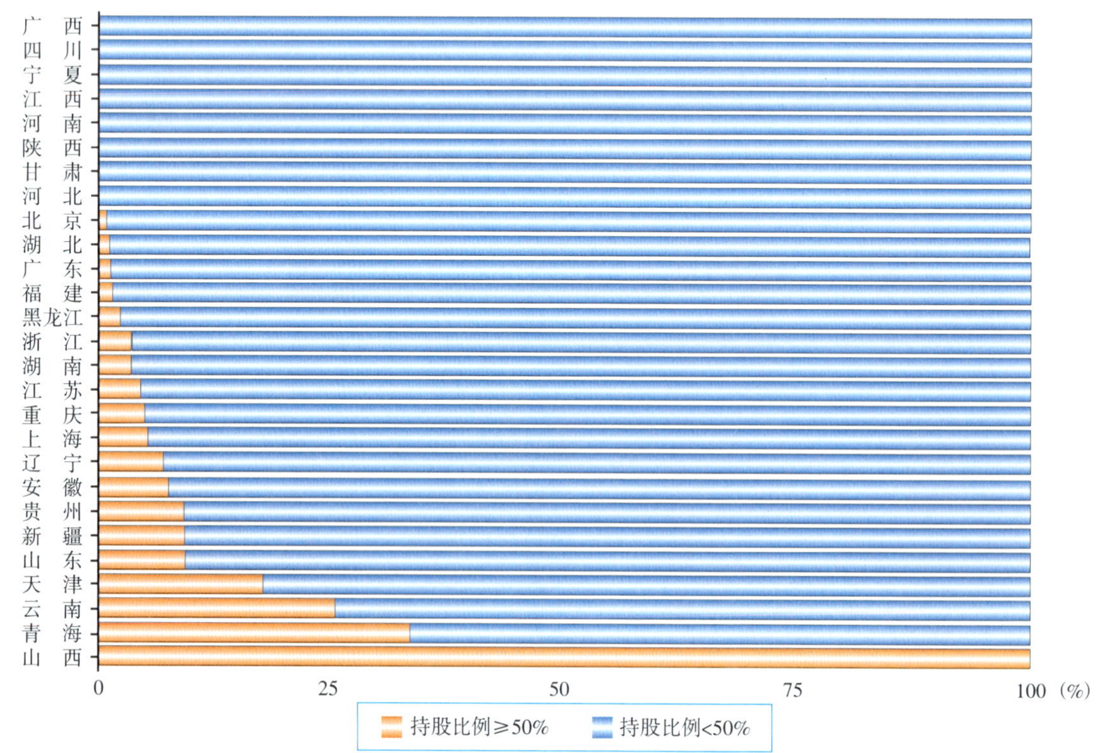

图 6-5　各地区创业风险投资机构持股结构（2015）

6.4.4 各地区创业风险投资项目所处阶段

表 6-11 和图 6-6 显示了 2015 年中国各地区创业风险投资机构投资项目所处阶段，概括起来有以下几个特点：

（1）成长（扩张）期阶段项目仍然是 2015 年我国大部分地区创业风险投资机构的投资重点。其中，有 6 个地区投资于成长（扩张）期阶段的项目达 50%以上，分别是广西、青海、湖南、江西、云南和江苏；广西是 100%，而投资项目最多的江苏省，在成长（扩张）期阶段的项目占比是 51.5%。

（2）起步阶段的项目也受到全国各地创业风险投资机构的青睐。2015 年，起步阶段的项目占比超过 50%的地区有 5 个，超过 30%的地区有 15 个。

（3）越来越多地区的创业风险投资重视种子期阶段的项目。2015 年，种子期阶段的项目占比超过 20%的地区有 11 个，比 2014 年多 2 个，其中最高的是山西省，比例是 100%。

（4）中西部地区创业风险投资在成熟（过渡）期项目比例较高，如云南、新疆、湖南、青海和重庆在成熟（过渡）期项目占比都高于 10%。不过，辽宁省在成熟（过渡）期项目占比在全国最高，达到 20%。

表 6-11　2014 年各地区创业风险投资项目所处阶段

单位：%

地　区	种子期	起步期	成长（扩张）期	成熟（过渡）期	重建期
广　西	0.0	0.0	100.0	0.0	0.0
青　海	0.0	14.3	71.4	14.3	0.0
湖　南	3.4	16.9	69.5	10.2	0.0
江　西	0.0	25.0	62.5	12.5	0.0
云　南	0.0	25.0	62.5	12.5	0.0
江　苏	13.4	28.2	51.5	6.2	0.7
安　徽	14.9	28.7	45.7	9.6	1.1
贵　州	15.6	40.0	44.4	0.0	0.0
北　京	10.6	43.3	44.4	1.4	0.3
宁　夏	0.0	55.6	44.4	0.0	0.0
广　东	21.5	29.4	42.7	6.0	0.3
重　庆	13.3	30.0	42.2	12.2	2.2
河　北	0.0	58.8	41.2	0.0	0.0
甘　肃	0.0	60.0	40.0	0.0	0.0
山　东	25.0	26.9	39.8	5.6	2.8
河　南	17.9	41.0	38.5	2.6	0.0
上　海	13.8	36.9	35.4	6.2	7.7
新　疆	16.7	25.0	33.3	25.0	0.0
湖　北	21.5	48.1	27.8	2.5	0.0
浙　江	27.0	43.1	24.4	5.5	0.0
天　津	43.9	34.1	22.0	0.0	0.0
黑龙江	34.8	43.5	19.6	2.2	0.0
福　建	20.2	56.0	19.0	4.8	0.0
四　川	27.8	50.0	16.7	5.6	0.0
辽　宁	26.7	40.0	13.3	20.0	0.0
陕　西	73.7	15.8	5.3	5.3	0.0
山　西	100.0	0.0	0.0	0.0	0.0

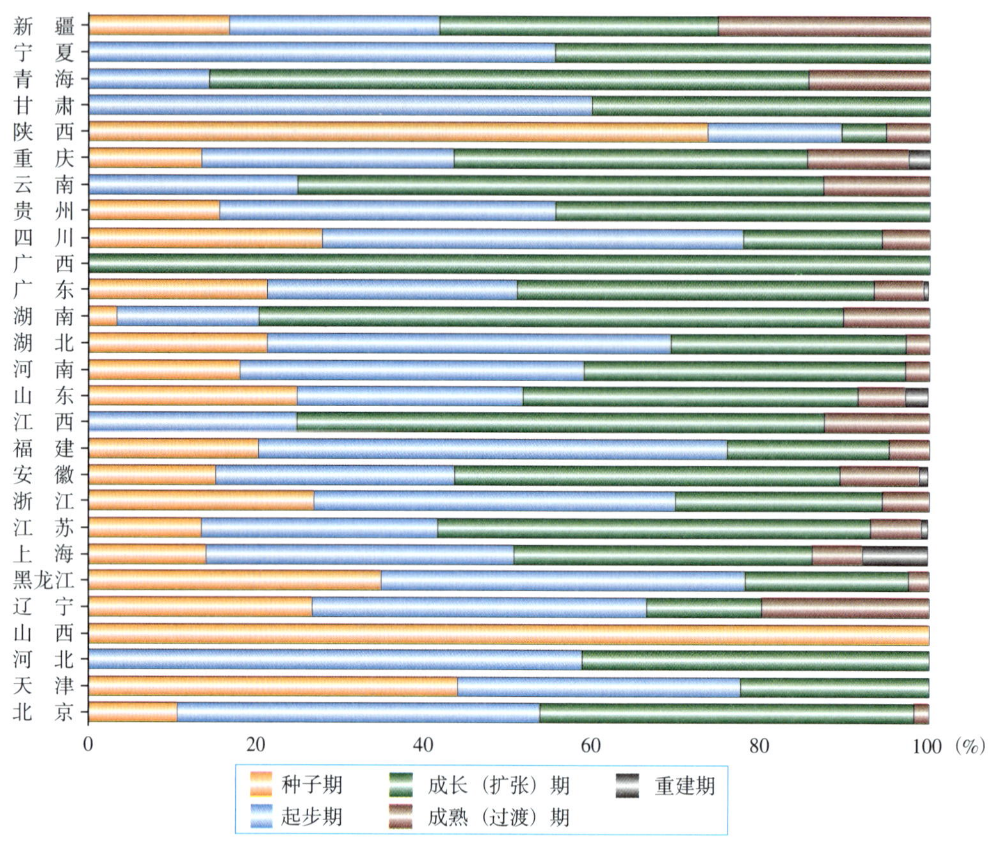

图 6-6 各地区创业风险投资项目所处阶段（2015）

6.5 部分地区创业风险投资的行业投资特征

本部分重点分析 2015 年我国创业风险投资较为活跃地区的行业分布和资金情况（见表 6-12 至表 6-20）。

表 6-12 2015 年北京市创业风险投资的行业特点

行业	项目数占比（%）	行业	投资强度（万元）
通信设备	28.0	医药保健	27708.5
软件产业	15.3	房地产业	9677.4
社会服务	11.3	通信设备	8288.9
传统制造业	7.3	软件产业	4400.0
批发和零售业	4.8	计算机硬件产业	3279.9

续表

行业	项目数占比（%）	行业	投资强度（万元）
计算机硬件产业	4.5	金融保险业	2373.1
其他行业	4.8	新材料工业	2339.0
科技服务	2.8	科技服务	2332.5
金融保险业	2.8	社会服务	2269.7
网络产业	2.8	批发和零售业	2238.4
IT 服务业	2.5	网络产业	1623.6
其他制造业	2.0	环保工程	1500.0
新能源、高效节能技术	1.7	传统制造业	1469.4
消费产品和服务	1.7	消费产品和服务	1295.3
传播与文化娱乐	1.7	半导体	1248.8
半导体	1.1	农林牧副渔	1200.0
医药保健	1.1	新能源、高效节能技术	1181.5
新材料工业	0.8	IT 服务业	1116.8
生物科技	0.8	生物科技	950.0
交通运输仓储和邮政业	0.6	建筑业	900.0
农林牧副渔	0.3	其他行业	710.3
环保工程	0.3	交通运输仓储和邮政业	696.4
建筑业	0.3	传播与文化娱乐	433.7
光电子与光机电一体化	0.3	其他制造业	424.4
房地产业	0.3	光电子与光机电一体化	250.0

由表 6-12 可见，2015 年，北京创业风险投资项目分布在 25 个行业，比 2014 年多 3 个行业，主要集中在通信设备、软件产业、社会服务、传统制造业 4 个行业。与 2014 年一样，通信设备、软件产业和传统制造业依旧是北京创业风险投资最关注的行业，其中通信设备投资比例仍旧最高，占比是 28%。与 2014 年不同的是，社会服务成为新的投资热点，而 2014 年投资较多的批发和零售业则有所下降。

2015 年，北京创业风险投资行业投资强度差距较大，最高的医药保健行业平均投资金额达 27708.5 万元，而最低的光电子与光机电一体化行业则只有 250 万元；投资强度超过 1000 万元的有 18 个行业，占总数的 72%。

表 6-13　2015 年上海市创业风险投资行业特点

行业	项目数占比（%）	行业	投资强度（万元）
其他行业	13.6	其他行业	4856.9
软件产业	12.1	传统制造业	2480.0
环保工程	10.6	半导体	2170.0

续表

行业	项目数占比（%）	行业	投资强度（万元）
网络产业	10.6	光电子与光机电一体化	2123.8
新能源、高效节能技术	9.1	计算机硬件产业	1800.0
半导体	7.6	通信设备	1500.0
光电子与光机电一体化	6.1	网络产业	1182.2
传播与文化娱乐	4.5	新材料工业	1163.3
新材料工业	4.5	环保工程	1059.2
传统制造业	4.5	科技服务	1000.0
通信设备	3.0	建筑业	950.0
IT 服务业	3.0	传播与文化娱乐	854.1
建筑业	1.5	生物科技	300.0
医药保健	1.5	新能源、高效节能技术	289.5
社会服务	1.5	软件产业	254.9
其他 IT 产业	1.5	医药保健	200.0
计算机硬件产业	1.5	社会服务	150.0
科技服务	1.5	IT 服务业	60.0
生物科技	1.5	其他 IT 产业	60.0

由表 6-13 可见，2015 年，上海创业风险投资所投资的行业有 19 个，比 2014 年少 1 个行业，投资项目较多的行业有软件产业，环保工程，网络产业，新能源、高效节能技术行业。与 2014 年相比，2015 年软件产业投资比例有所增加，由 2014 年的 7.1%提高到 12.1%，环保工程成为新的投资热点；网络产业的投资比例则有所下降，由 2014 年的 22.3%下降到 10.6%。另外，IT 服务业的投资比例降幅较大，由 2014 年的 10.7%下降为 3%。

至于行业投资强度，2015 年投资强度较高的行业有传统制造业、半导体和光电子与光机电一体化以及其他行业，而医药保健、社会服务、IT 服务业、其他 IT 产业的投资强度相对不高。与 2014 年相比，除了通信行业投资强度下降幅度较大，整体上行业投资强度基本持平。

表 6-14 2015 年广东省创业风险投资行业特点

行业	项目数占比（%）	行业	投资强度（万元）
网络产业	20.9	建筑业	10200.0
其他行业	15.1	水电煤气	9100.0
IT 服务业	8.1	交通运输仓储和邮政业	6233.3
金融保险业	5.2	房地产业	5639.7
新材料工业	4.9	社会服务	5183.3
新能源、高效节能技术	4.9	批发和零售业	4766.1

续表

行业	项目数占比（%）	行业	投资强度（万元）
医药保健	4.3	农林牧副渔	4000.0
其他制造业	3.8	其他制造业	3832.4
软件产业	3.8	新材料工业	3289.0
通信设备	3.5	消费产品和服务	3149.8
消费产品和服务	3.5	采掘业	3002.0
传播与文化娱乐	3.2	金融保险业	2900.7
生物科技	2.6	医药保健	2445.0
光电子与光机电一体化	2.6	新能源、高效节能技术	2177.9
科技服务	2.0	其他行业	2023.2
房地产业	1.7	传统制造业	1870.7
传统制造业	1.7	科技服务	1855.6
计算机硬件产业	1.7	计算机硬件产业	1691.7
社会服务	1.2	IT 服务业	1690.4
环保工程	0.9	软件产业	1661.9
农林牧副渔	0.9	通信设备	1656.3
交通运输仓储和邮政业	0.9	传播与文化娱乐	1651.5
建筑业	0.6	生物科技	1495.6
其他 IT 产业	0.6	网络产业	1103.7
批发和零售业	0.6	光电子与光机电一体化	988.1
半导体	0.3	环保工程	720.3
采掘业	0.3	其他 IT 产业	525.0
水电煤气	0.3	半导体	300.0

由表 6-14 可见，2015 年，广东创业风险投资所投资项目分布在 28 个行业，总数比 2014 年增加 4 个；投资较多的行业是网络产业、其他行业、IT 服务业，其中网络产业最高。2015 年广东创业风险投资的热点与 2014 年基本相同，网络行业一直是广东的投资热点，占比由 2014 年的 18.6%提高到 2015 年的 20.9%，IT 服务业的投资比例略有下降。而环保工程和医药保健行业投资比例下降明显，分别由 2014 年的 7.2%和 6.8%下降为 2015 年的 0.9%和 4.3%。

行业投资强度方面，2015 年广东创业风险投资在建筑业、水电煤气、交通运输仓储和邮政业、房地产业、社会服务、批发和零售业、农林牧副渔行业等基础设施、流通和农林等行业投资强度比较大，其中最高的建筑业达到 10200 万元，其次是水电煤气行业，达到 9100 万元。而投资强度最低的半导体行业只有 300 万元。

表 6-15 2015 年江苏省创业风险投资行业特点

行业	项目数占比（%）	行业	投资强度（万元/项）
其他行业	9.2	传播与文化娱乐	5468.7
其他制造业	9.0	水电煤气	2979.0
新材料工业	8.8	批发和零售业	2562.1
网络产业	8.5	其他行业	2067.3
新能源、高效节能技术	6.0	建筑业	1819.0
医药保健	6.0	交通运输仓储和邮政业	1724.9
IT 服务业	5.2	新材料工业	1717.7
软件产业	5.0	金融保险业	1646.3
传统制造业	5.0	医药保健	1551.2
生物科技	4.8	通信设备	1502.0
传播与文化娱乐	4.7	农林牧副渔	1471.0
金融保险业	4.2	消费产品和服务	1467.4
消费产品和服务	3.8	计算机硬件产业	1441.2
环保工程	3.3	其他 IT 产业	1381.1
光电子与光机电一体化	2.3	网络产业	1367.7
通信设备	2.2	软件产业	1142.0
科技服务	2.2	生物科技	1138.3
其他 IT 产业	2.0	环保工程	1053.0
半导体	1.7	传统制造业	1023.1
农林牧副渔	1.5	其他制造业	942.4
交通运输仓储和邮政业	1.3	半导体	924.8
计算机硬件产业	1.0	光电子与光机电一体化	907.6
建筑业	0.7	科技服务	870.2
批发和零售业	0.7	新能源、高效节能技术	859.7
社会服务	0.5	IT 服务业	794.7
水电煤气	0.3	社会服务	783.3

由表 6-15 可见，2015 年，江苏创业风险投资所投资行业有 26 个，比 2014 年增加 1 个；投资较多的行业是其他制造业，新材料工业，网络产业，新能源、高效节能技术，医药保健和其他行业，其中，投资最多的行业仍然是其他行业，只是投资比例年略有减少，由 2014 的 10.8% 下降为 2015 年的 9.2%。

与 2014 年相比，2015 年江苏创业风险投资关注度较高的行业基本保持连续性，新材料工业、网络产业、医药保健、软件产业一直是江苏省创业风险投资机构重点投资的行业。而新能源、高效节能技术的投资比例则有所提高。

2015 年，江苏创业风险投资行业投资强度整体差距不大，除了最高的传播与文化娱乐行业是 5468.7 万元/项之外，大部分行业的投资强度在 1000 万~3000 万元/项。最低的行业是社会服务业，也有783.3万元/项，远远高于2104年最低的批发和零售业132.2万元/项。与2014年相比，2015年江苏创业风险投资的行业投资强度整体有所提高，投资强度在1000万元/项以上的有19个，远远高于2014年的11个。

表6–16 2015年浙江省创业风险投资行业特点

行业	项目数占比（%）	行业	投资强度（万元/项）
网络产业	16.4	传统制造业	3872.9
金融保险业	10.8	交通运输仓储和邮政业	3500.0
其他行业	9.8	社会服务	1487.2
传播与文化娱乐	8.3	其他行业	1423.1
IT 服务业	7.8	医药保健	1316.2
软件产业	6.5	环保工程	1292.0
科技服务	5.0	金融保险业	1257.4
消费产品和服务	3.5	通信设备	1251.0
社会服务	3.5	新材料工业	1209.5
医药保健	3.3	软件产业	1204.9
传统制造业	3.3	传播与文化娱乐	1124.8
环保工程	2.8	农林牧副渔	1021.0
通信设备	2.5	其他制造业	913.3
计算机硬件产业	2.3	建筑业	912.5
其他 IT 产业	2.3	新能源、高效节能技术	910.6
新能源、高效节能技术	2.0	IT 服务业	901.8
生物科技	2.0	生物科技	842.6
新材料工业	2.0	半导体	700.0
其他制造业	1.5	科技服务	567.4
农林牧副渔	1.3	光电子与光机电一体化	483.3
批发和零售业	0.8	计算机硬件产业	444.0
半导体	0.8	其他 IT 产业	333.3
光电子与光机电一体化	0.8	消费产品和服务	313.2
建筑业	0.5	网络产业	297.9
交通运输仓储和邮政业	0.3	批发和零售业	87.0

由表6–16可见，2015年，浙江创业风险投资所涉及的行业有25个，与2014年总数持平。与2014年相似，网络产业仍旧是浙江创业风险投资在2015年投资最多的行业，占比是16.4%，但低于2014年的24%，金融保险业和IT服务业也是浙江创投业持续关注的行业，金融保险业占比是10.8%，排在第二位，比2014年高出3.6个百分点。2015年，传播与文化娱乐成为浙江创业风险投资新的投资热点，行业投资占比8.3%。

2015 年，浙江创业风险投资行业投资强度最高的是传统制造业，为 3872.9 万元/项，最低的是批发和零售业，只有 87 万元/项。与其他地区不同，除了传统制造业、交通运输仓储和邮政业之外，大部分行业的投资强度在 1000 万元左右。超过 1000 万元以上的行业有 12 个，与 2014 年基本相同。

表 6-17　2015 年湖北省创业风险投资项目行业特点

行业	项目数占比（%）	行业	投资强度（万元/项）
软件产业	14.5	新能源、高效节能技术	2500.0
医药保健	13.3	社会服务	1400.0
网络产业	9.6	医药保健	1330.9
其他制造业	8.4	新材料工业	975.0
传统制造业	7.2	其他行业	840.1
其他行业	6.0	传统制造业	835.3
传播与文化娱乐	6.0	环保工程	700.0
生物科技	4.8	生物科技	548.5
新材料工业	4.8	软件产业	537.8
科技服务	4.8	科技服务	490.0
IT 服务业	3.6	其他制造业	481.1
环保工程	3.6	网络产业	312.5
社会服务	3.6	农林牧副渔	300.0
光电子与光机电一体化	2.4	IT 服务业	286.7
农林牧副渔	2.4	传播与文化娱乐	283.9
新能源、高效节能技术	1.2	计算机硬件产业	200.0
计算机硬件产业	1.2	水电煤气	200.0
水电煤气	1.2	半导体	200.0
半导体	1.2	光电子与光机电一体化	125.0

由表 6-17 可见，2015 年，湖北创业风险投资项目分布于 19 个行业，比 2014 年多 1 个行业，投资领域更加宽泛；主要集中在软件产业、医药保健、网络产业和制造业。与 2014 年相比，软件产业取代了金融保险业，成为湖北创业风险投资最多的行业，占比是 14.5%；医药保健和制造业一直是湖北创业风险投资的投资重点，而光电子与光机电一体化则有所下降，由 2014 年的 10.3%下降到 2.4%。

整体上看，2015 年湖北创业风险投资的行业投资强度不高，有 16 个行业投资强度在 1000 万元/项以下，10 个行业在 500 万元/项以下。行业投资强度最高的是新能源、高效节能技术，为 2500 万元/项；最低的是光电子与光机电一体化，只有 125 万元/项。

表 6-18 2015 年安徽省创业风险投资项目的行业特点

行业	项目数占比（%）	行业	投资强度（万元/项）
其他行业	12.8	水电煤气	5000.0
其他制造业	10.6	环保工程	4338.8
新材料工业	9.6	社会服务	3076.7
生物科技	9.6	传播与文化娱乐	2551.0
新能源、高效节能技术	9.6	其他制造业	2497.3
IT 服务业	6.4	新材料工业	2390.9
环保工程	6.4	金融保险业	2050.0
农林牧副渔	5.3	新能源、高效节能技术	1777.2
社会服务	5.3	通信设备	1680.0
软件产业	4.3	传统制造业	1637.2
传统制造业	3.2	其他行业	1427.2
传播与文化娱乐	2.1	IT 服务业	1297.0
网络产业	2.1	生物科技	1283.0
科技服务	2.1	光电子与光机电一体化	1225.0
光电子与光机电一体化	2.1	农林牧副渔	1006.4
金融保险业	2.1	其他 IT 产业	1000.0
消费产品和服务	1.1	消费产品和服务	1000.0
通信设备	1.1	网络产业	800.0
医药保健	1.1	科技服务	632.5
其他 IT 产业	1.1	软件产业	538.5
水电煤气	1.1	医药保健	500.0
半导体	1.1	半导体	150.0

由表 6-18 可见，2015 年，安徽创业风险投资项目分布在 22 个行业，比上年增加 3 个；投资较多的行业是其他制造业，新材料工业，生物科技，新能源、高效节能技术，其他行业，其中最高的其他行业比例是 12.8%。与 2014 年相比，新材料工业，新能源、高效节能技术，其他行业一直是安徽创业风险投资机构投资较多的行业；另外，IT 服务业和环保工程的投资占比有所提高；而 2014 年投资较多的计算机硬件产业，则没有出现在 2015 年投资项目内。

行业投资强度。与 2014 年相比，2015 年安徽创业风险投资的行业投资强度有所提高，投资强度在 1000 万元/项以上的有 17 个行业，远远高于 2014 年的 13 个。另外，2015 年安徽创业风险投资的行业投资强度差距非常大，最高的水电煤气是 5000 万元/项，最低的半导体是 150 万元/项。

表 6-19 2015 年山东省创业风险投资项目行业特点

行业	项目数占比（%）	行业	投资强度（万元/项）
其他行业	13.2	核应用技术	4000.0
传统制造业	12.3	金融保险业	2925.0
金融保险业	12.3	环保工程	2666.7
新材料工业	10.5	社会服务	1800.0
网络产业	7.0	农林牧副渔	1650.0
环保工程	5.3	新能源、高效节能技术	1250.0
传播与文化娱乐	5.3	其他行业	1129.9
新能源、高效节能技术	4.4	医药保健	1048.6
软件产业	3.5	传播与文化娱乐	991.6
IT 服务业	3.5	其他制造业	959.5
其他制造业	3.5	IT 服务业	848.4
消费产品和服务	2.6	软件产业	754.5
生物科技	2.6	传统制造业	682.4
科技服务	2.6	生物科技	657.8
农林牧副渔	1.8	水电煤气	630.0
水电煤气	1.8	新材料工业	624.3
医药保健	1.8	通信设备	600.0
批发和零售业	0.9	交通运输仓储和邮政业	500.0
通信设备	0.9	网络产业	438.0
计算机硬件产业	0.9	计算机硬件产业	300.0
光电子与光机电一体化	0.9	科技服务	225.7
核应用技术	0.9	光电子与光机电一体化	150.4
社会服务	0.9	消费产品和服务	116.7
交通运输仓储和邮政业	0.9	批发和零售业	100.0

由表 6-19 可见，2015 年，山东创业风险投资比较活跃，分布在 24 个行业，比 2014 年增加了 3 个，主要集中在传统制造业、金融保险业、新材料工业、网络产业、环保工程、传播与文化娱乐和其他行业，其中最高的其他行业投资占比是 13.2%。与 2014 年相比，传统制造业、金融保险业、新材料工业、网络产业一直是山东创业风险投资比较关注的领域，而新能源、高效节能技术投资占比则有所下降。

整体上，2015 年山东创业风险投资的行业投资强度比 2014 年有所下降，24 个行业中，低于 1000 万元/项的行业有 16 个，远远高于 2104 年的 11 个，其中，投资强度最高的是核应用技术，达 4000 万元/项，最低的批发和零售业只有 100 万元/项。

表 6-20 2015 年重庆市创业风险投资项目的行业特点

行业	项目数占比（%）	行业	投资强度（万元/项）
其他行业	30.4	交通运输仓储和邮政业	15000.0
消费产品和服务	7.6	传播与文化娱乐	2979.4
IT 服务业	7.6	金融保险业	2971.0
传播与文化娱乐	5.4	消费产品和服务	2211.7
网络产业	4.3	生物科技	2166.7
金融保险业	4.3	环保工程	1633.3
通信设备	4.3	网络产业	1212.5
科技服务	3.3	医药保健	1201.9
环保工程	3.3	传统制造业	1080.0
农林牧副渔	3.3	其他行业	719.0
生物科技	3.3	光电子与光机电一体化	700.0
新材料工业	3.3	通信设备	630.0
软件产业	3.3	IT 服务业	616.4
新能源、高效节能技术	3.3	农林牧副渔	600.0
交通运输仓储和邮政业	2.2	新能源、高效节能技术	580.0
建筑业	2.2	建筑业	525.0
其他制造业	2.2	新材料工业	440.0
医药保健	2.2	其他制造业	315.0
传统制造业	1.1	社会服务	300.0
光电子与光机电一体化	1.1	科技服务	235.0
计算机硬件产业	1.1	软件产业	110.0
社会服务	1.1	计算机硬件产业	60.0

由表 6-20 可见，2015 年，重庆创业风险投资活动比较活跃，投资分布在 22 个行业，比 2014 年增加 5 个；投资较多的行业是其他行业、消费产品和服务、IT 服务业和传播与文化娱乐。与 2014 年不同的是，2015 年重庆的创业风险投资没有显著的重点行业，除了其他行业占比较高外，行业投资比例差距不明显。2014 年投资热点行业中的新能源、高效节能技术和科技服务业的投资比例下降明显。

投资强度。除了交通运输仓储和邮政业投资强度很大外，2015 年重庆创业风险投资的行业投资强度不高，有 13 个行业投资强度在 800 万元/项以下，最少的只有 60 万元/项，远低于 2014 年最低的 300 万元/项。

6.6 各经济区域创业投资活动情况

本部分从经济区域角度分析2015年我国创业风险投资运行状况，尤其在当前中国经济发展进入新常态的情况下，通过比较经济发达、有特色的地区与经济相对不发达、创投活动不活跃地区之间的差异，希望在一定程度上揭示创业风险投资对促进地区经济发展的重要作用，为我国创业风险投资今后的发展提供启示。

本部分划分的区域为：

（1）京津冀地区。

（2）长三角地区（包括浙江、上海、江苏）。

（3）珠三角地区：广东（深圳）。

（4）东三省地区：辽宁、吉林、黑龙江。

（5）其他区域（福建省放在这个部分统计）。

本部分选取上述五个区域，出发点之一是前三个区域是中国目前经济发展最快，也最有活力的区域，充分代表了当前我国创业风险投资的最新动态。东三省地区是我国的老工业基地，国有企业比重大，人口流出严重，资源枯竭，正面临经济和产业转型。国外经验证明：创业风险投资可以鼓励民营和科技经济发展，提升产业转型和升级，因此单独列出东三省地区。

6.6.1 我国创业风险投资机构项目区域分布

表 6–21 2015 年中国创业风险投资项目区域分布 单位：%

区域	长三角	珠三角	京津冀	东北三省	其他地区
项目占比	41.4	14.7	15.2	2.4	26.3

表6–21显示了2015年我国不同区域创业风险投资所投资项目的占比。2015年，长三角地区投资的项目占比虽然比2014年减少6.3%，但仍然是国内创业风险投资最活跃的区域，项目占全国的41.4%；珠三角地区是14.7%，比2014年增加4.7%；京津冀地区是15.2%，比2014年降低3个百分点；东北三省与2014年持平，只有2.4%，显示该区域内创业风险投资发展不活跃。

6.6.2 我国不同区域创业风险投资的投资强度

表 6–22 2015 年中国创业风险投资强度区域分布 单位：万元/项

区域	京津冀	珠三角	长三角	东北三省	其他地区
投资强度	3675.5	2032.8	1485.8	1232.9	1350.5

表6–22、图6–7显示：2015年，京津冀地区创业风险投资的投资强度最高，平均达到3675.5万元/项，比2014年减少1682万元/项；珠三角地区的投资强度依旧排名第二，比2014年有所降低，只有2032.8万元/项，减少约700万元/项；长三角地区投资强度比2014年增加300多万元/项，达到1485.8万元/项；东北三省创业风险投资的投资强度下降幅度明显，由2014年的2216.1万元/项下降到1232.9万元/项，减少约1000万元/项。其他地区的投资强度与上年基本持平。

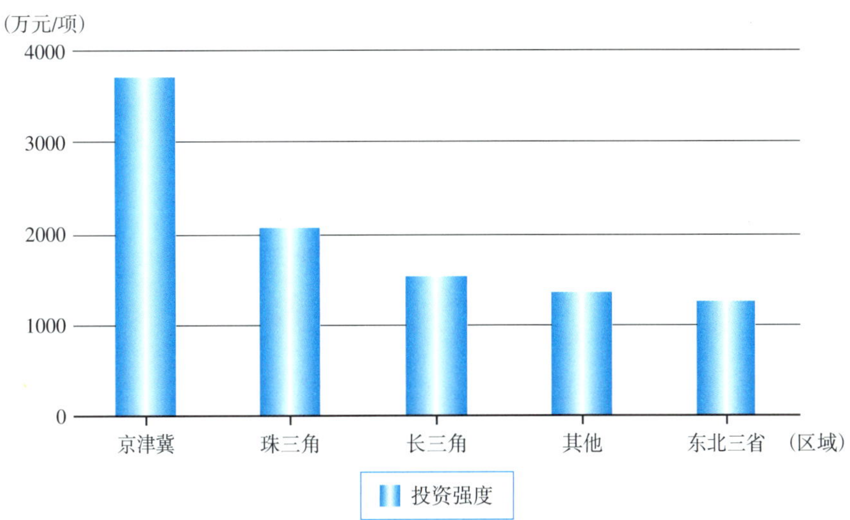

图 6-7 中国创业风险投资强度区域分布（2015）

6.6.3 不同区域创业风险投资持股结构

表 6-23 与图 6-8 显示：与 2014 年相比，2015 年国内各经济区域创业风险投资追求绝对控股项目比例呈现下降态势。其中，其他地区创业风险投资追求绝对控股的比例最高，是 4.9%，远远低于 2014 年最高的东北三省 10.2%，最低的仍是珠三角地区，只有 1.1%。

表 6-23 2015 年各经济区域创业风险投资持股结构 单位：%

区域	其他地区	长三角	京津冀	东北三省	珠三角
持股比例≥50%	4.9	3.9	3.8	3.3	1.1
持股比例<50%	95.1	96.1	96.2	96.7	98.9

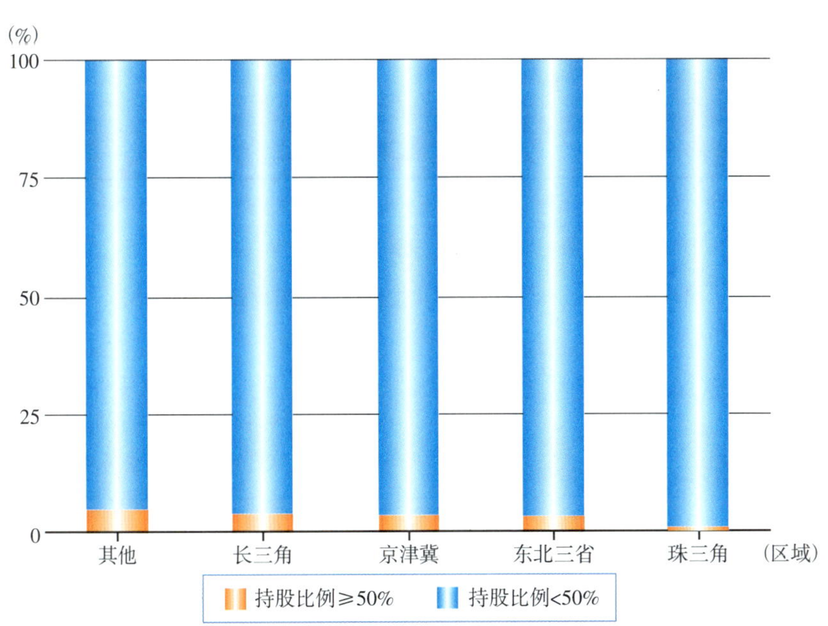

图 6-8 各经济区域创业风险投资持股结构（2015）

6.6.4 不同经济区域创业风险投资项目所处阶段

表 6-24 和图 6-9 显示了 2015 年我国各个经济区域创业风险投资项目阶段分布。2015 年，东北三省创业风险投资机构主要投资于种子期和起步期，其中种子期项目最多，占比 32.8%。珠三角、长三角地区投资比例最高的是成长（扩张）期，其次是起步期；京津冀地区投资比例最高的是起步期，占比 43.1%，其次是成长（扩张）期，占比 42.1%。

表 6-24 2015 年各区域创业风险投资项目所处阶段 单位：%

区域 \ 所处阶段	种子期	起步期	成长（扩张）期	成熟（过渡）期	重建期
东北三省	32.8	42.6	18.0	6.6	0.0
珠三角	21.5	29.4	42.7	6.0	0.3
长三角	18.4	34.2	40.6	6.0	0.8
其他	18.1	35.2	39.1	6.8	0.9
京津冀	13.4	43.1	42.1	1.2	0.2

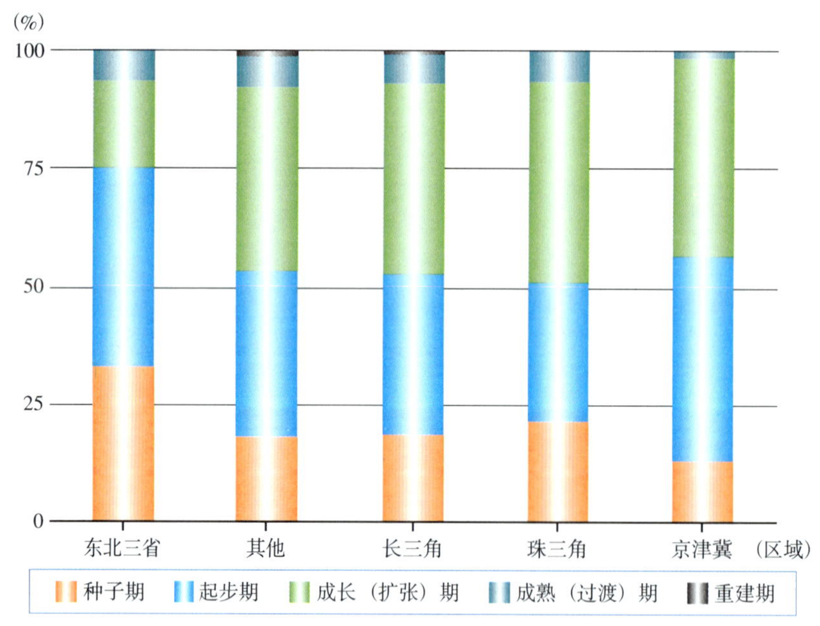

图 6-9 各经济区域创业风险投资项目的阶段分析（2015）

6.6.5 各经济区域创业风险投资项目行业分布

图 6-10 至 图 6-14 分别显示了 2015 年我国不同经济区域创业风险投资行业分布。

图 6-10 显示：2015 年长三角地区创业风险投资分布在 27 个行业，行业总数与 2014 年持平；投资比例比较多的行业是网络产业、金融保险业、新材料工业、传播与文化娱乐、软件产业、IT 服务业和其他制造业。与 2014 年相比，网络产业仍旧是投资比例最高行业，金融保险业成为新的投资热点。

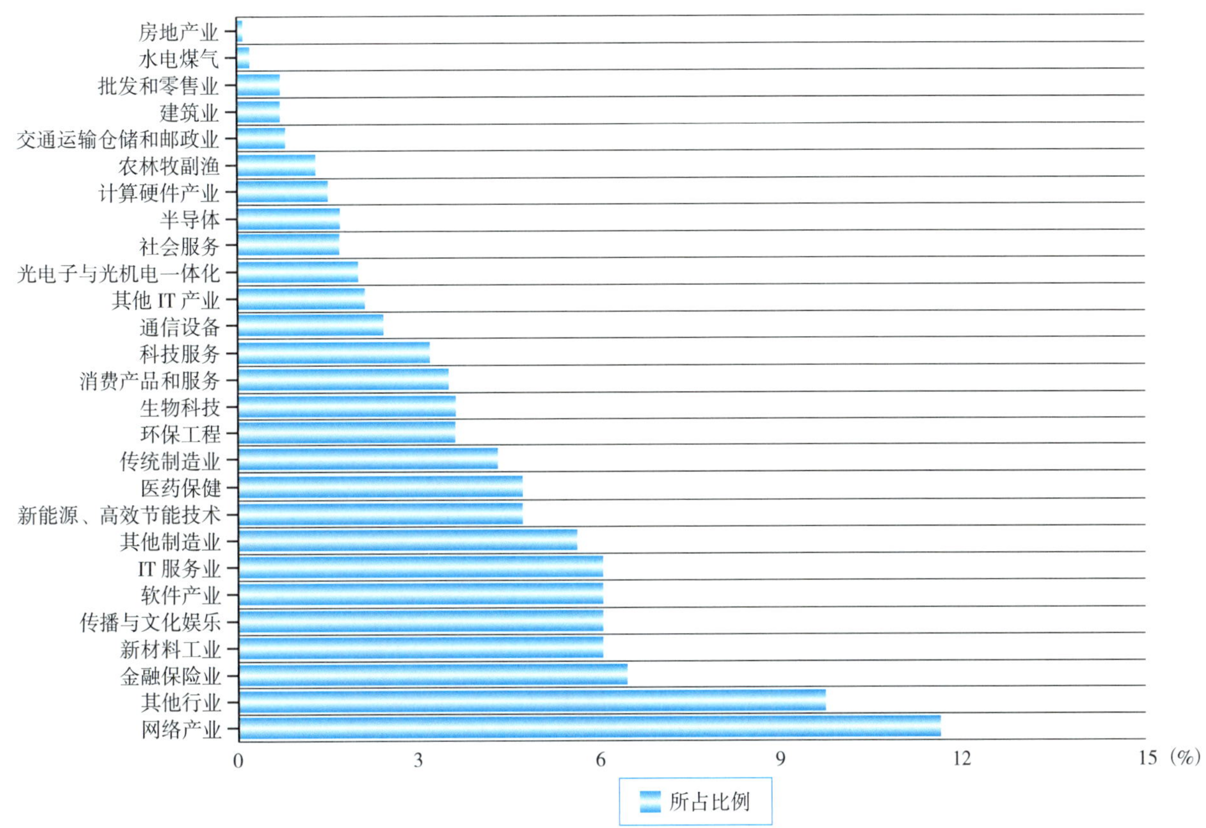

图 6-10 长三角地区创业风险投资项目行业分布（2015）

图 6-11 显示：2015 年，京津冀地区创业风险投资的行业分布在 26 个行业，比 2014 年增加 2 个。与 2014 年一样，京津冀地区创业风险投资仍然集中在通信设备和软件产业，其中通信设备 24.1%，软件产业是 14.5%，两者合计超过全部投资项目的 1/3，集中度比 2014 年的 56.7% 有所下降。排名第三的是社会服务业，占比 9.6%。传统制造业与 2014 年一样，投资比例相对较多；但批发和零售业的投资比例却有所下降。

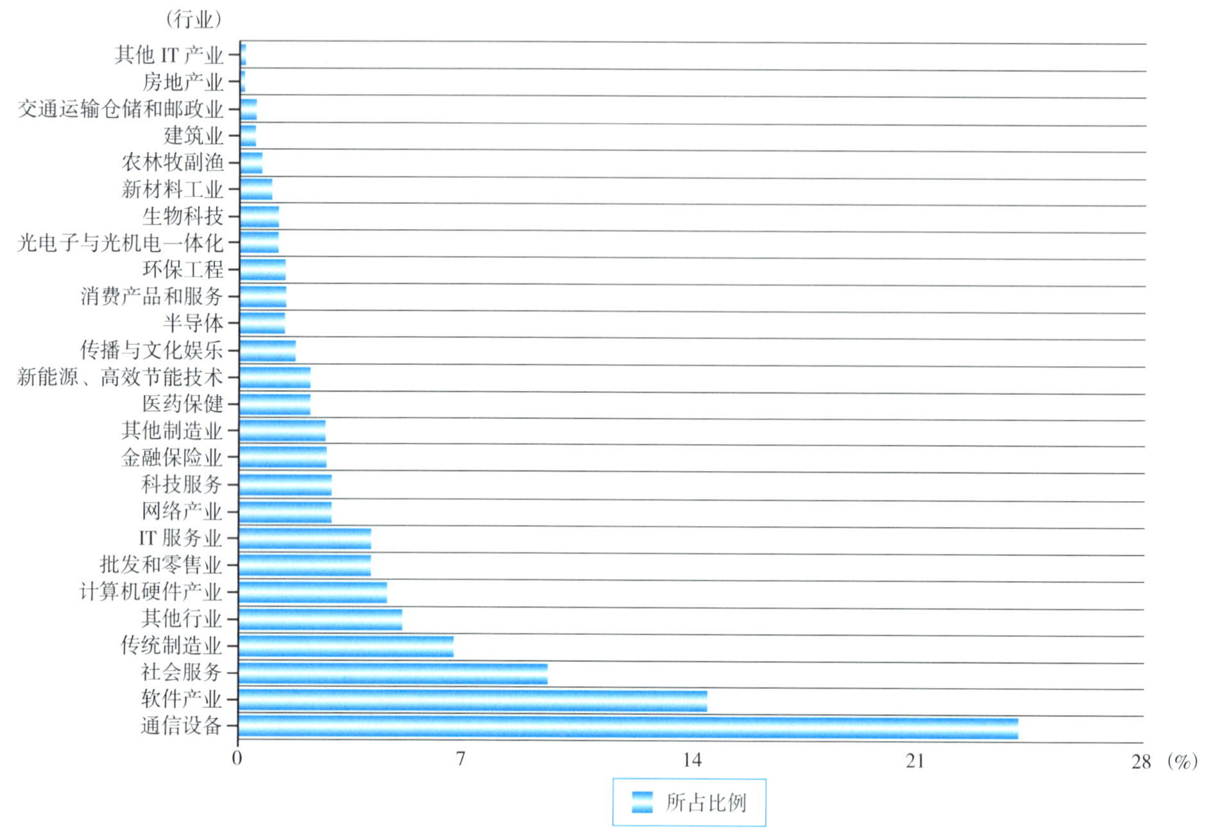

图 6-11 京津冀地区创业风险投资项目行业分布（2015）

图 6-12 显示：2015 年，珠三角地区创业风险投资的行业分布在 28 个行业，比 2014 年增加 4 个，显示投资行业更加广泛；投资较多的行业有网络产业、其他行业、IT 服务业和金融保险业，合计占比是 49.3%。与 2014 年一样，网络产业仍然是珠三角地区创业风险投资最多的行业，占比 20.9%，超过 2014 年的 18.6%；IT 服务业也是创业风险投资持续关注的行业之一。与 2014 年相比，金融保险业成为珠三角地区创业风险投资 2015 年比较关注的热点。

从图 6-13 可以看出：2015 年，东北三省地区的创业风险投资分布在 16 个行业，比 2014 年减少了 2 个行业；投资最多的是网络产业，占比是 29.8%；另外，投资相对较多的行业还有新材料工业、传播与文化娱乐、IT 服务业、其他制造业。与 2014 年相比，新材料工业一直是东北三省地区创业风险投资较多的行业，网络产业一业独大，成为新的投资重点，而医药保健行业投资占比有所下降。

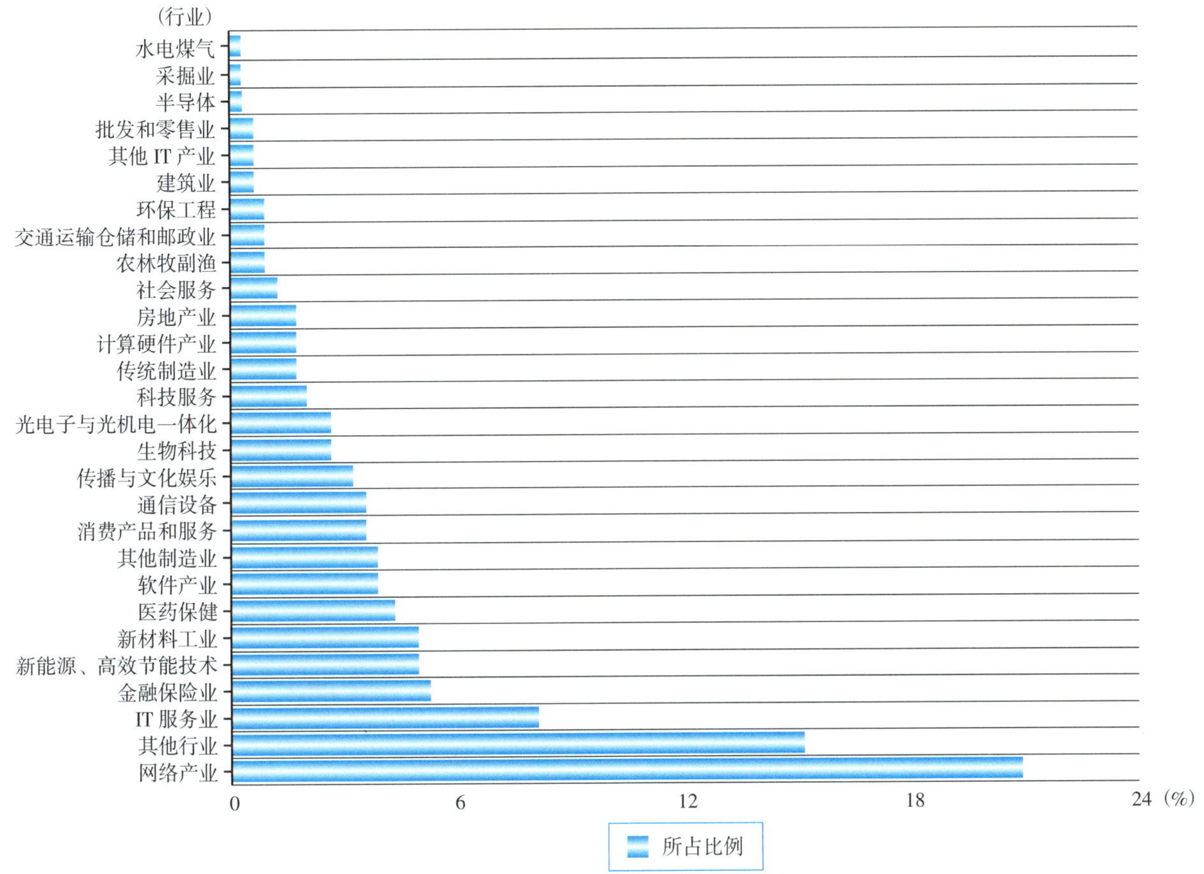

图 6-12 珠三角地区创业风险投资项目行业分布(2015)

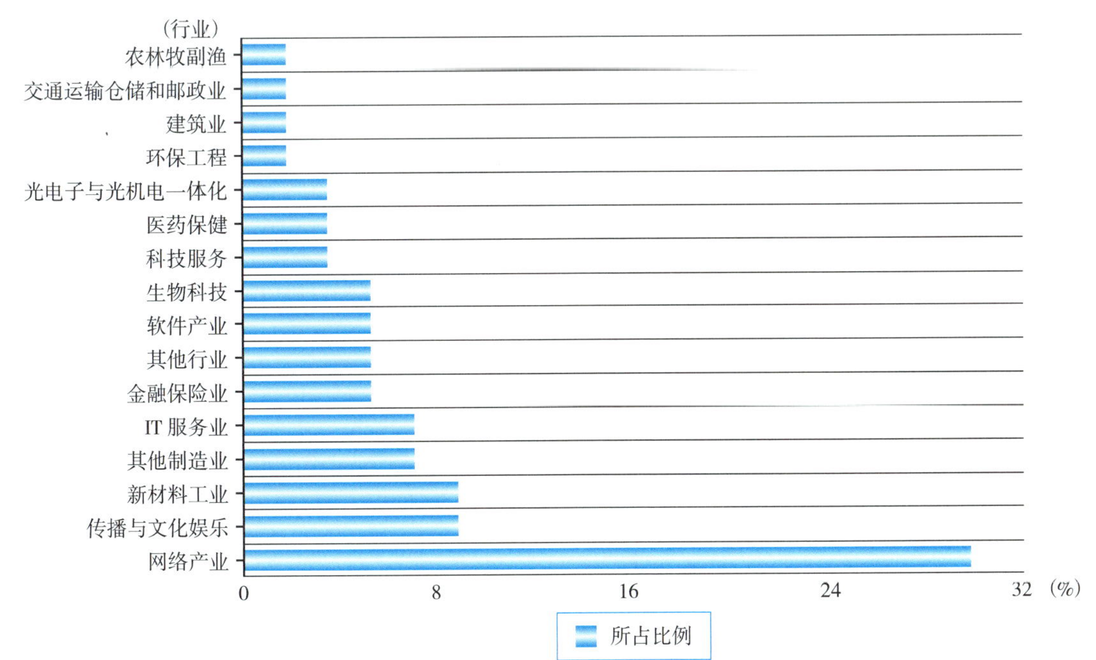

图 6-13 东北三省地区创业风险投资项目行业分布(2015)

图 6-14 显示：2015 年，其他区域创业风险投资分布在 28 个行业，比 2014 年减少 1 个，主要投资在其他行业、软件产业、新材料工业、网络产业、其他制造业和 IT 服务业。与 2014 年相比，新材料工业一直是投资较多的行业，软件产业、网络产业和 IT 服务业成为 2015 年该区域内创业风险投资新的投资关注点，而 2014 年投资较多的行业，如传统制造业，新能源、高效节能技术，农林牧副渔和金融保险业的投资比例在 2015 年则有所下降。

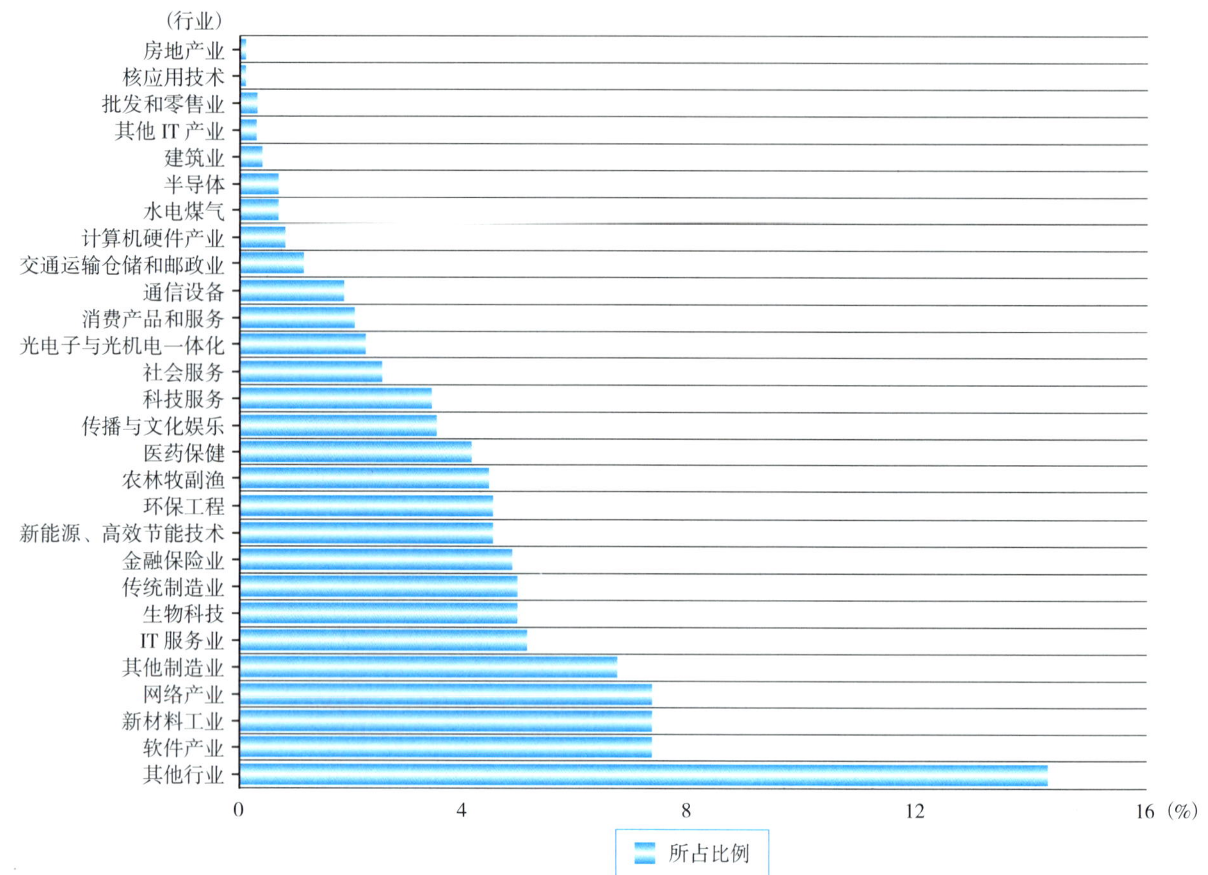

图 6-14 其他地区创业风险投资项目的行业分布（2015）

7 外资创业风险投资机构运作

2015 年，外资创业风险投资机构与 2014 年相比呈现出一些新特点：受国家政策影响，外资明显增加了对文娱行业的投资金额，同时在网络产业、IT 服务业和生物科技领域等也积极布局；从投资阶段看，明显加大早期项目投资力度；选择项目信息来源时，外资创业风险投资机构更加倾向于有信誉担保的“股东推荐”、“朋友介绍”；更加重视从事创业风险投资人员的综合素质，对从业人员相关技术背景和评估技能要求略有降低。

7.1 外资创业风险投资项目行业分布

调查发现，外资创业风险投资机构投资项目主要集中在 13 个行业（见表 7–1①）。其中，从投资项目所占比重看，2015 年，外资机构投资项目较为分散，网络产业、IT 服务业、生物科技三个领域分别为 16%、16%和 12%，分别比 2014 年增加了 14.8 个、8.94 个和 8.47 个百分点。这得益于 2015 年政府出台的一系列刺激和引导创新的政策。从投资金额所占比重看，传播与文化娱乐行业吸引了大量外资创业投资机构的资金，占全部投资金额的 74.0%；与 2014 年相比，一个明显变化是外资创业投资机构大幅缩减房地产业投资。

表 7–1 外资创业投资项目行业分布：投资金额与投资项目（2015） 单位：%

投资行业	投资项目占比	投资金额占比
网络产业	16.0	5.2
IT 服务业	16.0	2.4
生物科技	12.0	4.6
传播与文化娱乐	8.0	74
通信设备	8.0	7.2
软件产业	8.0	1.2
半导体	8.0	0.4
光电子与光机电一体化	4.0	1.8
其他行业	4.0	1.2
科技服务	4.0	0.6
新能源、高效节能技术	4.0	0.5
传统制造业	4.0	0.4
其他制造业	4.0	0.3

注：按投资项目占比排序。

① 有效样本数为 25 份。

从投资项目分析，2015 年，网络产业和 IT 服务业以 16%的比重成为外资机构投资项目最多的两个行业，分别比2014 年所占比重提高了 14.8 个和 8.94 个百分点（见图 7-1①）。传播与文化娱乐仍然延续 2014 年态势，尽管投资项目所占比重从 2014 年的 12.94%略降至 8%，但投资金额从 2014 年的 28.64%激增至 2015 年的 74%，远高于其他行业投资金额，成为 2015 年吸金最多行业（见图 7-2②）。其原因可能是：2014 年以来，文化产业持续受到国家重

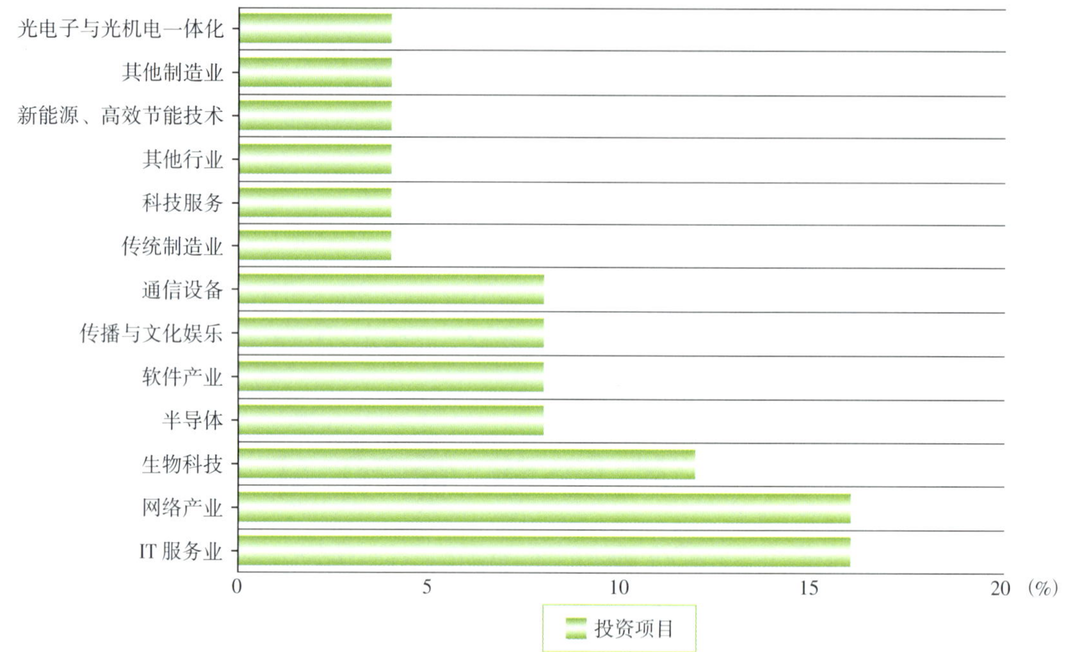

图 7-1 外资创业投资项目按投资项目的行业分布（2015）

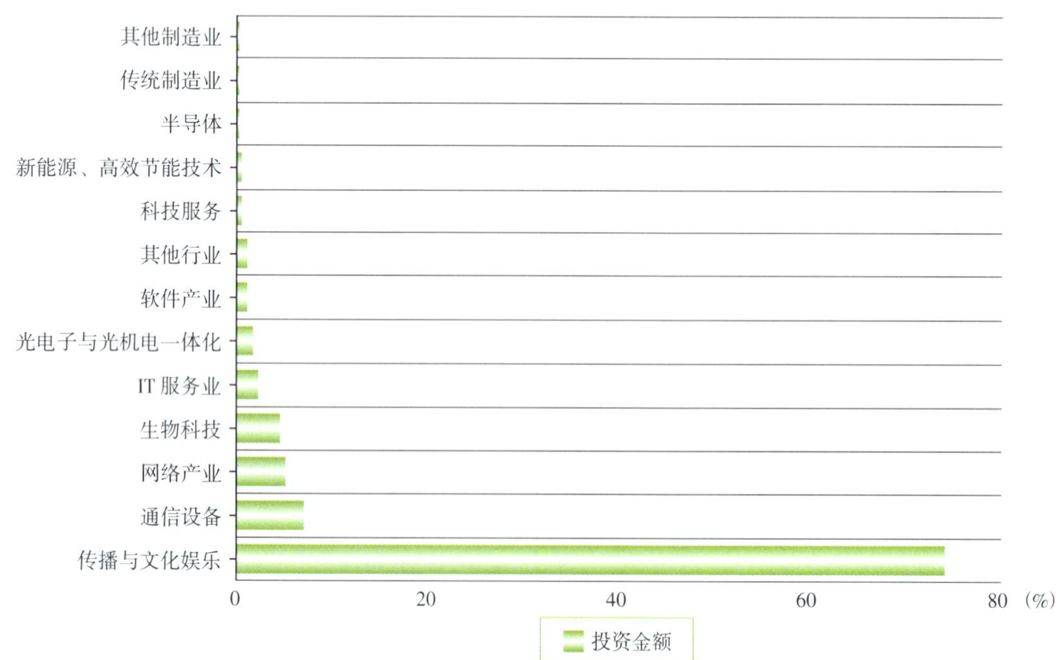

图 7-2 外资创业投资项目按投资金额的行业分布（2015）

①② 有效样本数为 25 份。

视，中央层面已经多次出台促进文化传媒行业发展的政策，并已经着手从多个角度助力文娱行业发展。这促进了我国影视行业进入快速发展期，外资创业投资机构纷纷加大对该领域投资。

表 7-2[①] 给出 2015 年内资和外资创业风险投资项目前十大行业分布情况对比，可以得出以下结论：

（1）内资、外资创业风险投资关注领域差异较大。内资创业风险投资机构的投资金额主要集中在通信设备、其他行业、软件产业、金融保险和新材料工业。外资创业风险投资机构的关注焦点主要在传播与文化娱乐、通信设备、网络产业、生物科技以及 IT 服务业。此外，外资创业风险投资对光电子与光机电一体化、其他行业、软件产业同样重视。在内资、外资排名前五的关注行业中，仅通信设备是二者共同关注的领域。

（2）从投资项目和投资金额分析，外资创业风险投资机构的关注点突出集中在传播与文化娱乐。与 2014 年相比，内资创业风险投资的前十大行业的投资金额占比从 72.8%下降至 71.2%，但投资项目累计所占比重略有上升，从 58.5%上升至 62.3%。与之相比，外资投资金额受传播与文化娱乐投资金额激增影响，前十大行业累计投资占比 98.7%，投资项目累计占比 84%。

表 7-2 内资、外资创业风险投资项目前十大行业分布：投资金额和投资项目（2015） 单位：%

投资行业	内资		投资行业	外资	
	投资金额	投资项目		投资金额	投资项目
通信设备	19.0	5.8	传播与文化娱乐	74.0	8.0
其他行业	10.7	10.9	通信设备	7.2	8.0
软件产业	7.8	7.4	网络产业	5.2	16.0
金融保险业	5.9	5.2	生物科技	4.6	12.0
新材料工业	5.9	5.5	IT 服务业	2.4	16.0
医药保健	5.6	4.1	光电子与光机电一体化	1.8	4.0
网络产业	5.1	10.6	其他行业	1.2	4.0
传统制造业	3.9	4.4	软件产业	1.2	8.0
其他制造业	3.8	5.3	科技服务	0.6	4.0
社会服务	3.5	3.1	新能源、高效节能技术	0.5	4.0

注：按“投资金额”占比排序。

7.2 外资创业风险投资项目所处阶段

通过对 2015 年外资创业风险投资项目所处阶段的调查发现（见图 7-3[②]），无论投资项目还是投资金额，外资对处于“成长（扩张）期”的项目依然有明显投资偏好。但与 2014 年相比，外资投资机构投资于“种子期”的项目有所增加。

从投资金额角度来看，外资投资阶段较 2014 年更为集中，且主要集中在“成长（扩张）期”，所占比重由 2014 年的 65.5%上升至 94.9%。从投资项目来看，外资较 2014 年相对分散，投资于“成长（扩张）期”仍占主导，比 2014 年的 43.5%上升了 25.3 个百分点，至 68.8%；投资于“种子期”的外资机构明显高于 2014 年，所占比例从 2014 年的 14.1%上升至 21.95%。

① 有效样本数为：外资 25 份，内资 2566 份。
② 有效样本数为 32 份。

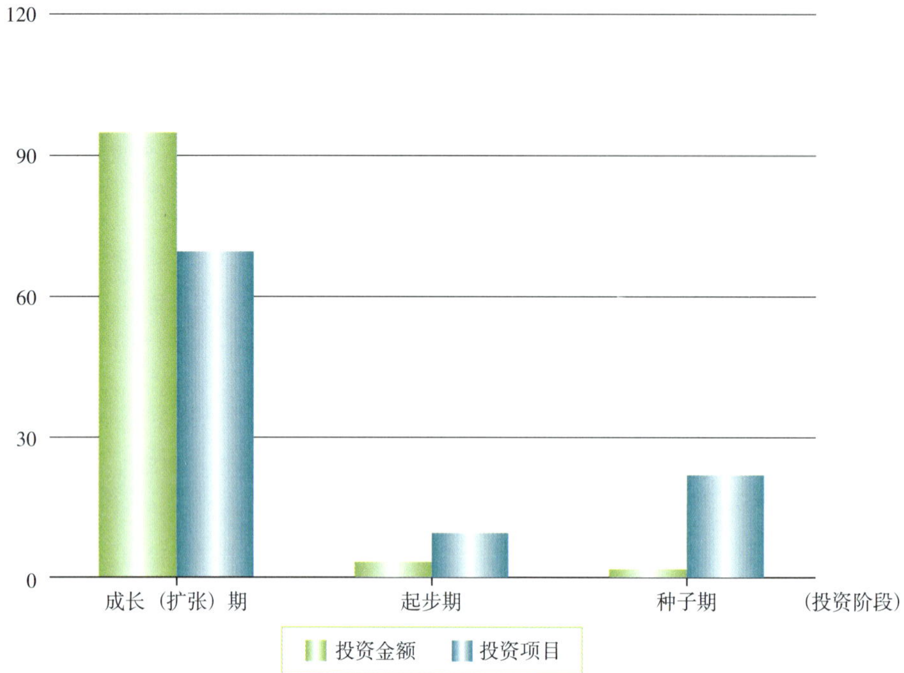

图 7-3 外资创业风险投资项目所处阶段（2015）

对比 2015 年内资和外资创业风险投资项目所处阶段（见表 7-3①）可以发现以下异同点：

（1）从投资项目数量占比看，2015 年，内资和外资创业风险投资机构开始更多关注早前期投资项目。其中，内资和外资投资机构投资于“种子期”的累计占比为 40.1%，比 2014 年提升了 5 个百分点；内资投资于“种子期”和“起步期”的累计占比从 2014 年的 45.3%上升至 54.1%，外资则比 2014 年略有下降，所占比重从 38.8%下降至 31.3%。

（2）从投资金额占比情况看，“成长（扩张）期”仍然是内资机构和外资机构关注的重点。相较往年，虽然内资和外资机构纷纷增加对“种子期”和“起步期”项目的关注，但是按投资比重来看，处于“成长（扩张）期”的项目仍然得到较多支持。从具体数据看，外资创业风险投资机构对处于“成长（扩张）期”项目的投资从 2014 年的 81.4%上升至 2015 年的 94.9%；内资则下降了 5.5 个百分点，至 53.0%。

（3）2015 年，内资机构和外资机构对于“成长（扩张）期”的项目资金投入差距较 2014 年有所增大。其中，投资项目占比差距从 2014 年的 7.8%扩大至 29%，投资金额占比差距从 0.9%扩大至 41.9%。

表 7-3 内资和外资创业风险投资项目所处阶段（2015） 单位：%

投资阶段	投资项目		投资金额	
	内资	外资	内资	外资
种子期	18.2	21.9	8.3	1.8
起步期	35.9	9.4	22.2	3.3
成长（扩张）期	39.8	68.8	53.0	94.9
成熟（过渡）期	5.5	0.0	15.8	0.0
重建期	0.7	0.0	0.8	0.0

① 有效样本数为：外资 32 份，内资 2536 份。

7.3 外资创业风险投资项目情况

2015 年外资风险投资单项投资金额的分布情况依然延续 2011 年以来的状况（见表 7-4、图 7-4①），即投资的单项资金规模为“2000 万元以上”的投资项目仍然占多数，从 2014 年的 75.2%上升至 2015 年的 86.5%；单笔投资金额在“1000 万~2000 万元”的所占比例则较 2014 年有较大幅度减少。单笔金额在 1000 万元以下的投资项目累计仅占全部投资的 4.1%；但“100 万~300 万元”的投资出现自 2011 年以来的较高增长。

表 7-4 外资创业风险投资单项投资金额规模分布（2011~2015） 单位：%

投资额分布（万元）/年份	<100	100~300	300~500	500~1000	1000~2000	>2000
2011	0.0	0.2	0.3	3.3	13.9	82.3
2012	0.4	0.4	1.4	9.7	24.5	63.7
2013	0.0	0.1	1.3	4.2	16.1	78.2
2014	0.1	0.4	0.9	5.3	18.1	75.2
2015	0.0	1.0	0.7	2.4	9.3	86.5

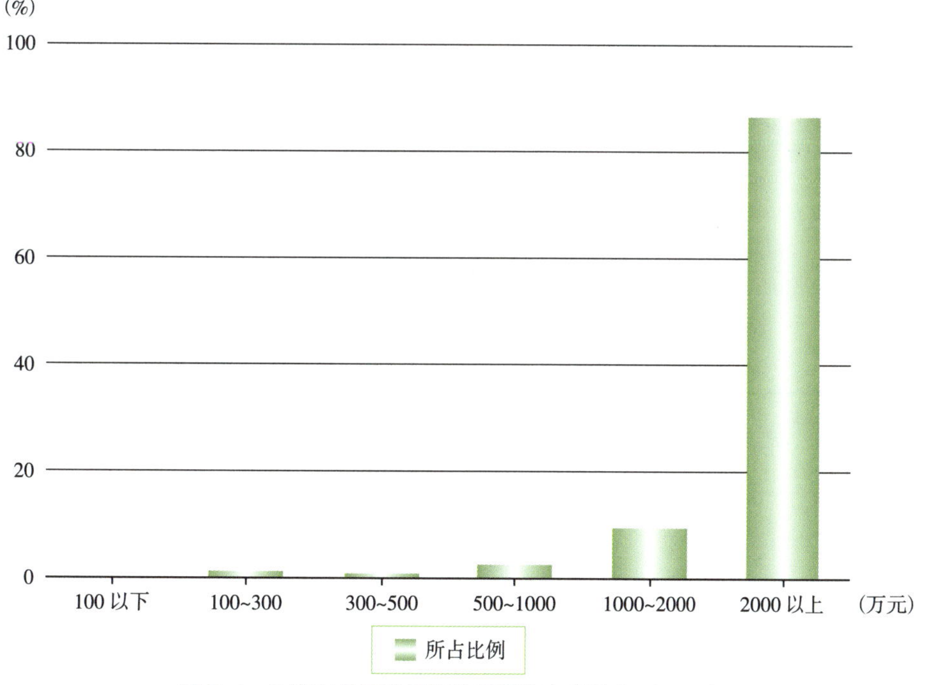

图 7-4 外资创业风险投资单项投资金额分布（2015）

① 2015 年，有效样本数为 32 份。

通过对比内资和外资风险投资单项投资金额的规模分布（见表 7-5、图 7-5①）可以发现，2000 万元以上的项目仍然是内资和外资创业风险投资机构的主要投资方向。其中，内资机构对 1000 万元以上的投资项目投资累计占比从 2014 年的 88.6%下降至 85.2%，下降了 3.4 个百分点。而外资机构投资金额在 1000 万元以上的分布累计占比则从 2014 年的 93.3%上升至 95.8%，上升了 2.5 个百分点。并且，与 2014 年相比，内资创业风险投资机构的单笔投资在 2000 万元以上的项目所占比重下降了 4.1 个百分点，至 71%；而外资则上升了 11.3 个百分点，至 86.5%。此外，内资、外资在 1000 万元以下的中小型单笔投资金额占比也与 2014 年相比出现明显变化，其中，外资所占比重由 6.7%略降至 4.1%，而内资则提升至 15.7%。

表 7-5 内资和外资创业风险投资单项投资金额的规模分布（2015） 单位：%

分布比例	100 万元以下	100 万~300 万元	300 万~500 万元	500 万~1000 万元	1000 万~2000 万元	2000 万元以上
外资	0.0	1.0	0.7	2.4	9.3	86.5
内资	0.5	2.9	3.6	8.7	14.2	71.0

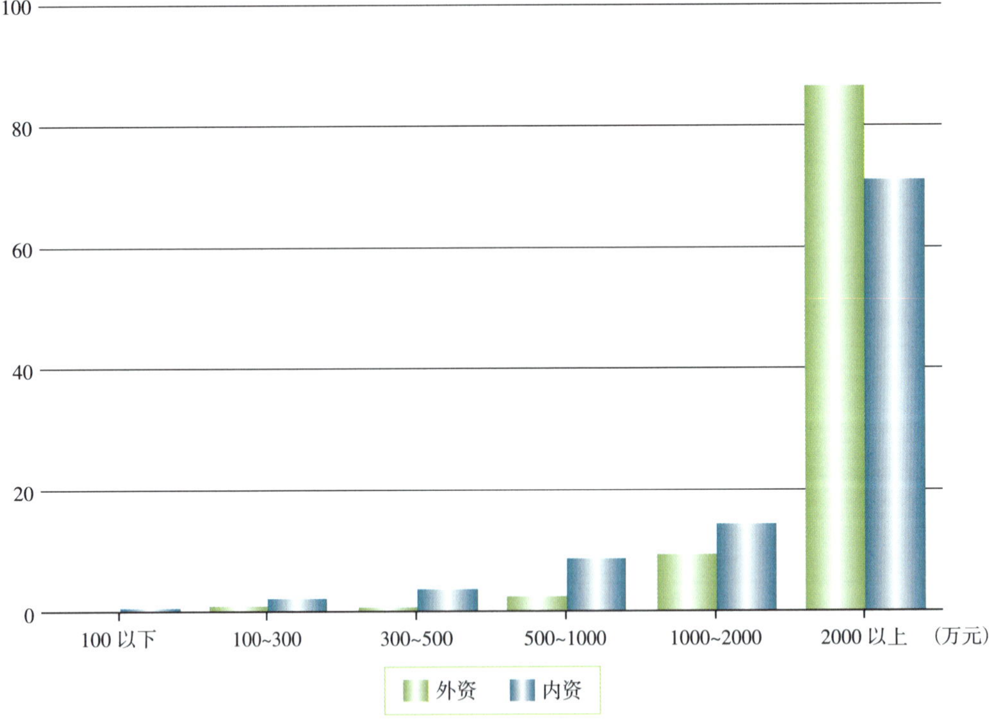

图 7-5 外资与内资创业风险投资单项投资金额分布（2015）

① 有效样本数为：外资 32 份，内资 2818 份。

7.4 外资创业风险投资项目雇员情况

调查显示（见表 7-6、图 7-6），与 2014 年相比，2015 年外资创业风险投资项目的雇员数量较 2015 年变化明显，特别是 10~50 人、100 人以上的分布。其中，雇员人数在 50 人以下的项目占比从 2014 年的 30.2%上升至 2015 年的 42.9%，是自 2011 年以来占比最高的一年。

表 7-6 外资创业风险投资项目雇员人数分布（2011~2015） 单位：%

年份	10 人以下	10~50 人	50~100 人	100~150 人	150~200 人	200 人以上
2011	3.6	13.4	8.9	14.3	13.4	46.4
2012	8.3	17.9	9.5	21.4	10.7	32.1
2013	13.3	13.3	16.7	10.0	6.7	40.0
2014	10.5	19.7	10.5	15.8	6.6	36.8
2015	14.3	28.6	14.3	0.0	14.3	28.6

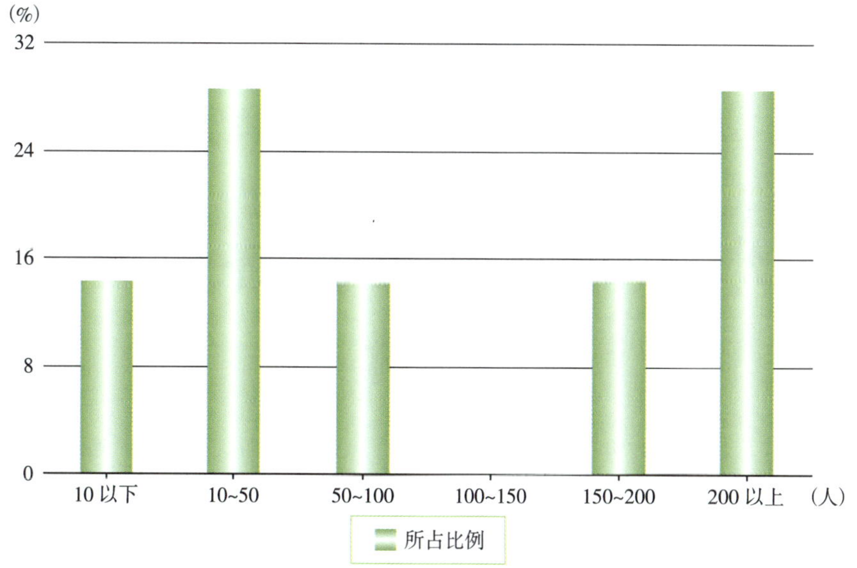

图 7-6 外资创业风险投资项目雇员人数分布（2015）

表 7-7 给出了 2015 年外资与内资创业风险投资项目雇员人数分布情况，其中外资创业风险投资机构更加倾向于投资雇员人数规模在 10~50 人和 200 人以上的项目，100 人以下项目占比之和为 57.2%。对比内资创业风险投资项目雇员情况，同样能够得出内资倾向于 100 人以下规模的项目，累计占比高达 72.4%。此外，雇员人数在 200 人以上的大型投资占比仍然是内资和外资机构差异最大的一组，但所占比重之差由 2014 年的 17.6%下降至 11.9%。

表 7-7 外资与内资创业风险投资项目雇员人数分布（2015） 单位：%

分布比例	10 人以下	10 ~50 人	50 ~100 人	100 ~150 人	150 ~200 人	200 人以上
外资	14.3	28.6	14.3	0.0	14.3	28.6
内资	19.1	38.2	15.1	5.9	4.9	16.7

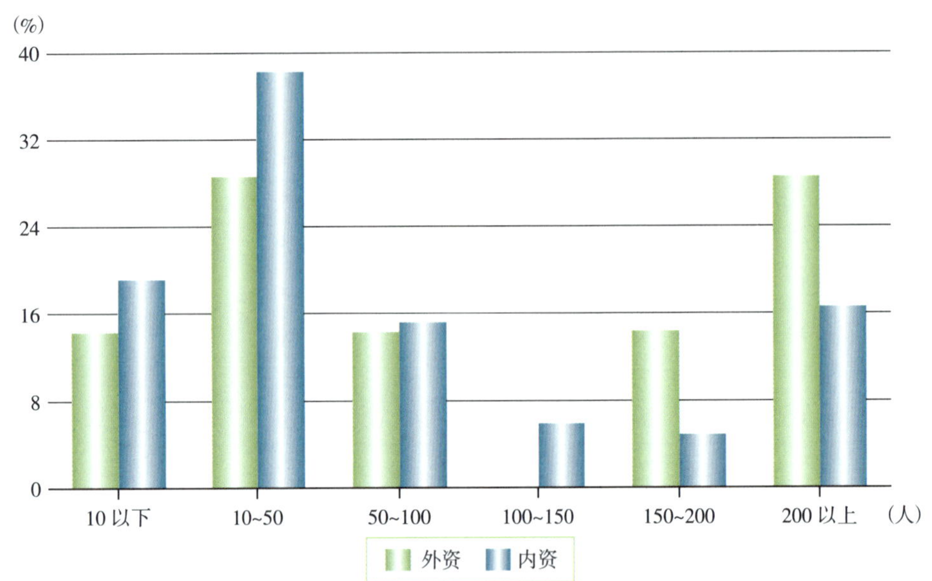

图 7-7 外资与内资创业风险投资项目雇员人数分布（2015）

7.5 外资创业风险投资项目总体运作情况

表 7-8 和图 7-8① 给出了 2012~2015 年外资创业风险投资项目运行基本情况。通过调查发现，2015 年，外资机构仍有 61.1%的所投项目处于继续运行中，从侧面反映出外资创业风险投资机构对早前期投资项目还在持续关注。

（1）与 2014 年相比，2015 年“已上市”的投资项目占比明显上升，比例从 4.5%上升至 15.5%，提升了 11 个百分点。

（2）“原股东（创业者）回购”相较 2014 年所占比重有所上升，从 4%上升至 11.8%。此外，虽然所投项目“被其他机构收购”占全部运行情况的比重略有下降，但其中 7.2%的项目被“境内上市公司收购”，较 2014 年上升 6.7 个百分点。

（3）与 2014 年相比，2015 年较为明显的变化是外资创业风险投资所投项目中并没有“准备上市”项目。

① 有效样本数为 23 份。

表 7-8 外资创业风险投资项目运行情况（2012~2015） 单位：%

投资项目运作情况	已上市		准备上市		被其他机构收购			原股东（创业者）回购	管理层收购	继续运行	清算
	境内上市	境外上市	境内上市	境外上市	境内上市公司收购	境内非上市公司或自然人收购	境外收购				
2012 年	10.7		6.2		6.0			6.5	0.7	68.8	1.1
	7.6	3.1	5.1	1.1	1.1	4.9	0.0				
2013 年	10.8		7.0		5.1			10.0	14.0	52.0	1.1
	7.4	3.4	6.5	0.5	0.8	4.1	0.2				
2014 年	4.5		15.0		9.8			4.0	0.0	70.6	0.9
	3.3	1.2	9.5	5.5	0.5	5.5	3.8				
2015 年	15.5		0.0		8.8			11.8	0.2	61.1	2.6
	13.7	1.8	0.0	0.0	7.2	0.0	1.6				

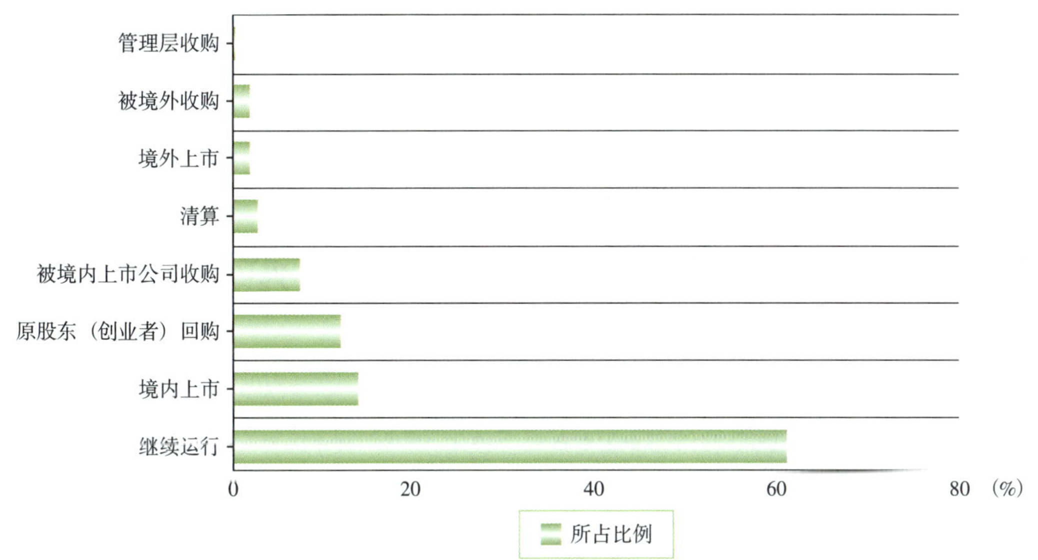

图 7-8 截至 2015 年底外资创业风险投资项目运作情况

表 7-9、图 7-9[①] 给出 2015 年外资与内资创业风险投资项目运作情况对比，从表中可以看出，内资机构和外资机构投资项目运作情况并没有出现明显差异。其中，内资和外资"继续运行"的投资项目各自仍然占较大比重，且所占比重之间的差异比 2014 年有所增大，由 2014 年仅相差 0.9 个百分点扩大至 2015 年的 14.3 个百分点。此外，外资所投项目"已上市"和"原股东（创业者）回购"比例明显高于内资投资项目，也说明外资创业风险投资机构的投资效率高于内资创业风险投资机构。

表 7-9 2015 年外资与内资创业风险投资项目运作情况 单位：%

运作情况	继续运行	被境内上市公司收购	其他机构收购	已上市	原股东（创业者）回购	清算	管理层收购
外资	61.1	7.2	0.0	13.7	11.8	2.6	0.2
内资	75.4	4.8	0.0	7.7	7.4	1.8	1.4

① 有效样本数为：外资 23 份，内资 1273 份。

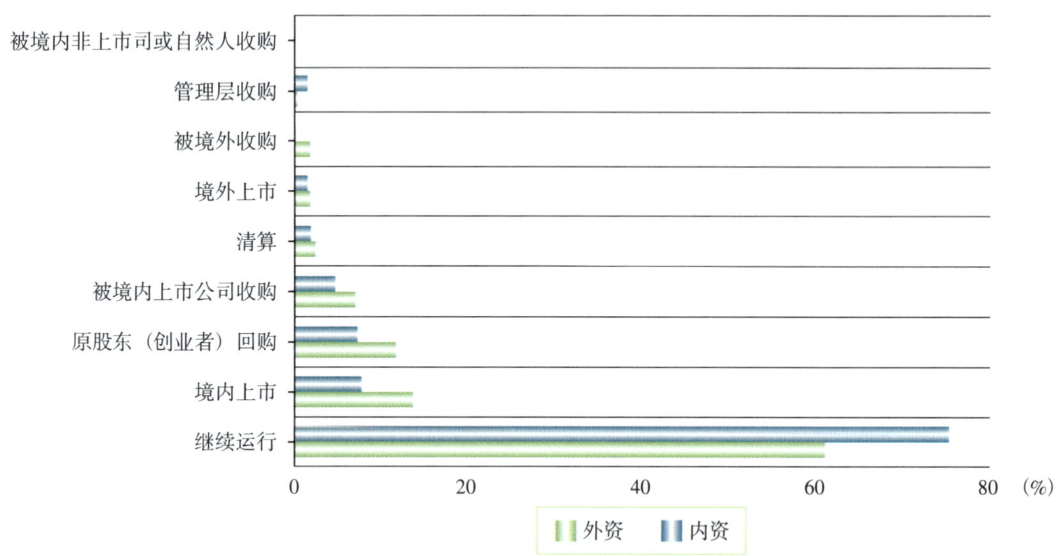

图 7-9 外资与内资创业风险投资项目运作情况（2015）

7.6 影响外资创业风险投资机构投资决策的因素

2015 年，影响外资创业风险投资机构的前三个主要原因分别是“管理团队”、“市场前景”以及“财务状况”（见图 7-10①），分别占比 19.7%、19.7%和 13.7%。首先，与 2014 年相比，项目“管理团队”成为外资创业风险投资机构是否进行投资的首要考虑因素，与“市场前景”并列成为首要因素。其次，所投项目的“财务状况”超越“技术因素”，成为 2015 年外资作出是否投资决策的第三大因素。

对比 2015 年内资和外资创业风险投资机构决策要素可以发现，“管理团队”、“市场前景”、“财务状况”、“盈利模式”以及“技术因素”是影响内资和外资投资决策的前五个共同要素，所占比重合计分别为 77.1%和 72.8%。其中，内资创业风险投资机构对于“市场前景”的重视程度以 20.3%的比重高于外资创业风险投资机构 0.6 个百分点；“管理团队”所占比重较外资创业风险投资机构略低 1.6 个百分点。

此外，除前五个最主要因素外，内资创业风险投资机构还比外资创业风险投资机构更看重所投项目的“资信状况”、“投资地点”以及“中介服务质量”。

① 有效样本数为：外资 27 份，内资 1268 份。

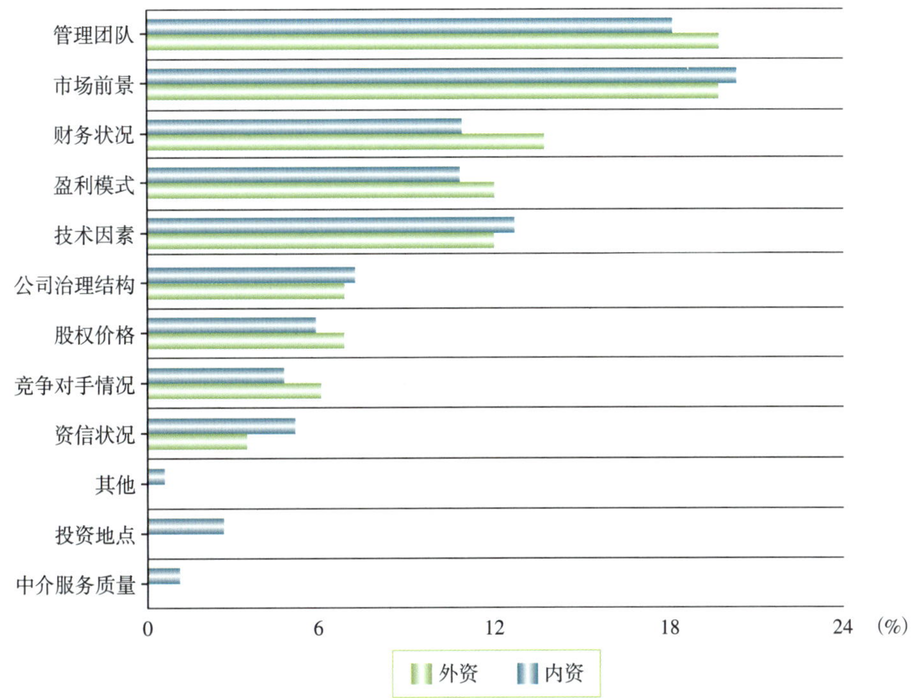

图 7-10 影响外资与内资创业风险投资机构投资决策的因素（2015）

7.7 外资创业风险投资机构获取信息主要渠道

通过对内资和外资创业风险投资获取信息渠道调查发现（见图 7-11①），2015 年获取信息的主要渠道与 2014 年相比出现较大变化：

（1）2015 年，同 2014 年相同，“股东推荐”仍然是外资创业风险投资机构最主要的信息来源，所占比重较 2014 年有微幅上升，从 18.6%上升至 20.3%。

（2）2015 年，“项目中介机构”和“政府部门推荐”以 16.5%的比重成为外资创业风险投资机构的重要信息来源渠道，其中，“项目中介机构”较 2014 年下降 0.4 个百分点，“政府部门推荐”较 2014 年上升 1.2 个百分点。

（3）与 2014 年相比，2015 年“朋友介绍”的信息来源渠道所占比重下降较为明显，排名从第二位下降至第四位，占全部信息来源渠道的 15.2%。

与外资创业风险投资机构信息来源渠道对比，“政府部门推荐”仍然是内资创投机构最主要的信息来源渠道。此外，与 2014 年之前较为不同的地方在于，2015 年的创投调查增加了“众创空间（孵化器）”，累计占内资和外资创业风险投资机构信息来源的 13.1%。

① 有效样本数为：外资 27 份，内资 1272 份。

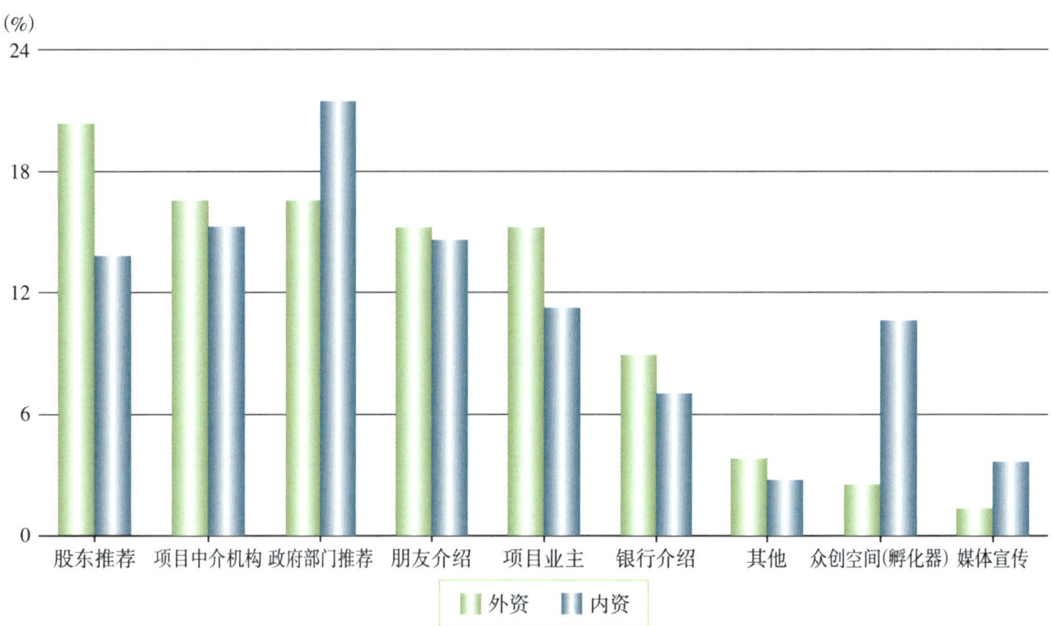

图 7-11 外资与内资创业风险投资机构获取信息的主要渠道（2015）

7.8 外资创业风险投资项目监管模式

2015 年，外资创业风险投资监管模式主要集中在“董事会席位”、“提供管理咨询”以及“只限监管”三个方面（见图 7-12①），其中，在投资项目中担任“董事会席位”的比重较 2014 年增加了 26 个百分点，至 59.3%，成为 2015 年外资创投机构首选的监管方式。“提供管理咨询”较 2014 年有小幅上升，成为创投机构次选。

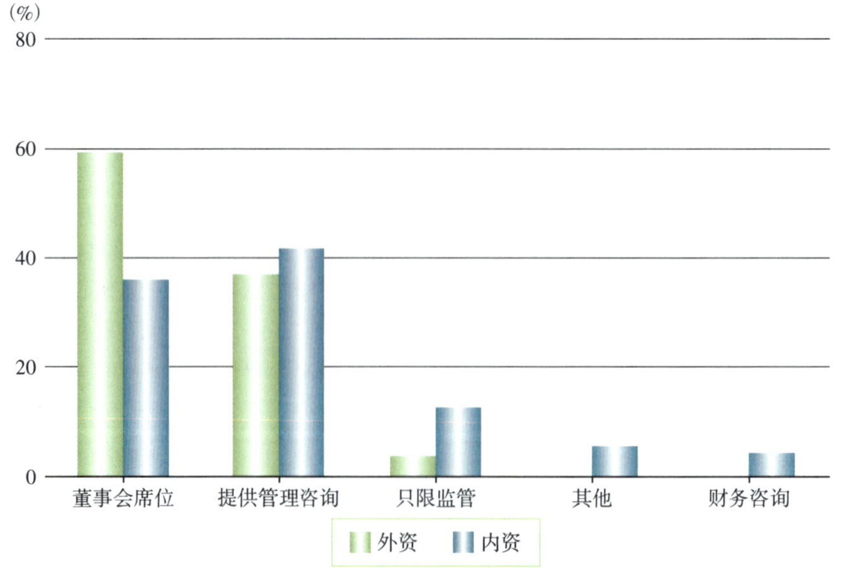

图 7-12 外资与内资创业风险投资项目监管模式（2015）

① 有效样本数为：外资 27 份，内资 1260 份。

对比内资和外资创业风险投资项目监管模式可以发现，内资创业风险投资机构较为倾向于对投资项目以“提供管理咨询”方式进行监管，“董事会席位”所占比例则略低，分别占比41.5%和36.0%。此外，对比2014年，外资创投机构2015年并没有选择“财务咨询”以及其他方式对投资项目进行监管。

7.9 与外资创业风险投资机构经营有关的人力资源因素

本部分介绍在我国境内的外国创业风险投资机构对从业人员应该具备的基本素质以及欠缺的素质的看法。与2014年相比，外资创业风险投资机构对相关从业人员的综合素质提出了更高要求，且更加强调从业人员的全面素质。

通过对外资和内资创业风险投资机构从业人员基本素质的调查发现（见图7-13①），2015年，外资机构对合格创业人员从业素质要求发生明显变化。与2014年相比，外资创业风险投资机构更加注重从业人员的“资本运作能力”，以所占比重20.4%成为2014年合格的从业人员最应该具备的素质。“判断力和洞察力”较2014年下降了一个位次，从20%下降至18.4%。“商务谈判能力”、“技术背景”、“财务管理能力”和“人际关系能力”排名分别位列其后。

此外，通过对比内资和外资机构对于从事创业风险投资人员基本素质要求能够发现：内资创业风险投资机构同样对从业人员是否具备“资本运作能力”有更高期望，但所占比例由2014年的22.9%下降了1.9个百分点，至21.0%，而“判断力和洞察力”以19.3%成为第二重要素质。

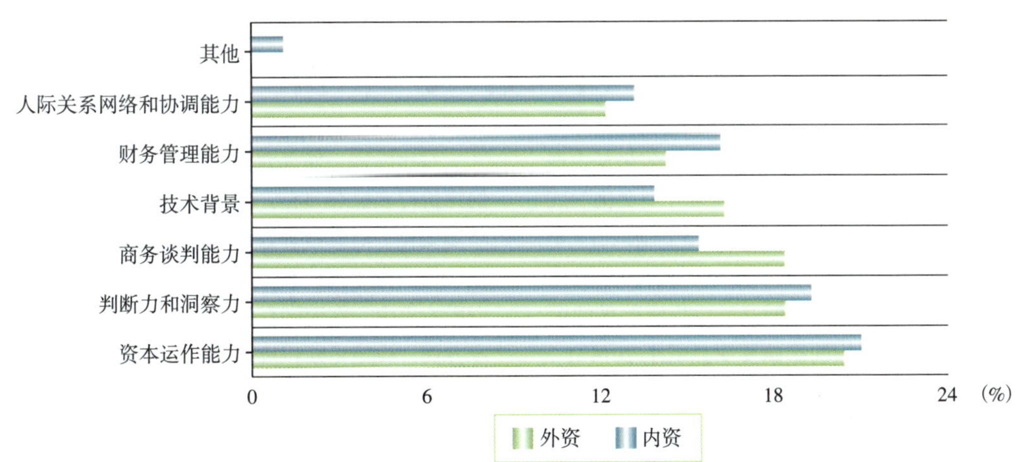

图7-13 外资与内资创业风险投资机构对合格创业风险投资人员素质要求（2015）

调查显示（见图7-14②），2015年外资创业风险投资机构认为我国从事创业风险投资的相关人员仍然缺乏“项目识别”能力，占所需全部缺乏技能的19.4%。“技术评估”以17.9%的比重从2014年的第四位上升至第二位，“资本运作”、“法律知识”和“技术背景”分别以14.9%、11.9%和11.9%居第三至第五位，这说明2015年我国从事创业风险投资的相关人员综合能力仍然有待提高。

对比外资创业风险投资机构对于人才的要求，2014年内资创业风险投资机构认为从业人员最缺乏的知识依然是“技术评估”和“资本运作”，所占比例分别是18%和17.2%；而外资机构认为从业人员最缺乏的“项目识别”技能，在内资创业风险投资机构认为我国创业风险投资从

① 有效样本数为：外资26份，内资1262份。
② 有效样本数为：外资26份，内资1259份。

业人员缺乏的专业知识中排名第四，仅占 13.9%。

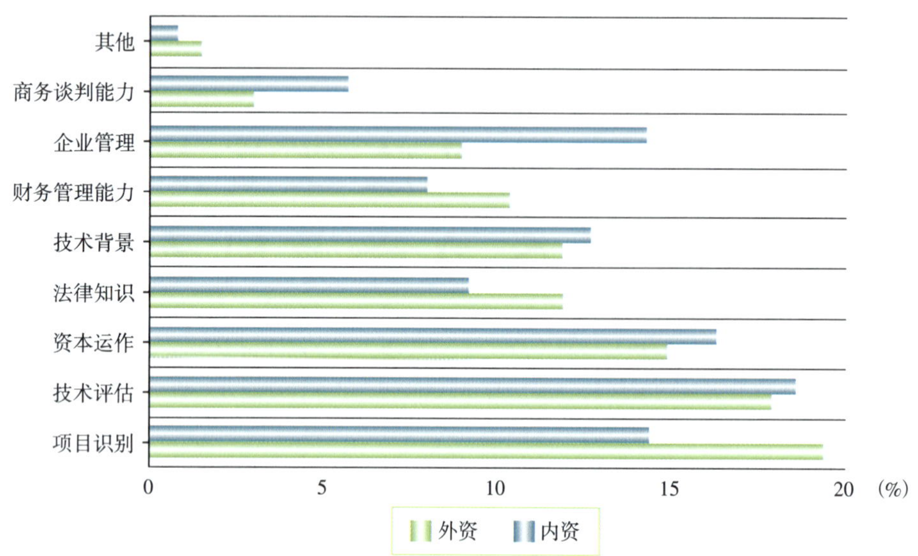

图 7-14 外资与内资创业风险投资机构认为我国创业风险投资从业人员缺乏的专业知识（2015）

7.10 外资创业风险投资机构对总体发展环境的评价

2015 年，外资创业风险投资机构对“投资效果是否理想”的应答情况显示（见图 7-15①），“政策环境变化”成为 2015 年影响外资创业投资效果最主要因素，比 2014 年高出 17.7 个百分点，由 14.3%上升至 32%。此外，“退出渠道不畅”成为第二个影响外资创业风险投资效果的因素，但在 2015 年对外资机构的影响要明显低于 2014 年，所占比例也由 2014 年的 31.4%下降到 28.0%。

对比内资、外资创投机构可以发现：两者对政策环境的评价存在显著差异，内资创业风险投资机构认为“政策环境变化”对其投资效果的影响占比为 23.5%，较外资创投机构减少了 8.5 个百分点。这说明政策环境的变化对外资影响更大，在国际合作愈加深化的今天，我国在政策制度方面，应该不断积极营造和构建一个适应内资、外资共同发展的营商环境。

① 有效样本数为：外资 25 份；内资 1251 份。

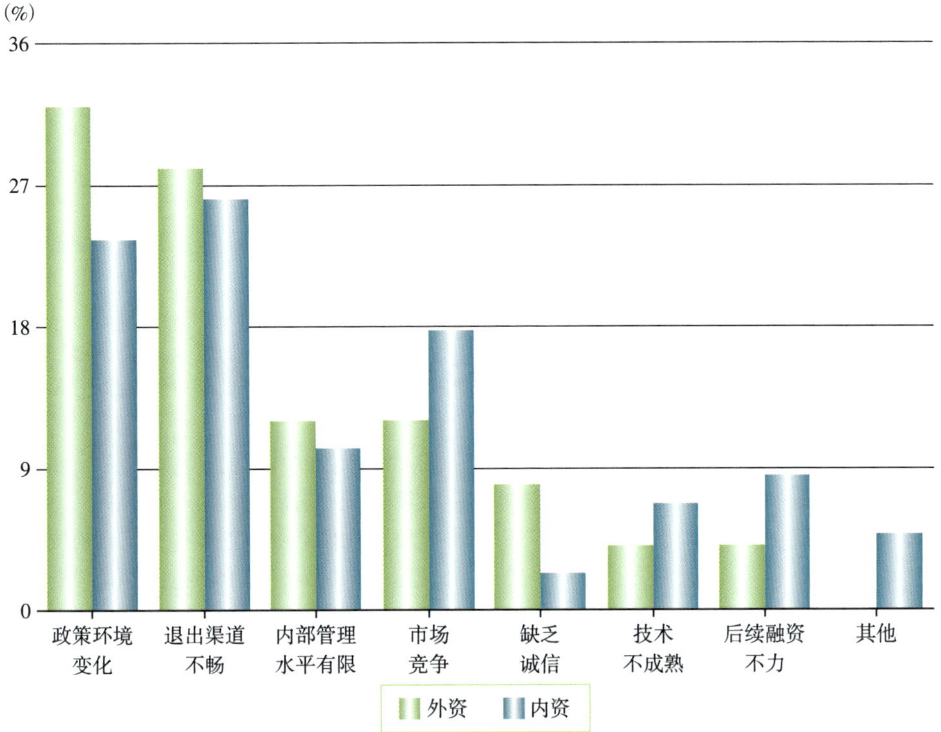

图 7-15 外资与内资创业风险投资机构认为投资效果不理想的原因（2015）

8 中国创业风险投资发展环境

8.1 中国创业风险投资机构政策环境

根据调研样本数据，本部分将主要分析中国创业风险投资机构当前所处政策环境，梳理中国创业风险投资机构最希望出台的有关政策等信息。

8.1.1 中国创业风险投资机构可以享受的政府扶持政策

近年来，中央及地方都出台了一系列政策措施支持我国创业风险投资发展。2015 年调查显示，18.1%的创业风险投资机构享受到政府资金直接支持，比例低于 2014 年的 20.2%；23.1%的创业风险投资机构享受到所得税减免政策优惠，略高于 2014 年的 22.9%；30.3%的创业风险投资机构在信息交流方面得到了政府支持，较 2014 年的 29.1%有所增加；12.1%的创业风险投资机构在人员培训上获得了政府支持，这一数字略低于 2014 年的 13.4%（见图 8-1）。可以看出，政府对创业风险投资机构的直接资金支持进一步降低，而在税收政策和间接服务上的支持比例有所增加。

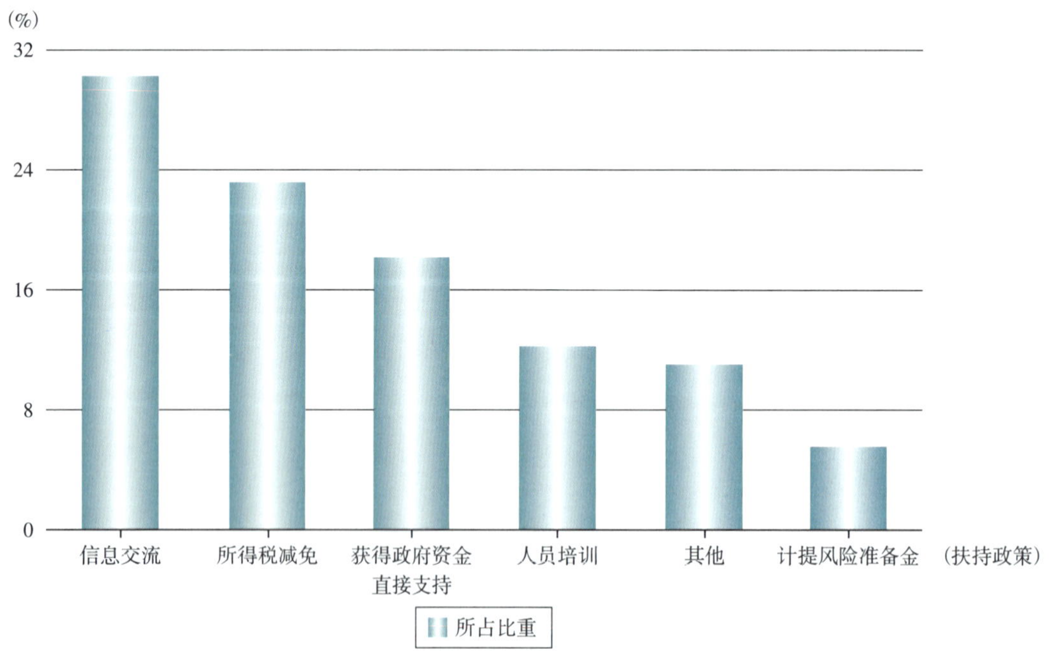

图 8-1 创业风险投资机构可以享受的政府扶持政策（2015 年）

2015 年调查显示①（见图 8-2），各地实施了多项政府扶持政策支持创业风险投资机构发展，创业风险投资较为活跃的地区，如北京、天津仍有 20%以上的创业投资机构获得政府资金支持，但均较 2014 年大幅降低。与之相比，

① 有效样本数为 1193 份。

宁夏、黑龙江、吉林等地区的创业投资机构获政府资金直接支持的比例超过 30%，均高于 2014 年。所得税减免依然是政府直接支持创业投资机构的主要措施，江西、浙江、新疆、山西等地超过 30%的创业风险投资机构获得所得税减免；安徽、贵州等许多地区的创业风险投资机构可以计提风险准备金，降低了投资风险和成本；同时，各地普遍为创业风险投资机构提供信息交流服务，该业务较往年有了较大比例增长。各项扶持政策受惠面进一步扩大，为创业风险投资机构发展营造了良好环境。

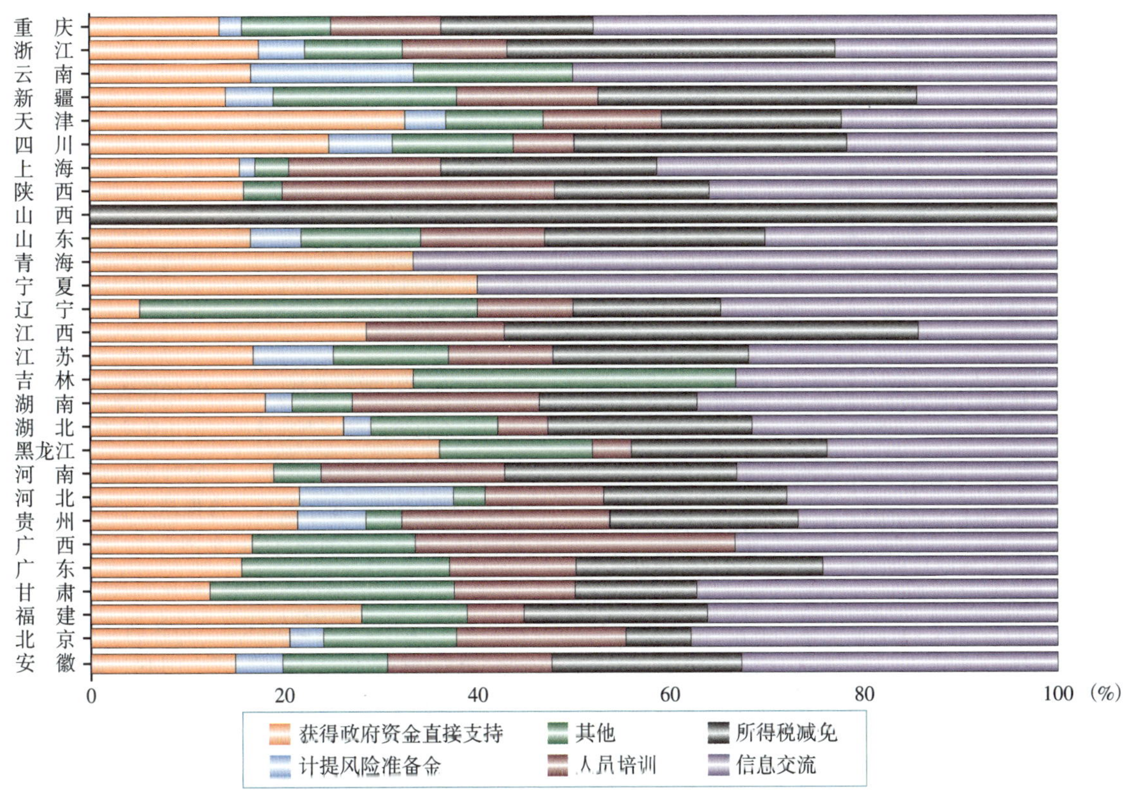

图 8-2 创业风险投资机构可以享受的政府扶持政策（2015）

8.1.2 中国创业风险投资机构税收负担情况

2007 年财政部、国家税务总局出台《关于促进创业投资企业发展有关税收政策的通知》（财税〔2007〕31 号），对创业风险投资机构实行税收优惠政策。《国家税务总局关于实施创业投资企业所得税优惠问题的通知》（国税发〔2009〕87 号）就创业投资企业所得税优惠的有关问题进行具体规定。2015 年，《财政部国家税务总局关于将国家自主创新示范区有关税收试点政策推广到全国范围实施的通知》（财税〔2015〕116 号）指出："自 2015 年 10 月 1 日起，全国范围内的有限合伙制创业投资企业采取股权投资方式投资于未上市的中小高新技术企业满 2 年（24 个月）的，该有限合伙制创业投资企业的法人合伙人可按照其对未上市中小高新技术企业投资额的 70%抵扣该法人合伙人从该有限合伙制创业投资企业分得的应纳税所得额，当年抵扣不足的，可以在以后纳税年度结转抵扣。"

2015 年调查显示，46.2%创业风险投资机构税收负担在 10%以下，30.8%的创业风险投资机构税收负担在 10%~20%，12.8%的创业风险投资机构税收负担在 20%~30%，而仍有 10.3%的创业风险投资机构承担着 30%以上的较高税负（见图 8-3）。与近几年相比，2015 年我国创业风险投资行业整体税收负担并没有明显减轻，低税负比例明显降低，高税负比例有所增加。这是由于当前我国创业投资相关税收优惠政策仍然存在门槛较高、有限合伙股权投资分红重复征税等问题，一定程度上增加了创业风险投资机构税收负担。

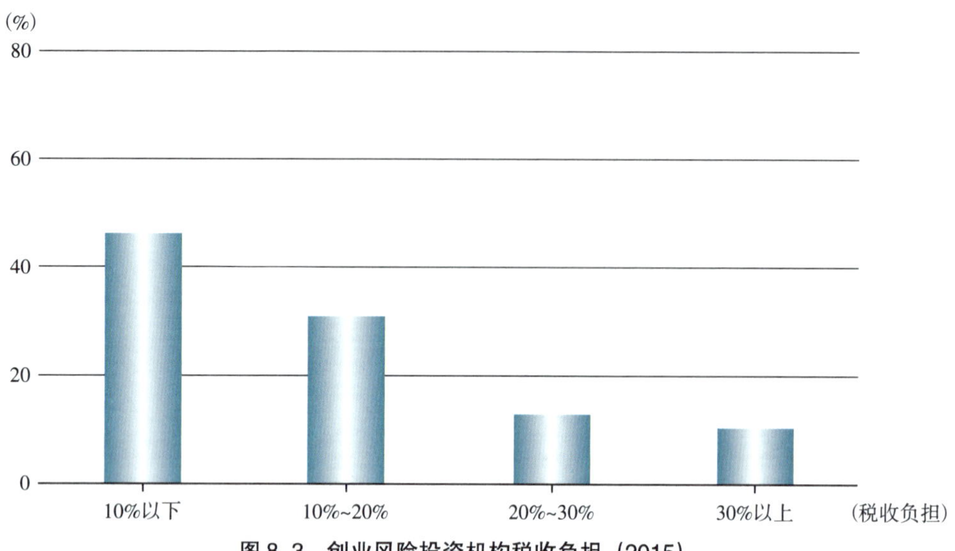

图 8-3 创业风险投资机构税收负担（2015）

8.1.3 中国创业风险投资机构希望的政府激励政策

2015 年调查样本显示，中国创业风险投资机构最希望出台的政府激励政策主要有以下几类（见图 8-4）：

（1）完善创投税收优惠政策。根据调查，中国创业风险投资机构最希望出台的政府激励政策是税收优惠类，占 36.9%，比 2014 年 25.5%的税收政策诉求有大幅的提升。

（2）设立政策性基金。根据调查，15.5%的调查对象希望设立政策性基金，并通过市场化运作方式支持创业风险投资发展。

（3）鼓励大众创新创业。调查显示，5.4%的调查对象希望政府出台鼓励科研人员创新创业的政策，从而激发市场创新创业热情。另外，有 6.4%的调查对象希望政府大力发展众创空间等新型孵化器，为市场培育大量优质项目。

（4）加快注册制改革，建立转板机制。调查显示，20.1%的调查对象希望政府积极推动注册制改革，建立转板机制，拓宽和畅通项目退出渠道。

（5）完善和落实相关法律。根据调查，5.4%的创业风险投资机构希望政府能够完善和落实创业投资相关法律，如促进创投行业规范性运营，鼓励社保、银行、保险等机构投资者参与创业投资等。

（6）理顺国有创投管理体制。调查显示，8.8%的创投机构希望解决国有创投管理体制与创业投资特点不相兼容的问题，从而激发国有创投活力。

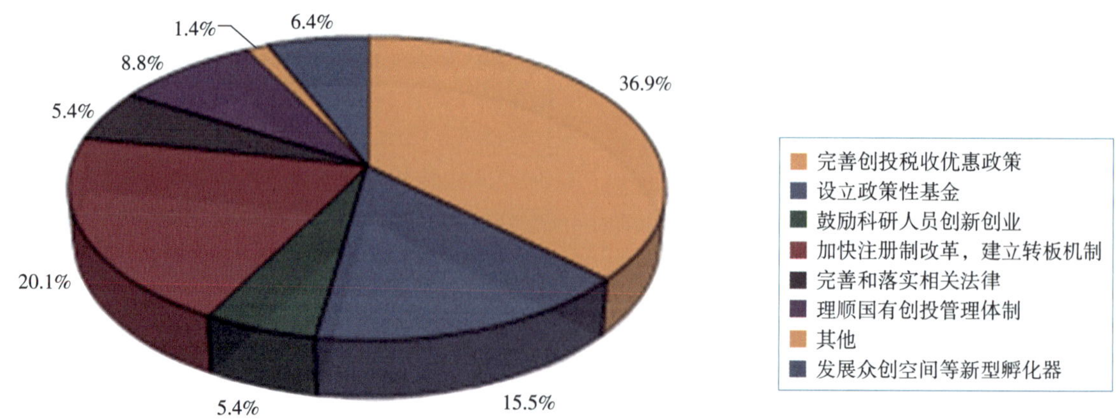

图 8-4 创业风险投资机构希望的政府激励政策（2015 年）

8.2 国家科技计划支撑创业风险投资发展

8.2.1 国家科技计划对创业风险投资项目支持情况

2014年12月3日，国务院发布《关于深化中央财政科技计划（专项、基金等）管理改革的方案》（国发〔2014〕64号），将原有100多个科技计划（专项、基金等）整合为五大类：国家自然科学基金、国家科技重大专项、国家重点研发计划、技术创新引导专项（基金）、基地和人才专项。当前仍然有大量尚未结项的科技计划，被统一归并至其他科技计划。2015年调查样本显示①，中国创业风险投资项目中，约有1.12%的项目获得了技术创新引导专项（基金）的支持，0.81%的项目得到国家科技重大专项的支持，基地和人才专项与重点研发计划对项目的支持比例分别为0.35%和0.32%，而主要聚焦于基础研究和前沿探索的国家自然科学基金支持了0.04%的项目（见图8-5）。

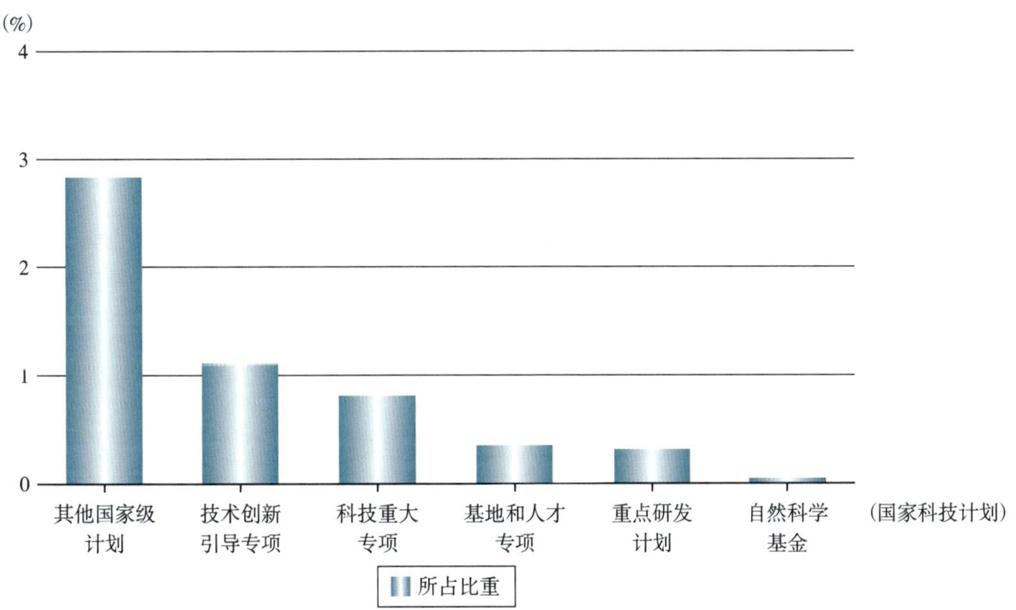

图8-5 国家科技计划对创业风险投资项目的支持（2015年）

8.2.2 国家科技计划与创业风险投资项目对接的关键因素

2015年调查显示，仍然有31%的创业风险投资机构认为加大基础、应用和开发投入能够促进国家科技计划和创业风险投资项目对接，但比例低于2014年的36%；24%的创业风险投资机构认为需要尽快设立科技型中小企业上市的绿色通道，较2014年略有增加；10%的创业风险投资机构认为应鼓励、资助创业风险投资与孵化器之间的合作；26%的创业风险投资机构认为应对创业风险投资项目给予直接资助，高于2014年的22%；仅5%的创投机构要求加大科技项目信息的公开度，略高于2014年的4%（见图8-6）。

① 有效样本数为2850份。

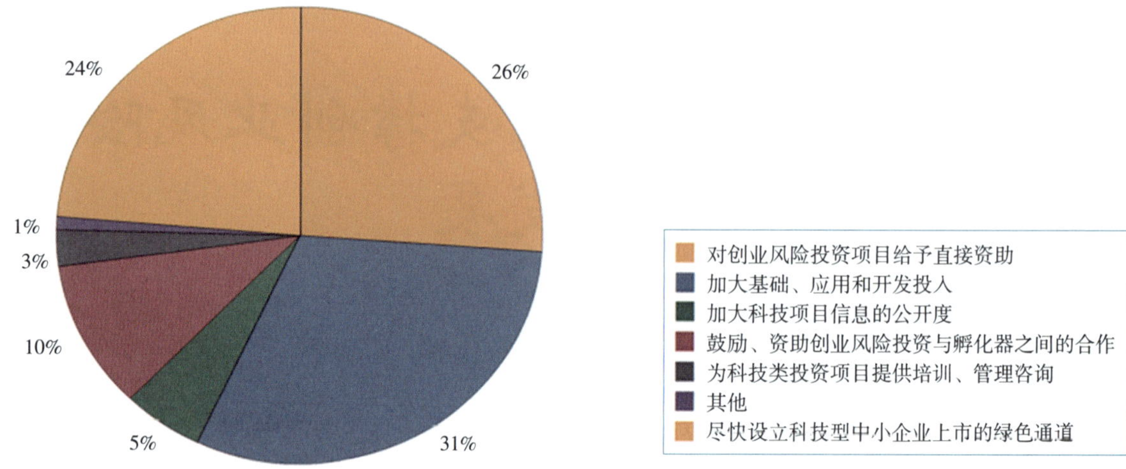

图 8-6 国家科技计划与创业风险投资良好对接的关键因素（2015 年）

8.3 中国促进创业风险投资发展主要政策

本部分对国家层面出台的促进中国创业风险投资发展的相关文件进行了梳理（见表 8-1）。自 1999 年国务院办公厅转发科技部等七部门联合出台《关于建立风险投资机制的若干意见》始，我国各有关部门相继出台支持创业风险投资发展的相关政策，涉及外商投资、监督管理、税收优惠、商事制度、国有股转持、引导基金等方面，有效推动了我国创业风险投资事业发展。

表 8-1 中国促进创业风险投资发展主要政策文件

文件名称	出台时间	出台组织及部门等	主要精神
《关于建立风险投资机制的若干意见》	1999 年	科技部、国家计委、国家经贸委、财政部、人民银行、税务总局、证监会	明确发展创业风险投资重要意义，并提出指导、规范我国创业风险投资发展的基本原则
《中华人民共和国信托法》	2001 年	第九届全国人民代表大会常务委员会第二十一次会议通过	明确了委托人和受托人之间的法律关系，为创业风险投资发展提供依据
《中华人民共和国中小企业促进法》	2002 年	第九届全国人民代表大会常务委员会第二十八次会议通过	提出通过税收政策鼓励各类依法设立的创业风险投资机构增加对中小企业的投资
《外商投资创业投资企业管理规定》	2003 年	外经贸部、科技部、国家工商总局、国家税务总局、国家外汇管理局	为鼓励、规范外国公司、企业和其他经济组织或个人从事创业风险投资提供管理依据
《关于外商投资创业投资公司缴纳企业所得税有关税收问题的通知》	2003 年	国家税务总局	为外商投资创业风险投资企业组建为法人及非法人的创业风险投资企业明确了有关税收问题

续表

文件名称	出台时间	出台组织及部门等	主要精神
《关于外商投资举办投资性公司的规定》	2004 年	商务部	对外商投资举办投资性公司注册资本、组织形式、投资行为等提出管理规定
《创业投资企业管理暂行办法》	2005 年	发改委、科技部、财政部、商务部、人民银行、税务总局、工商总局、银监会、证监会、国家外汇管理局	对创业风险投资企业实行备案管理，并对其经营范围、投资行为等做了规定
《关于促进创业投资企业发展有关税收政策的通知》	2007 年	财政部、国家税务总局	对投资支持中小高新技术企业的创业风险投资企业给予税收优惠
《科技型中小企业创业投资引导基金管理暂行办法》	2007 年	财政部、科技部	开展设立科技型中小企业创业风险投资引导基金，支持引导创业风险投资机构向初创期科技型中小企业投资
《关于创业投资引导基金规范设立与运作的指导意见》	2008 年	发改委、财政部、商务部	对规范设立创业风险投资引导基金提出要求
《关于外商投资创业投资企业创业投资管理企业审批有关事项的通知》	2009 年	商务部	对总投资在 1 亿美元以下的外商投资创业风险投资企业、创业风险投资管理企业审批权限等进行下放
《关于加强创业投资企业备案管理严格规范创业投资企业募资行为的通知》	2009 年	发改委	明确创业风险投资企业备案条件，严控“募集有限合伙基金”和“从事代理业务”等名义的非法集资活动
《关于实施创业投资企业所得税优惠问题的通知》	2009 年	国家税务总局	对合伙企业、外商投资创业风险投资企业等有关问题明确了税收优惠政策
《关于实施新兴产业创投计划、开展产业技术研究与开发资金参股设立创业投资基金试点工作的通知》	2009 年	发改委、财政部	扩大产业技术研发资金创业风险投资试点，推动利用国家产业技术研发资金，参股设立创业风险投资基金（即创业投资企业）试点工作
《首次公开发行股票并在创业板上市管理办法》	2009 年	证监会	创业板的推出为我国创业风险投资发展提供了良好的退出渠道，将进一步促进创业风险投资事业健康快速发展
《关于豁免国有创业投资机构和国有创业投资引导基金国有股转持义务有关问题的通知》	2010 年	财政部	规避相关政策影响，提高国有创业风险投资机构积极性，鼓励和引导国有创业风险投资机构加大对中早期项目的投资
《科技型中小企业创业投资引导基金股权投资收入收缴暂行办法》	2010 年	财政部	明确了科技型中小企业创业投资引导基金收入的上缴办法及相关管理权责等事宜
《国家科技成果转化引导基金管理暂行办法》	2011 年	财政部、科技部	明确提出以政府创业风险投资引导基金模式运作支持科技成果转化相关事宜
《新兴产业创投计划参股创业投资基金管理暂行办法》	2011 年	财政部、国家发改委	提出政府公共资金以直接投资或参股投资等方式支持战略性新兴产业发展事宜
《关于促进科技和金融结合加快实施自主创新战略的若干意见》	2011 年	科技部、财政部、中国人民银行、国务院国资委、国家税务总局、中国银监会、中国证监会、中国保监会	八部委联合文件指导全国开展科技和金融结合工作，对于各级政府开展创业风险投资提出了指导建议
《关于促进股权投资企业规范发展的通知》	2011 年	发改委	对于股权投资企业的设立、募资、投资，以及风险控制、基本职责、信息披露等提出要求
《非上市公众公司监督管理办法》	2012 年	证监会	将非上市公众公司纳入合法监管，有利于中小企业融资，对促进创业风险投资投资中小企业有积极意义

续表

文件名称	出台时间	出台组织及部门等	主要精神
《全国中小企业股份转让系统有限责任公司管理暂行办法》	2013 年	证监会	进一步完善多层次资本市场建设，有利于创业风险投资机构股权退出
《中小企业发展专项资金管理办法》	2014 年	财政部、工业和信息化部、科技部、商务部	进一步完善科技型中小企业创业投资引导基金管理模式和支持方式
《私募投资基金监督管理暂行办法》	2014 年	证监会	将创投等以私募性质募集资金的投资基金纳入备案监管
《基金从业资格考试管理办法（试行）》	2015 年	证监会	加强基金从业人员资格考试管理工作，完善基金从业资格考试管理流程
《私募投资基金募集行为管理办法（试行）（征求意见稿）》	2015 年	证监会	加强对基金募集行为的规范管理
《关于推广中关村国家自主创新示范区税收试点有关问题的通知》	2015 年	财政部、国家税务总局	将中关村关于股权奖励个人所得税政策、有限合伙制创业投资企业法人合伙人企业所得税政策等推广到国家自创区
《关于将国家自主创新示范区有关税收试点政策推广到全国范围实施的通知》	2015 年	财政部、国家税务总局	进一步推广国家自主创新示范区关于创业投资的优惠政策
《关于印发国家科技成果转化引导基金贷款风险补偿管理暂行办法的通知》	2015 年	科技部、财政部	规范国家科技成果转化引导基金贷款风险补偿工作
《国务院关于取消和调整一批行政审批项目等事项的决定》	2015 年	国务院	豁免国有创业投资机构和国有创业投资引导基金国有股转持义务审核
《关于取消豁免国有创业投资机构和国有创业投资引导基金国有股转持义务审批事项后有关管理工作的通知》	2015 年	财政部	《国务院关于取消和调整一批行政审批项目等事项的决定》（国发〔2015〕11 号）要求，对豁免创投机构和引导基金国有股转持义务事项不再进行审批。为加强后续监管，确保该政策顺利实施，并避免对国有股转持政策造成不利影响，对资质条件、办理程序、国有股回拨和监督管理有关事项做了详细规定

2015 年，我国互联网金融领域发生多起非法集资和违约事件，中国证券投资基金业协会制定了《基金从业资格考试管理办法（试行）》和《私募投资基金募集行为管理办法（试行）（征求意见稿）》，进一步加大创业投资行业监管力度。同时，部分地区禁止带有“创业投资”字眼的合伙企业注册，给创投机构发展带来一定影响。财政部、国家税务总局将中关村关于股权奖励个人所得税政策、有限合伙制创业投资企业法人合伙人企业所得税政策、技术转让企业所得税政策、企业转增股本个人所得税政策等先后推广至国家自主创新示范区和全国范围实施。但是，创业投资整体税负过重、享受优惠政策门槛较高、双重征税等问题仍在制约创业投资行业发展，需要国家政策进一步突破。

9 中国创业风险投资引导基金发展情况

9.1 中国创业风险投资引导基金发展现状[①]

调查样本显示，截至2015年底，国内共成立395只引导基金，引导基金累计出资493.2亿元，引导带动的创业风险投资管理资金规模达到2280.9亿元。

2015年调查样本显示，引导基金支持的创业风险投资机构平均管理资本规模达49675.8万元，略高于非引导基金支持的创业风险投资机构的47714.1万元，与2014年情况相反（见图9-1）。

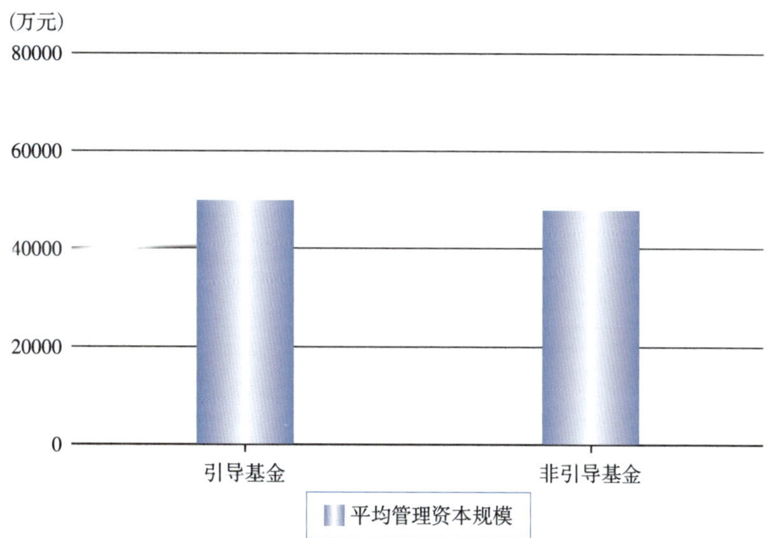

图9-1 创业风险投资机构平均管理资本规模（2015）

按资金来源分类，图9-2显示，有引导基金支持的创业风险投资机构资本构成中，30.7%来自政府部门，包含事业单位和国有独资投资机构，12.7%来自民营投资机构。非引导基金支持的创业风险投资机构资本也大多来自政府和民营投资机构，两者合计占总资本的66.7%。可以看出，2015年政府对创业投资提供了大量资金。

① 有效样本数为1381份。

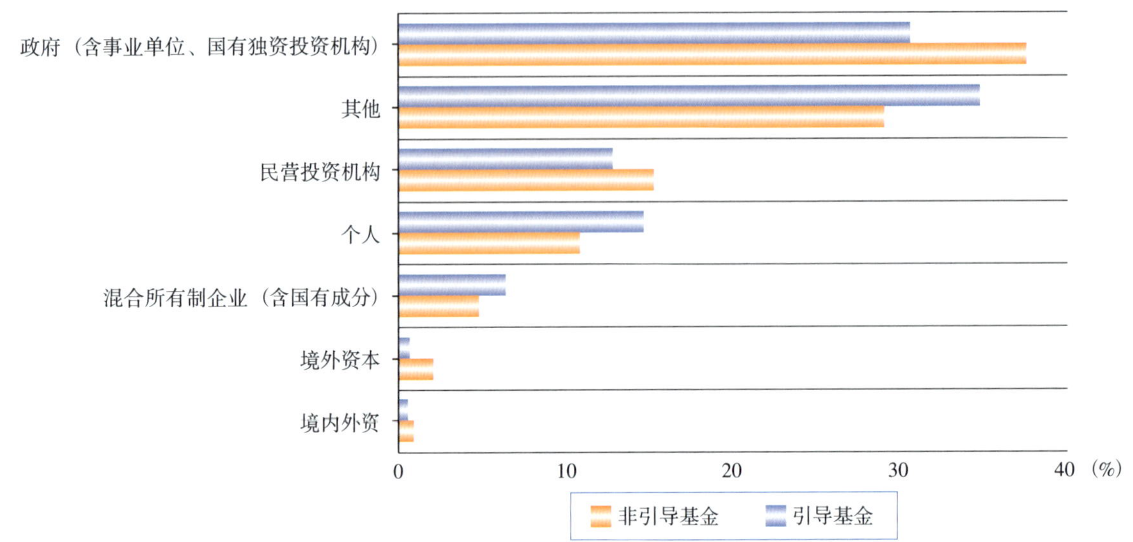

图 9-2 2015 年创业风险投资机构资本构成（分类一）

图 9-3 显示，有引导基金支持的创业风险投资机构资本构成中，非上市公司占比 48.1%，上市公司占比仅 1.3%，而非引导基金参与的创投机构资本构成中，非上市公司占比更高，占比 56.8%，上市公司占比为 3.2%，表明非上市公司是创投机构资本结构重要组成部分。

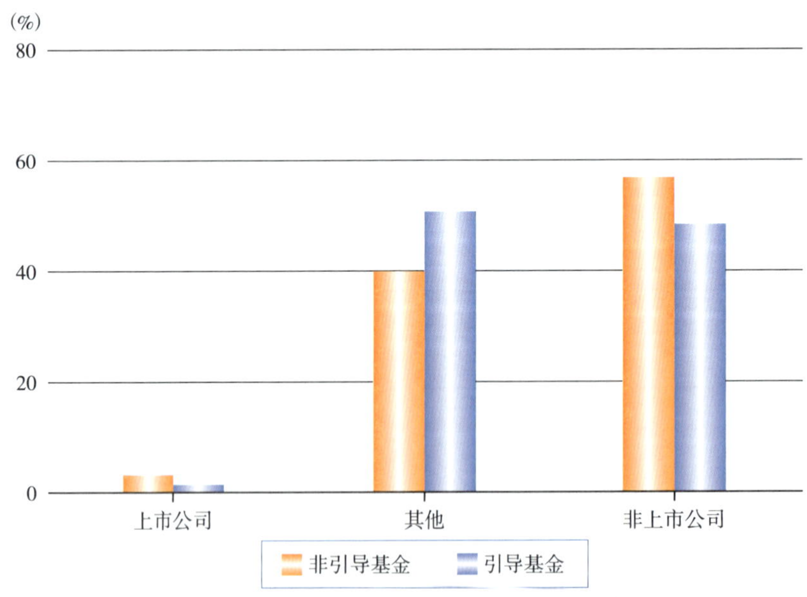

图 9-3 2015 年创业风险投资机构资本构成（分类二）

图 9-4 表明，引导基金参与的创投机构资本构成中非金融资本占比 82.5%，其他金融资本占比 16.2%，而银行、信托、保险、证券等资本占比微乎其微。同样，非引导基金参与的创投机构资本构成中非金融资本和其他金融资本总占比达到 96.6%，分别占 61.7%和 34.9%。表明引导基金的参与显著带动了民间资本等非金融资本参与创业投资。

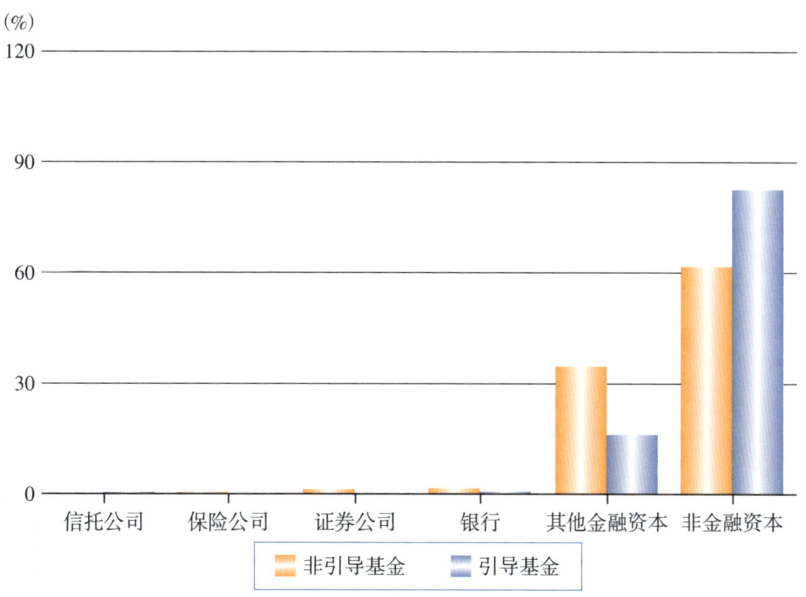

图 9-4 2015 年创业风险投资机构的资本构成（分类三）

从国家层面看，2015 年国家对引导基金进行整合，在国家层面设立三只大型引导基金，包括科技部主导的“国家科技成果转化引导基金”、工信部主导的规模 600 亿元的“国家中小企业发展基金”，以及发改委主导的规模 400 亿元的“国家新兴产业创业投资引导基金”。国家基金重点投资于种子期、成长期的科技型中小企业，均采取市场化运作方式，由创业投资机构竞聘管理，大大缓解了创投机构的募资压力。

2015 年，科技成果转化引导基金已设立 3 只子基金，引导基金出资 10 亿元，3 只基金总规模达到 42 亿元。中小企业发展基金已设立 1 只子基金，基金总规模 60 亿元，政府出资 15 亿元。国家新兴产业创业投资引导基金也在积极成立子基金并投入市场。[①]

9.2 中国创业风险投资引导基金投资项目行业分布[②]

从投资金额分布看，2015 年，引导基金支持的创业风险投资机构有 2.7%的资金投向传统制造业，较 2014 年的 11.7%大幅下降；12.3%的资金投向新材料工业，较 2014 年大幅提升。此外，网络产业、金融保险业、环保工程、消费产品和服务的投资金额占比也较往年有大幅增长。从投资项目数看，尽管新材料工业的投资金额大幅增长，但项目数占比却有所下降，2015 年占 6.3%。投向新能源、高效节能技术，网络产业，金融保险业，环保工程的项目数量均较 2014 年明显增加。综合来看，2015 年引导基金支持的创业风险投资机构更多投向金融保险业、网络产业、环保工程等热门领域（见表 9-1）。

① 2015 年 1 月，国务院印发《关于深化中央财政科技计划（专项、基金等）管理改革方案的通知》（国发〔2014〕64 号），取消 2007 年 7 月财政部、科技部设立的“科技型中小企业创业投资引导基金”。

② 有效样本数为：引导基金支持创投 1076 份、非引导基金支持创投 1515 份。

表 9-1 引导基金支持创业风险投资机构投资项目行业分布（2014~2015）① 单位：%

投资行业	投资金额		投资项目	
	2014 年	2015 年	2014 年	2015 年
新材料工业	5.4	12.3	6.8	6.3
传统制造业	11.7	2.7	4.7	2.3
其他制造业	4.1	5.4	4.2	5.3
其他行业	6.6	9.2	6.5	9.3
消费产品和服务	2.7	4.2	3.3	3.2
新能源、高效节能技术	3.9	5.6	4.5	5.1
生物科技	4.8	3.0	4.9	3.8
光电子与光机电一体化	4.4	1.3	3.6	1.9
农林牧副渔	2.3	1.9	2.7	1.0
医药保健	14.8	5.2	7.2	4.6
网络产业	4.7	9.1	11.5	16.1
通信设备	3.5	3.0	2.8	2.3
金融保险业	2.5	5.4	2.5	3.4
科技服务	2.2	2.4	2.6	3.5
半导体	2.7	1.3	2.7	1.5
软件产业	3.0	4.9	7.5	7.4
环保工程	2.2	4.6	3.2	4.5
IT 服务业	5.1	3.8	7.0	6.0
传播与文化娱乐	4.1	4.2	4.6	4.7
建筑业	0.3	0.2	0.3	0.2
批发和零售业	0.0	0.1	0.7	0.2
其他 IT 产业	1.4	0.3	1.7	1.0
社会服务	1.6	2.5	1.7	3.1
计算机硬件产业	1.0	0.5	2.1	1.0
交通运输仓储和邮政业	0.1	4.0	0.2	0.9
核应用技术	0.2	0.2	0.1	0.1
水电煤气	0.3	0.6	0.2	0.4
采掘业	0.0	0.2	0.0	0.1
房地产	4.3	2.1	0.3	0.7

相比而言，引导基金支持创业风险投资机构投资项目的行业分布与非引导基金支持创业风险投资机构的行业分布有一定差异（见图 9-5）。2015 年，引导基金支持的创业风险投资机构倾向于网络产业，软件产业，新材料工业，IT 服务业，新能源、高效节能技术，传播与文化娱乐，医药保健，环保工程等领域；非引导基金支持的创业风险投资机构更倾向于投资通信设备、金融保险业、传统制造业等领域。

① 2015 年有效样本数为 1076 份，2014 年有效样本数为 960 份，2013 年有效样本数为 542 份。

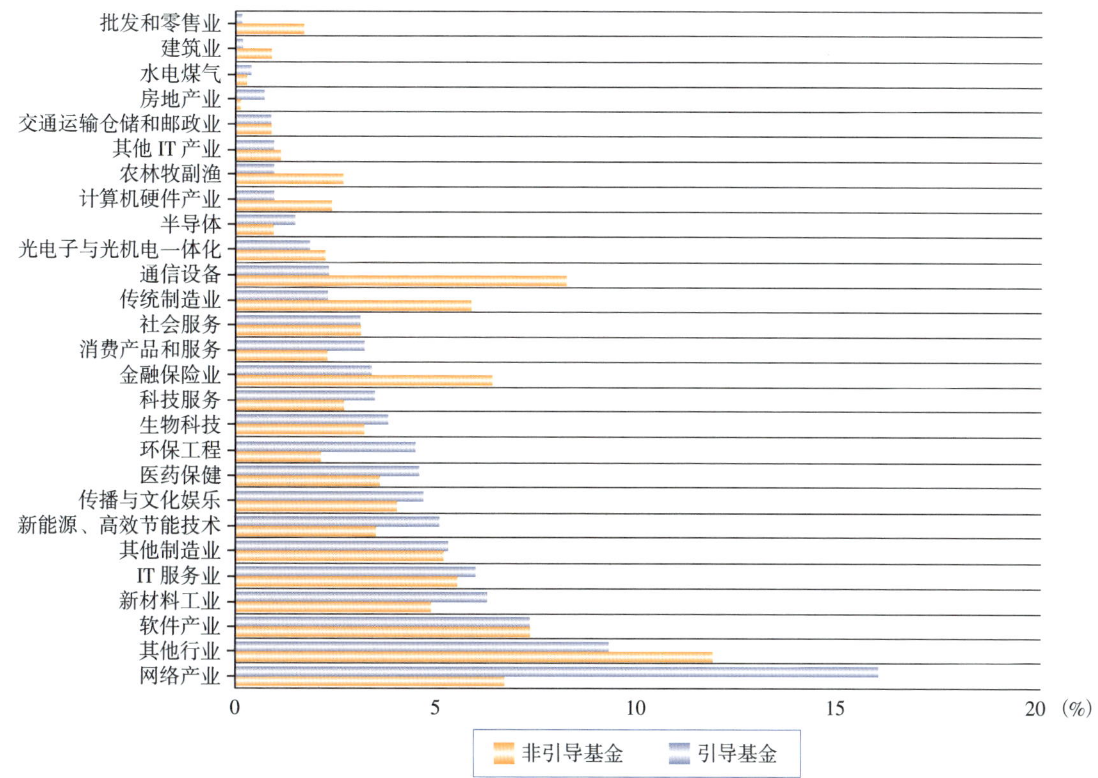

图 9-5　创业风险投资机构投资项目行业分布（2015）

9.3 中国创业风险投资引导基金投资项目所处阶段①

2015 年，政府引导基金支持的创业风险投资机构主要投资处于种子期、起步期和成长（扩张）期项目，投资金额分别占 10.8%、25.8%、52.1%，其中投资种子期的金额占比较 2014 年上涨近 4 个百分点；投资项目数分别占 17.3%、38.1%、39.5%，与 2014 年相比，投资种子期项目数量占比大幅下降（见图 9-6）。

从投资金额占比来看，2015 年引导基金支持的创业风险投资机构投资行为有所转变，投资种子期的比例大幅增长，符合政府引导基金政策目标。但从投资项目的占比来看，种子期的项目数占比有所下降，这说明，投资于种子期的项目单笔金额较 2014 年明显增加。

与非引导基金支持创业风险投资机构相比，引导基金支持创业风险投资机构仍然更加倾向于投资种子期和起步期等初创期企业，投资于初创期企业的资金占比达到 36.6%，明显高于非引导基金支持创业风险投资机构（见图 9-7）。

① 有效样本数为：引导基金支持创投 1070 份、非引导基金支持创投 1498 份。

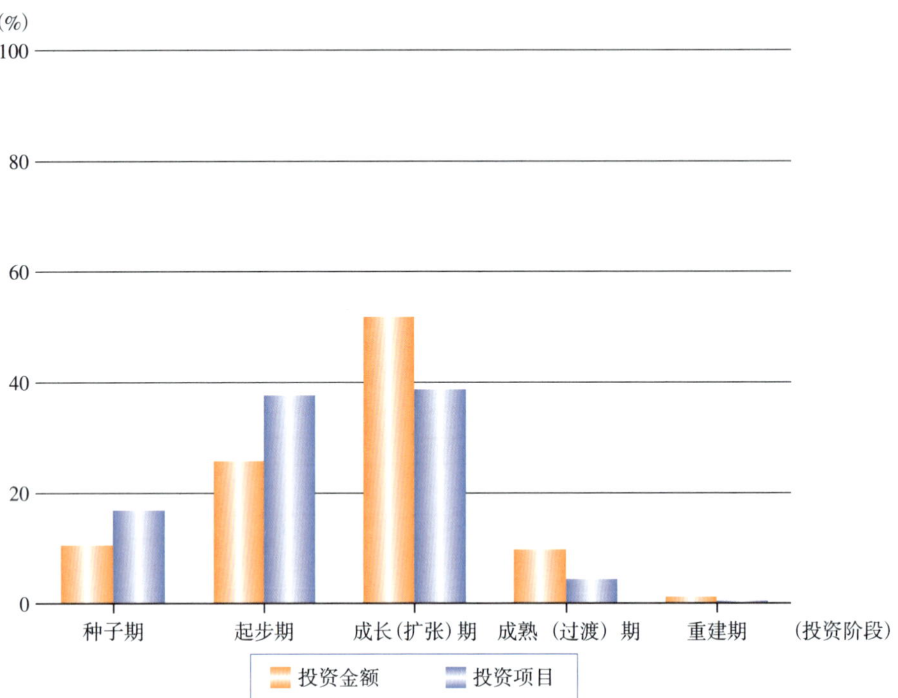

图 9-6 有引导基金支持的创业风险投资机构投资项目所处阶段分布(2015)

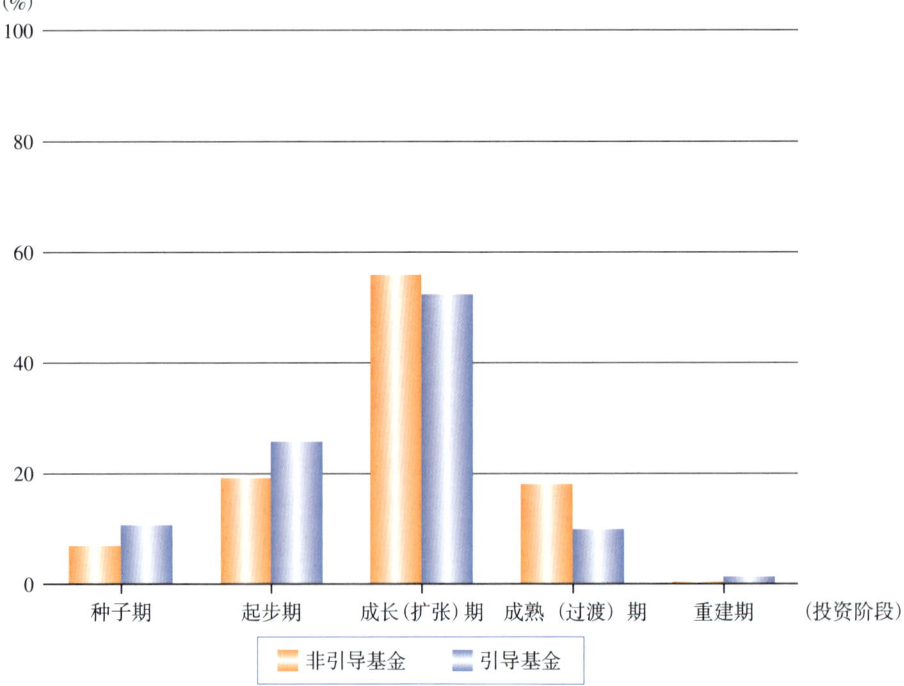

图 9-7 创业风险投资机构投资项目金额所处阶段分布(2015)

9.4 中国创业风险投资引导基金投资项目运作状况①

2015 年调查样本显示，有引导基金支持的创业风险投资机构与非引导基金支持的创业风险投资机构的投资强度有部分差异。相同的是，两者单笔投资金额在 1000 万元以上的占比均超过 80%，单笔投资低于 500 万元的占比均不足 8%；但是，单笔投资在 500 万~1000 万元区间的，有引导基金支持的创业风险投资机构较非引导基金支持的创业风险投资机构高 5 个百分点，与 2014 年没有明显差异（见表 9-2、图 9-8）。这在一定程度上说明，有引导基金支持的企业单笔投资金额更小，更倾向于早前期项目投资。

表 9-2　创业风险投资机构的项目投资金额比较（2015）　单位：%

分布比例	100 万元以下	100 万~300 万元	300 万~500 万元	500 万~1000 万元	1000 万~2000 万元	2000 万元以上
引导基金支持的 VC	0.4	2.7	4.8	11.9	18.8	61.3
非引导基金支持的 VC	0.5	1.7	2.9	6.9	11.5	76.5

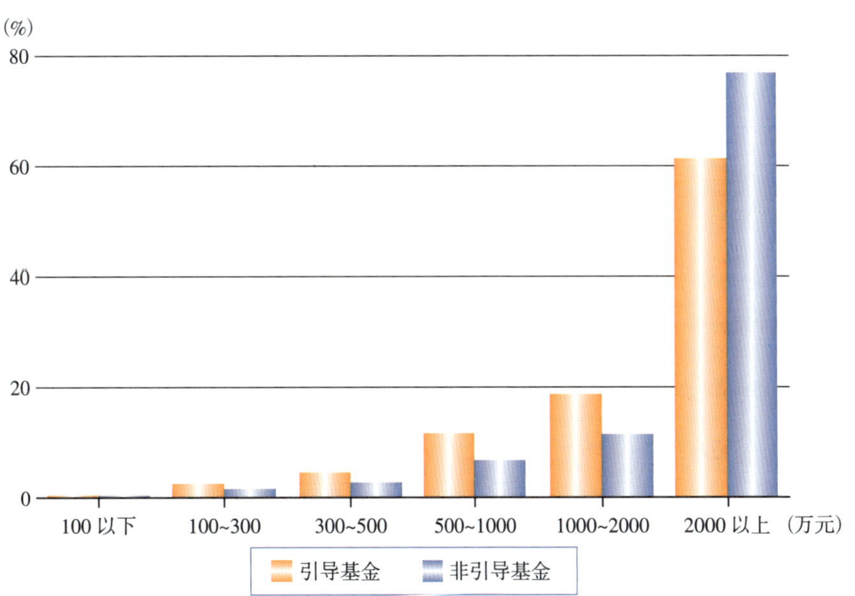

图 9-8　创业风险投资机构项目投资金额分布比较（2015）

2015 年调查样本显示，获引导基金支持的创业风险投资机构共投资 312 家高新技术企业，占总投资项目数的 27.2%；非引导基金支持的创业风险投资机构共投资 287 家高新技术企业，占总投资项目数的 16.9%；有引导基金支持的创投机构更多选择了高新技术企业投资，但与 2014 年相比，获引导基金支持的创业风险投资机构投资高新技术企业项目数比重有所下降，且平均投资金额较 2014 年有所减少（见表 9-3）。

① 有效样本数为：获引导基金支持创投 1147 份，非引导基金支持创投 1498 份。

表 9–3 创业风险投资机构投资项目中投资高新技术企业情况（2015）[①]

企业分类	投资高新技术企业数（家）	投资高企项目数占比（%）	平均投资金额（万元）
非引导基金支持的 VC	287.0	16.9	1474.8
引导基金支持的 VC	312.0	27.2	1622.1

注：投资项目中存在非引导基金和引导基金同时支持创投投资情况。

2015 年调查样本显示，总体看来，无论是否获得引导基金支持，机构继续运行比例大体相同。相比而言，获得引导基金支持的机构具有更好的上市表现，2015 年境内上市占比 9.2%，股东回购占比 8.6%，均高于非引导基金支持企业。与 2014 年相比，由于政策变化，总体退出情况不如往年，继续运行的比例提高 5~6 个百分点（见表 9–4、图 9–9）。

表 9–4 创业风险投资机构投资项目运作状况（2015）[②] 单位：%

运作状况	继续运行	境内上市	原股东（创业者）回购	被境内上市公司收购	清算	境外上市	管理层收购	被境外收购	被境内非上市公司或自然人收购
引导基金	73.6	9.2	8.6	4.5	2.0	1.2	0.8	0.1	0.0
非引导基金	75.4	7.4	7.1	5.1	1.8	1.3	1.7	0.2	0.0

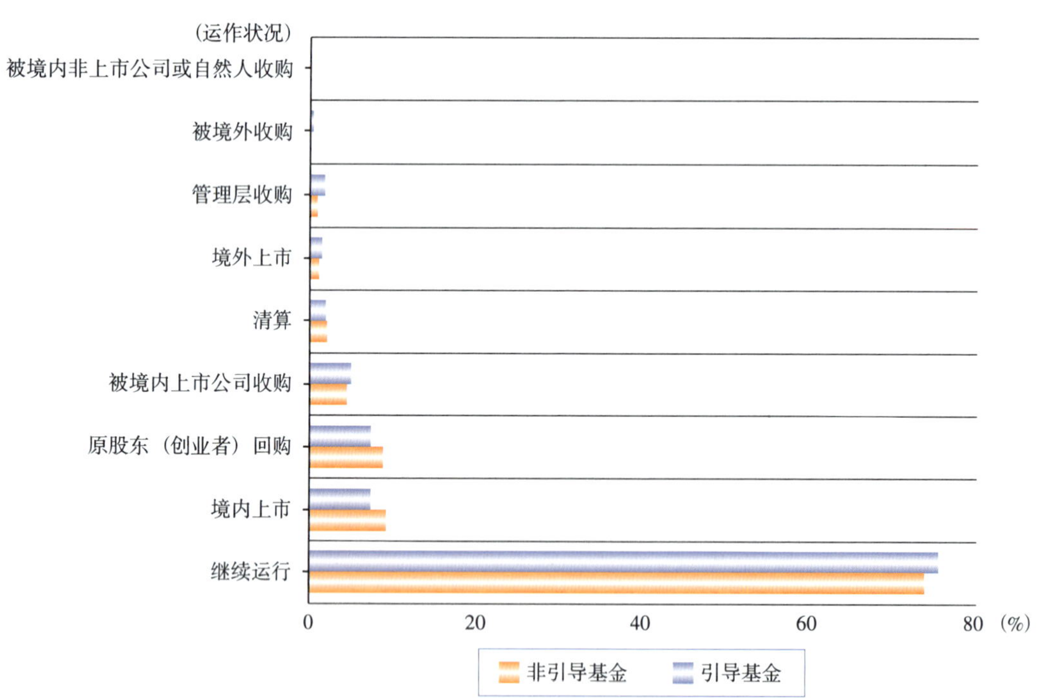

图 9–9 创业风险投资机构投资项目运作状况（2015）

① 有效样本数为：获引导基金支持创投 312 份，非引导基金支持创投 287 份。
② 有效样本数为：获引导基金支持创投 311 份，非引导基金支持创投 985 份。

附录 1 2015 年美国创业风险投资综述

一、总体概括

2015 年，美国创业风险投资系统的募资和投资依然强劲。与 2014 年相比，尽管新委托的基金略有下降，但仍高于 2012~2013 年，资本投资业达到了自 2000 年以来的最高峰。另外，风险投资企业的退出环境未能保持 2014 年的速度，但与 2013 年基本持平。

尽管 2015 年下半年风险投资者面临着公开市场退出的挑战，而且这种情况有可能持续至 2016 年初，但是，新的交易依然保持了高质量，因此越来越多的关注开始转向保持和扩大投资组合。整个行业的投资者们忙于将大量资金投资于种子期和起步期企业。总体而言，2015 年超过 3700 家企业获得了风险投资，其中有 1400 多家获得首轮募资。

一个健康的风险投资系统需要平衡各项标准，并为行业提供一些调整空间。尽管如此，美国风险投资系统依然保持了强劲发展势头，涵盖了多个阶段、区域、部门和参与者。并且，理智投资者会把资本分配到最好机会上，投资全美最优秀的初创型企业。

《美国风险投资协会 2016 年年鉴》提供了美国创业风险投资活动概况。涵盖范围从普通合伙人管理的组合投资公司的投资，到有限合伙人募集的资金，以及通过 IPO 或者企业并购退出的情况。统计数据主要来源于普华永道（PwC）提供的 MoneyTree 报告，以及基于英国汤森路透社的数据和汤森路透中国（原 Venture Xpert）数据库的分析，美国风险投资协会已经把这一数据库作为美国官方产业活动数据库。其总体情况如附表 1–1 所示。

附表 1–1 美国创业风险投资（VC）总体情况统计

指标 \ 年份	1995	2005	2015
现存 VC 机构数量（家）	425.0	1009.0	798.0
现存 VC 基金数量（家）	688.0	1764.0	1224.0
首次 VC 基金募集数量（家）	38.0	43.0	93.0
当年募集资金的 VC 基金数量（家）	161.0	233.0	236.0
VC 当年募集的资本额（十亿美元）	9.4	30.1	28.2
VC 管理资本金额（十亿美元）	38.9	278.2	165.3
平均 VC 管理资本额（百万美元）	91.5	275.7	207.1
截至目前的 VC 基金平均规模（百万美元）	44.4	98.0	135.0
当年新增 VC 基金平均规模（百万美元）	58.3	129.1	119.6
截至目前最大 VC 基金募集额（百万美元）	5600.0	10025.0	21700.0

二、行业资源

2015 年，美国风险投资行业活跃程度实现了“后2000 时代”的第六次持续增长，然而低于 2000 年以前的水平。2015 年，共有 718 家创投机构年内投资均值达到 500 万元或以上水平（而 2000 年这一水平共有 1050 家机构），其中 238 家创投机构是首轮投资，199 家投资于生命科学领域。

与 2014 年相比，2015 年活跃的投资企业数量有所增加。截至 2015 年底，美国风险投资管理资本也增至 1653 亿美元，扭转了该行业连续三年递减局面（见附图 1–1）。

风险投资企业的地理位置仍然具有很高的集聚性。截至 2015 年底，加州地区的创投机构管理 55%的风险资本，比 2014 年 54%的水平略有上升。部分原因是因为加州地区企业募集了更大型的基金，一些东海岸的投资机构也向西海岸转移。

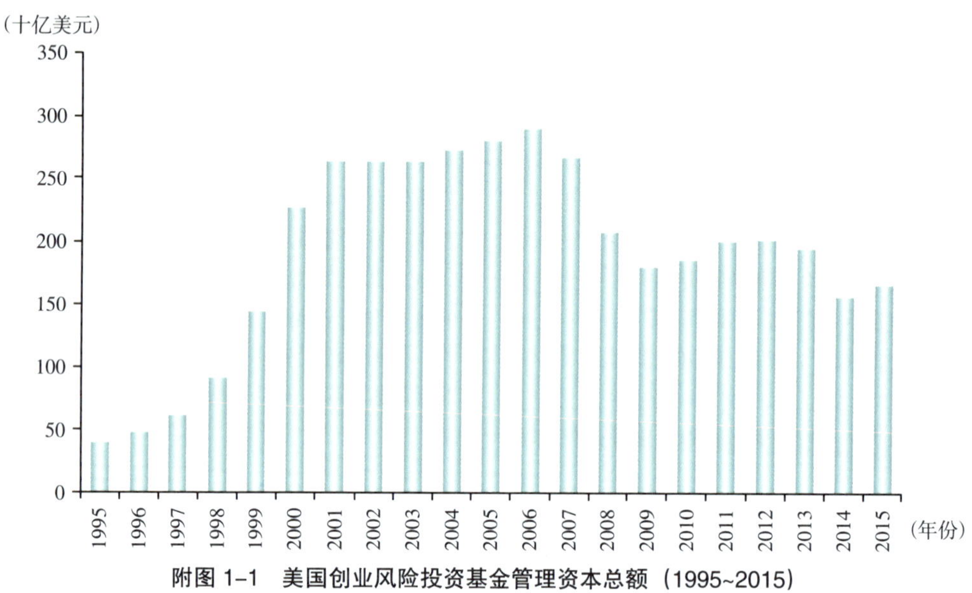

附图 1–1 美国创业风险投资基金管理资本总额（1995~2015）

三、资金募集

2015 年，美国创业风险投资新募基金有所下滑，由一年前的 311 亿美元降至 282 亿美元（见附图 1–2），虽然达到了 9%的跌幅，但依然远远高于 2012 年筹集的 199 亿美元和 2013 年筹集的 178 亿美元。尽管 2015 年上半年资金募集速度与 2014 年基本一致，但下半年的资金募集变得更加平缓。2015 年，共有 236 笔基金募资，而 2014 年是 272 笔。

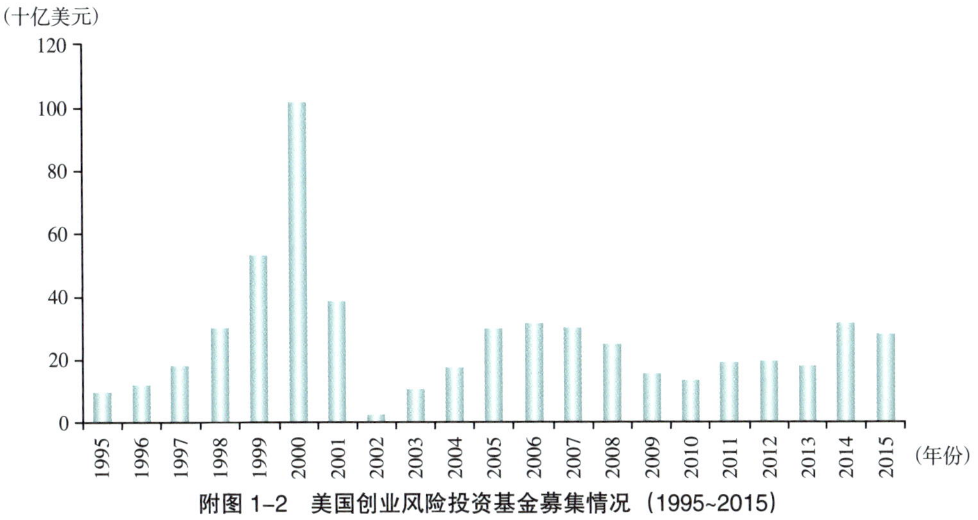

附图 1-2 美国创业风险投资基金募集情况（1995~2015）

四、投资活动

2014 年强劲募资之后，2015 年投资者努力把资本投入新项目。当年投资额达到 591 亿美元，创下了 2000 年以来的最高金额，也是历年来第二高的年份；投资交易 4380 起。尽管少量风险投资公司所投资的单笔企业资金达到了 10 亿美元甚至更多——一些非传统的投资者投资到了项目的后期阶段，但是种子期与早期的项目仍然吸引了 51%的投资，有 1444 家公司获得了风险投资的首轮投资。对于投资者而言，由于 IPO 和战略退出与投资到破坏性创新项目和创新型小企业同样重要，项目后期阶段的投资获得了持续增长。

2015 年，美国 46 个州和哥伦比亚特区的企业家募集了更多的风险资金，其中加州地区的投资金额占总量的 57%，项目数占 41%。按行业统计，软件部门仍然保持了领先地位，获得的投资金额占 40%，大约争取到 77 亿美元到 930 个项目上，这是自 2000 年以来的最高投资额和交易项目数（见附图 1-3）。

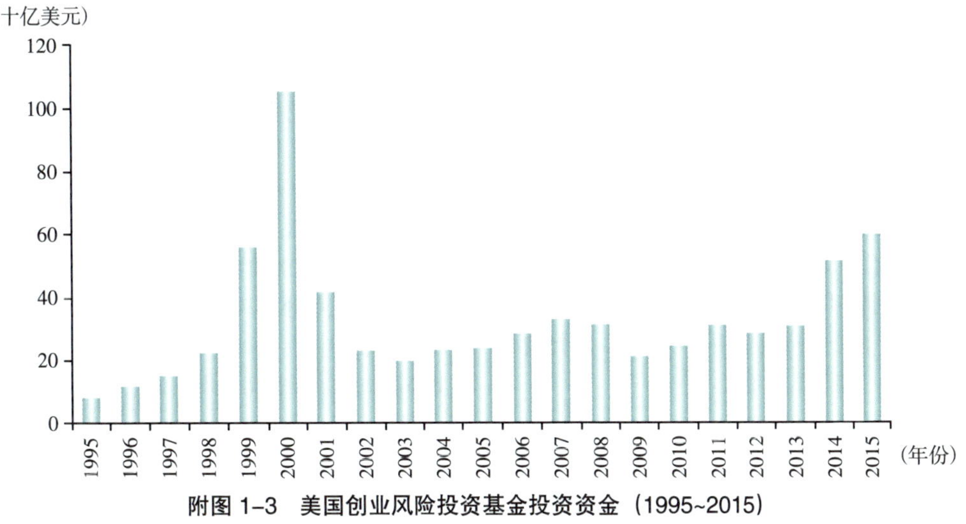

附图 1-3 美国创业风险投资基金投资资金（1995~2015）

（一）投资行业

按照投资行业划分（见附表 1–2、附图 1–4），2015 年，软件行业仍是主导行业，投资金额占 40%；位居第二的投资行业是生命科学（包括生物技术与医疗器械和设备），占投资总额的 18%；消费产品和服务行业与媒体和娱乐行业均获得了 8%的投资，位居第三。

附表 1–2 按行业分类统计的投资状况（2015）

行业分类	全部投资			首轮投资		
	企业数（家）	交易数（起）	投资数量（十亿美元）	企业数（家）	交易数（起）	投资数量（十亿美元）
信息技术	2620	3038	42.1	1035	1035	5.6
医学/健康学/生命科学	664	830	10.9	200	200	2.3
非高科技类	425	512	6.1	209	209	1.2
总数	3709	4380	59.1	1444	1444	9.2

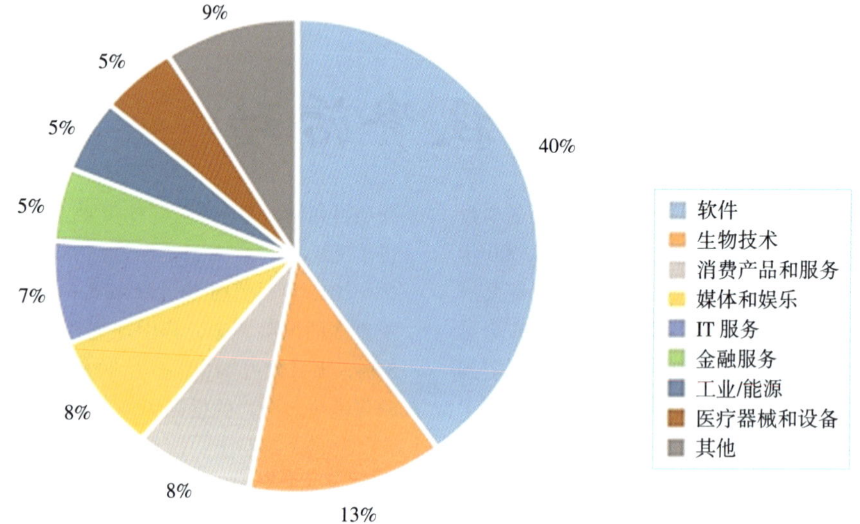

附图 1–4 按行业部门统计的创业资本投资（2015）

（二）投资阶段

按投资金额划分投资阶段，2015 年扩张阶段的企业仍然收到最多的资金，占比 37%，其中有 3 笔 10 亿美元的投资；这一占比较 2014 年的 42%有所降低，原因是投资者将该部分资金分散投入早期和后期阶段。2015 年，早期阶段与后期阶段分别吸引了 34%、27%的资金，种子期投资仅占 2%（见附图 1–5）。按投资项目数划分，2015 年，51%的投资项目为种子期与早期项目。

（三）投资地区

按投资地区划分，2015 年，美国创业投资风险投资项目分布在 46 个州。其中，加利福尼亚州投资项目占比 40%，投资金额占比 57%（见附表 1–3），与 2014 年水平持平。排名前五位地区（加利福尼亚州、纽约州、马萨诸塞州、华盛顿州和得克萨斯州）的投资金额占总投资的 82%，与 2014 年相比，上升了 14 个百分点；投资项目占比 67%，投资地区集中度明显上升。

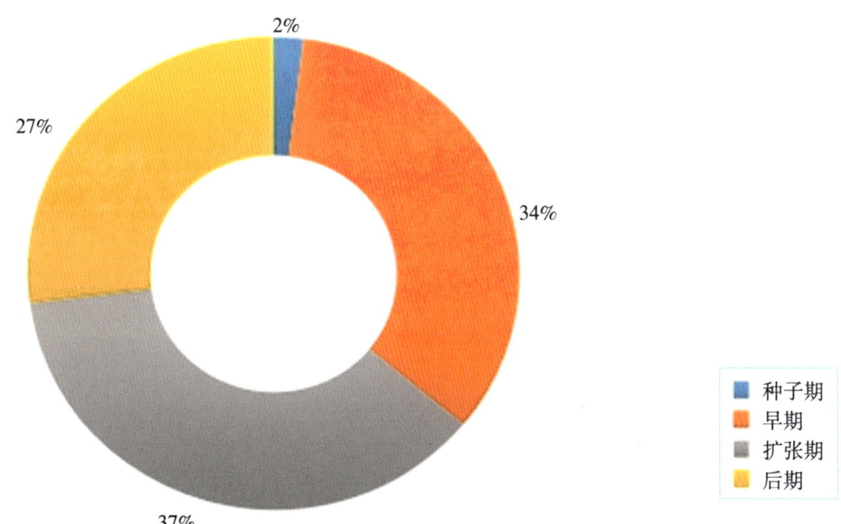

附图 1-5 创业投资基金投资阶段（按资金占比）(2015)

附表 1-3 按地区划分的风险资本投资（2015）

地区	企业数量（家）	占比（%）	投资额（百万美元）	占比（%）
加利福尼亚州	1498	40	33866.6	57
纽约州	405	11	6254.4	11
马萨诸塞州	350	9	5677.9	10
华盛顿州	100	3	1210.8	2
得克萨斯州	133	4	1170.8	2
伊利诺伊州	85	2	1103.6	2
新泽西州	39	1	979.0	2
马里兰州	61	2	872.0	1
佐治亚州	59	2	836.1	1
科罗拉多州	74	2	782.6	1
其他	905	24	6311.8	11
合计	3709	100	59065.6	100

（四）投资轮次

从投资轮次分布来看，2015 年，美国风险创业投资中获得首轮投资的项目为 1444 起，金额 91.81 亿美元，占比 15.5%，较 2014 年上升 0.6 个百分点；499.85 亿美元用于后续投资，仅次于 2000 年的 764.85 亿美元（见附图 1-6）。其中，软件企业获得了最大金额的首轮投资，其次是媒体与娱乐产业、生物技术产业。

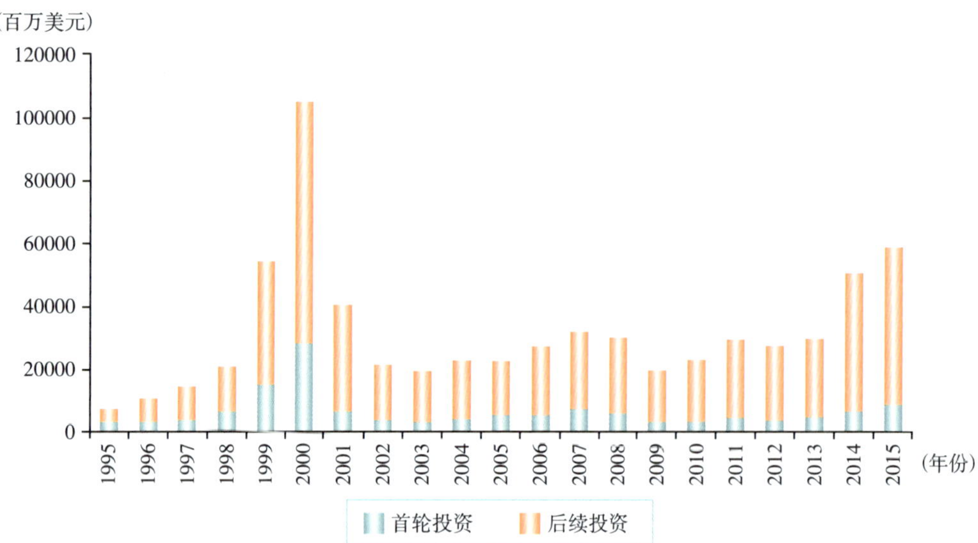

附图 1-6 创业风险投资的首轮投资与后续投资（1995~2015）

五、投资退出

2015 年，风险投资所投资的项目在 IPO 市场与并购市场中的退出，均未能保持 2014 年的水平。2015 年，共有 77 家获得风险投资的企业通过 IPO 退出，占整个市场的 42%，这一比例与 2013 年、2014 年基本持平。然而，从绝对数量而言，2015 年 IPO 市场退出项目较 2013 年下滑了 4%，但与 2012 年、2011 年相比，却分别提高 60%、54%（见附图 1-7）。

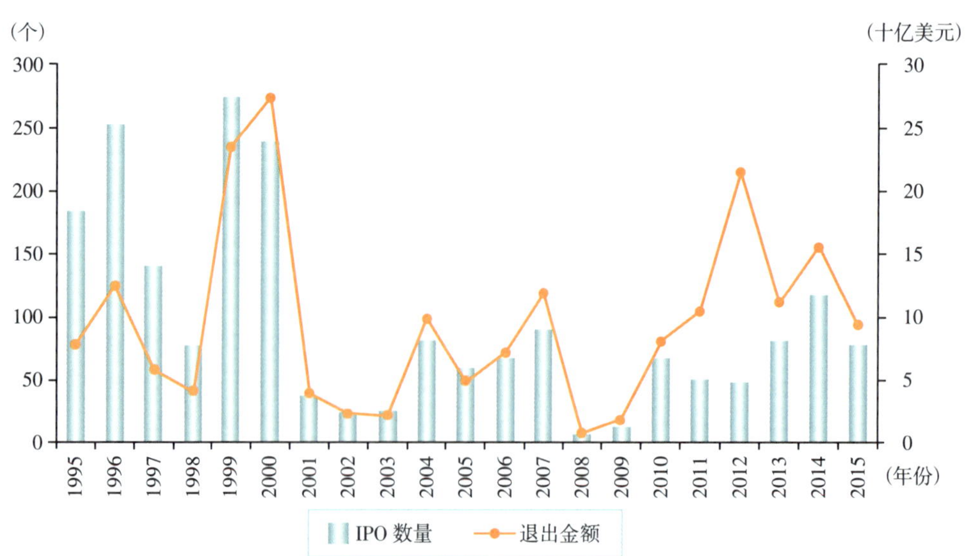

附图 1-7 获得创业风险投资的企业 IPO 数量（1995~2015）

资料来源：数据由美国风险投资协会 National Venture Capital Association 提供。

风险投资支持的企业通过 IPO 退出获得了 94 亿美元资金，产生了 588 亿美元投后价值。这些企业共获得 88 亿美元的风险投资。其中，生物技术公司的 IPO 退出项目数连续三年保持了最多。

2015 年，共有 360 家风险投资的企业通过并购退出，其中 87 起项目披露的价值总额为 170 亿美元，这大约是前一年的 1/3。软件企业大约占据了并购交易的 50%。

附录 2　2015 年欧洲创业风险投资回顾

2015 年，欧洲私募股权基金共 1200 多家，其中，91%的企业披露了管理资本，达到 5640 亿欧元。

一、资金募集

2015 年，整个欧洲股权基金募集资金总额达到 476 亿欧元，接近 2014 年水平。与 2014 年相比，募集的基金数量（274 只）下降了 15%，但仍高于 2012 年和 2013 年水平。在过去三年（2013~2015 年）时间里，欧洲的私募股权和风险资本募集数量相比 2010~2012 年期间高出了 70%。2015 年，有 40%的机构投资者来源于欧洲以外地区。养老基金提供了超过 1/3 的资金；母基金贡献了 12%；政府代理机构占 11%；保险公司占 10%。

风险投资募集的资金增长 8%，达到 53 亿欧元，这是 2008 年以来的最高值。其中，早期阶段投资增长了 13%，达到 27 亿欧元；而后期阶段投资增长至 8.7 亿欧元，几乎是 2014 年的两倍。政府机构募集资金占 31%，低于 2010~2012 年的水平；其他资金主要来源于母基金（23%），企业投资者（14%），家庭与个体投资人（12%）。此外，北美机构投资者也贡献了 11%的资金。并购基金募集下降至 336 亿欧元，降低了 7%，但仍超过全部私募股权基金的 70%。成长资本为 29 亿欧元，增长超过了 2014 年水平，达到 2011 年之后的最高值（见附表 2-1、附图 2-1）。

附表 2-1　欧洲私募股权投资市场募集资金主要特征（2015）

	所有私募股权基金	风险投资	并购	成长资本
新募集基金额（十亿欧元）	47.6	5.3	33.6	2.9
新募集基金数（只）	274	98	90	38

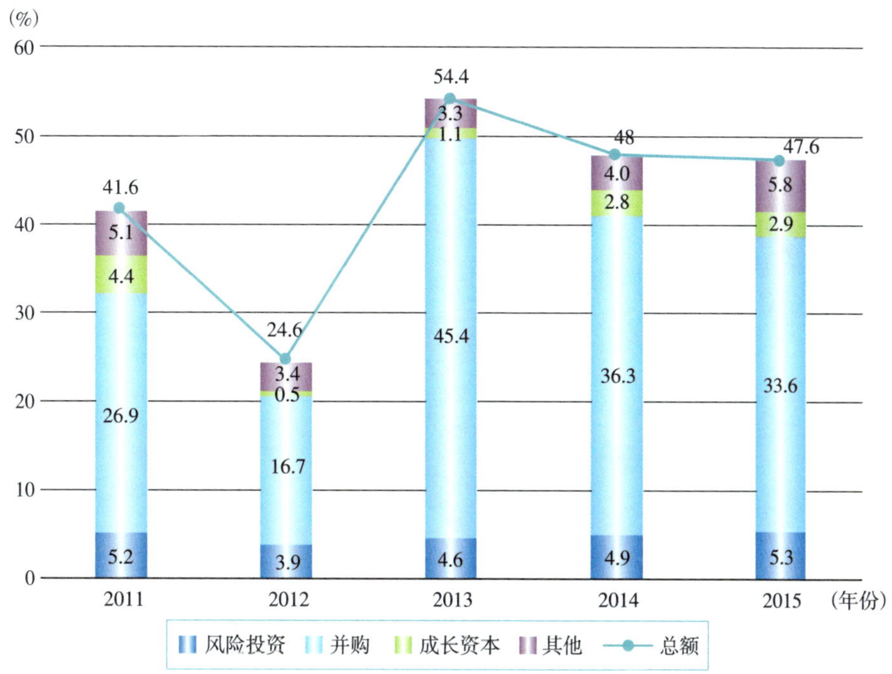

附图 2-1　欧洲私募股权基金募集情况（2011~2015）

按资金来源划分，2015 年，整个欧洲股权投资市场中，养老基金一直是其最主要资金来源，约占 22%，但与 2014 年相比，比例下降明显。对于创业风险投资资金募集而言，政府出资占主导，占比 31%，较 2014 年下降 4 个百分点（见附图 2-2、附图 2-3）。

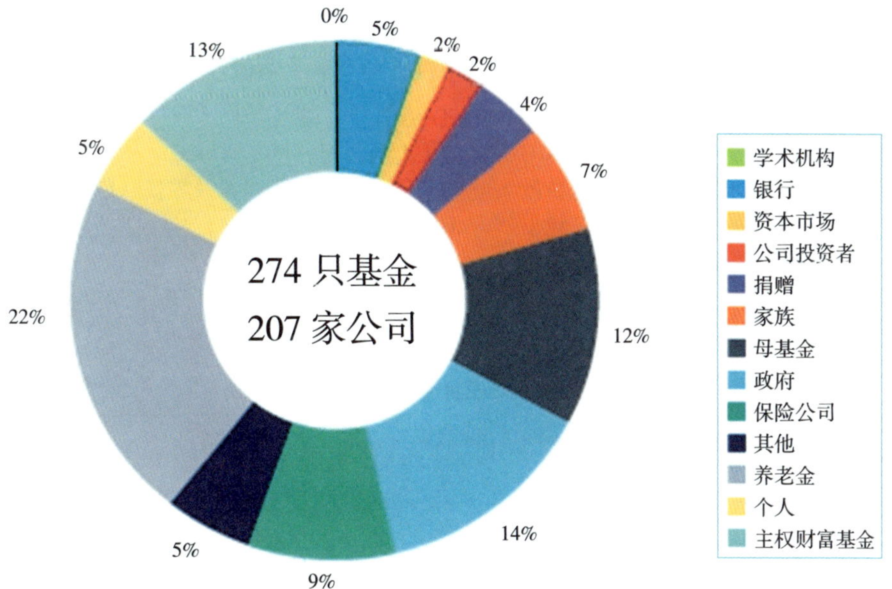

附图 2-2　欧洲股权投资市场募集基金来源（2015）

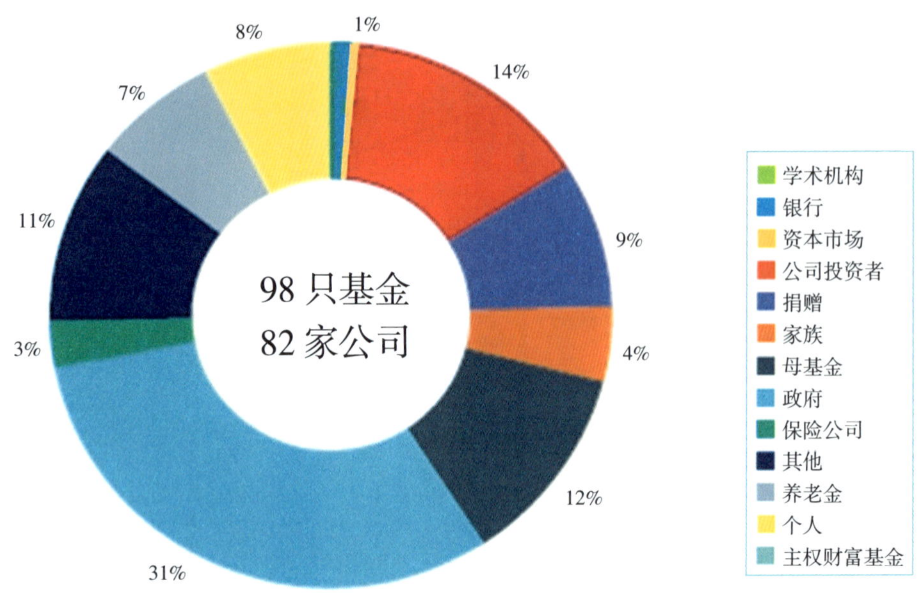

附图 2-3 欧洲创业风险投资募集基金来源（2015）

二、投资活动

2015 年，欧洲整个私募股权市场投资额增长 14%，达到 474 亿欧元。私募股权投资企业数量减少 11%，近 5000 家，其中 86%为中小企业。此外，欧洲公司投资金额总数中有 1/3 以上来源于跨境投资。

2015 年，创业风险投资机构投资增长 5%，达到 38 亿欧元。各阶段的投资数量均有所增加，其中种子阶段的投资数量增长 18%，后期阶段投资增加了 5%，初创阶段投资增加了 4%。投资企业数量减少至 2836 家，减少 12%。大多数投资集中在生命科学（34%）、计算机和消费电子（20%），以及通信行业（19%）。

并购投资金额达到 363 亿欧元，增加 16%，投资企业 944 家。其中，60%的并购投资集中在企业和工业产品（18%），消费品零售（15%），金融服务（12%）和生命科学（11%）。成长资本投资增加至 65 亿欧元，上升了 11%，达到了 2008 年以来的最高水平。投资公司数量减少了 13%至 1108 家。投资主要集中在通信（17%），能源与环境（14%），消费品及零售（13%）以及电脑和消费电子产品（12%）等部门（见附表 2–2、附表 2–3、附图 2–4）。

附表 2–2 欧洲股权投资市场投资活动主要特征（2015）

	所有股权类基金	风险投资	并购	成长资本
投资金额（十亿欧元）	47.4	3.8	36.3	6.5
投资项目数（家）	4971	2836	944	1108
涉及企业数（家）	1028	589	427	400
涉及基金数（只）	1656	930	572	582

附表 2-3 欧洲股权投资项目数（2011~2015）

投资项目数（家）\ 年份	2011	2012	2013	2014	2015
风险投资	2965	2981	3055	3237	2836
并购	881	896	839	951	944
成长资本	932	1066	1122	1272	1108

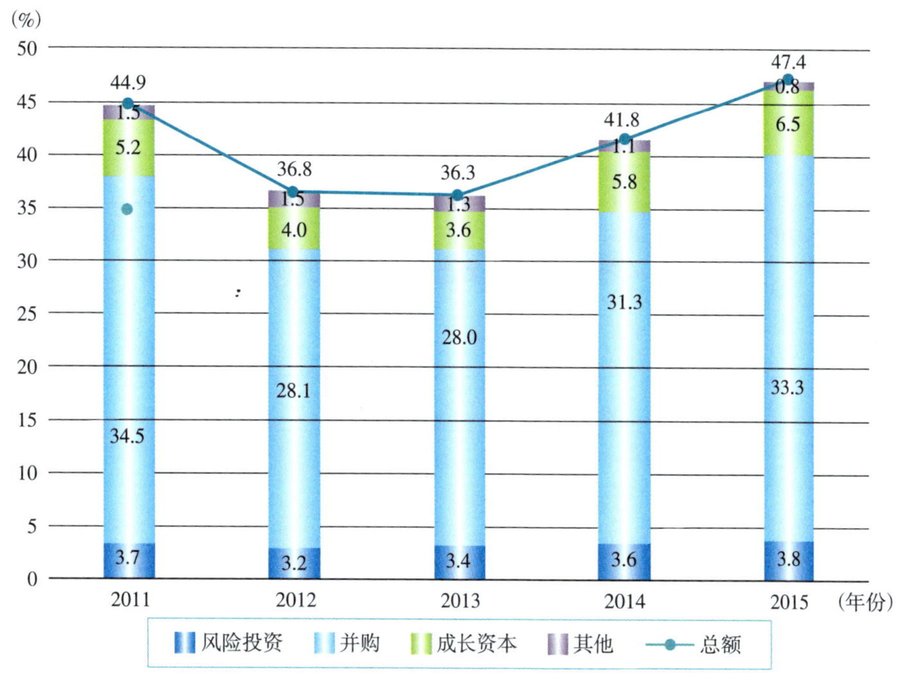

附图 2-4 欧洲股权投资趋势（2011~2015）

长期看，2000 年至今，整个欧洲私募股权投资市场投资金额占 GDP 比重为 0.2%~0.6%。2015 年，欧洲股权投资市场投资金额占 GDP 比重为 0.30%，较 2014 年提高 0.02 个百分点。其中，创业风险投资的投资金额占 GDP 的比重为 0.025%，丹麦创业风险投资占 GDP 的比重排在第一，达到 0.109%（见附图 2-5、附图 2-6）。

附图 2-5 欧洲私募股权投资金额占 GDP 比重（2000~2015）

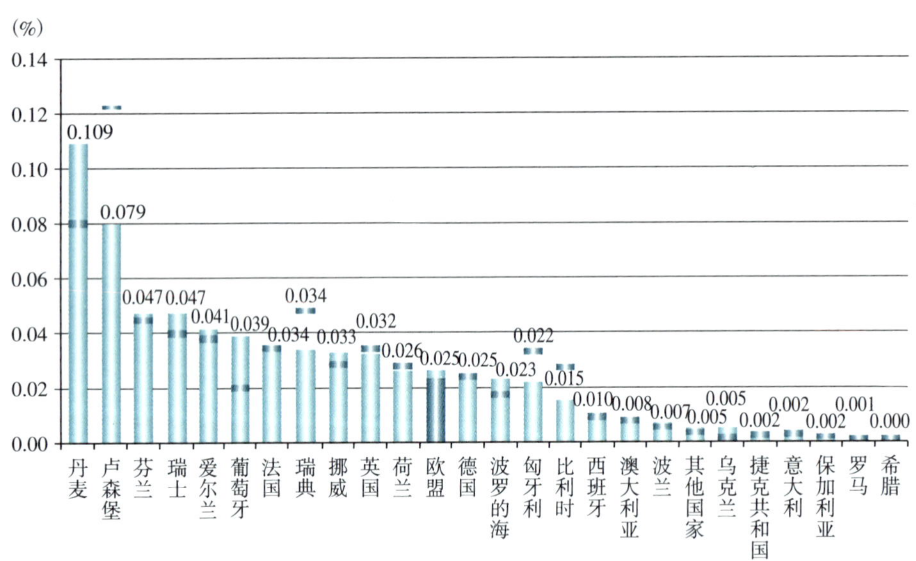

附图 2-6 欧洲主要国家风险投资占 GDP 比重（2015）

（一）投资阶段分布

2015 年，创业风险投资金额共计 38 亿欧元，较 2014 年增加 2 亿欧元，其中，种子期投资金额 1 亿欧元，占比 2.63%；起步期投资金额 20 亿欧元，占比 52.63%；合计占比 55.26%，与 2014 年基本持平（见附图 2-7）。

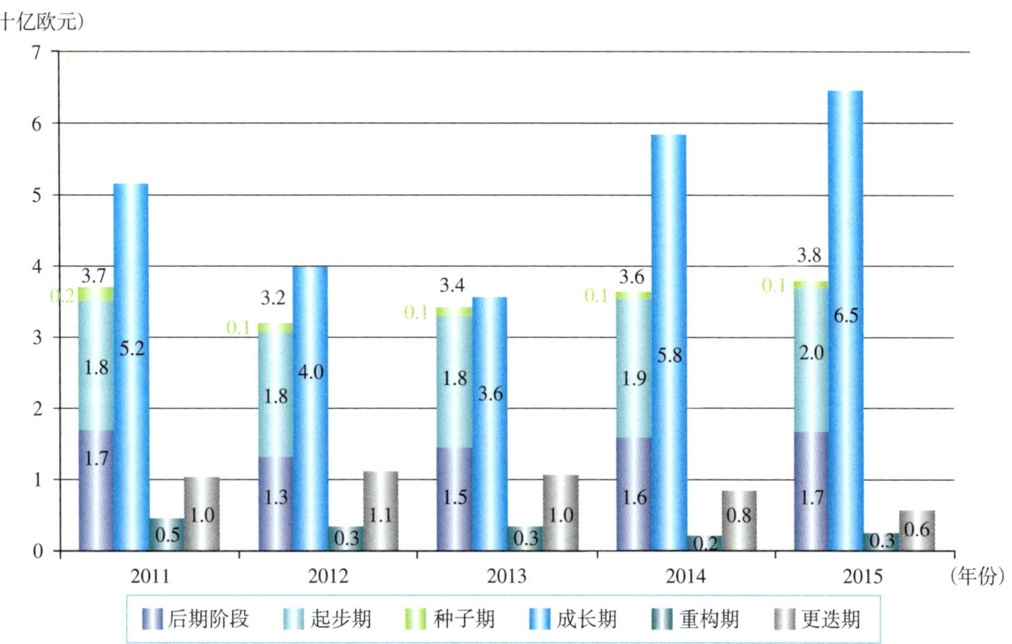

附图 2-7 欧洲创业风险投资基金投资阶段（按投资金额）(2011~2015)

按照投资项目数划分，2015 年欧洲创业风险投资行业全年投资项目数共计 2836 家，较 2014 年减少 401 家，达到五年内最低。其中，投资于种子期的项目数为 431 家，占比 15.2%；投资起步期的项目数 1812 家，占比 63.9%；两者合计占比 79.1%（见附图 2-8）。

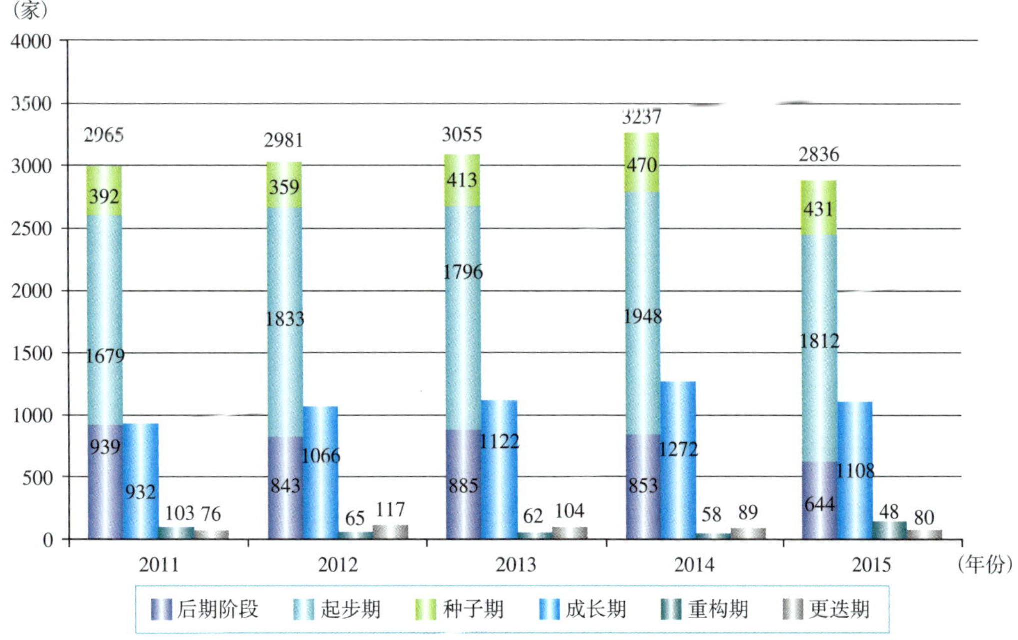

附图 2-8 欧洲创业风险投资基金投资阶段（按投资项目数）(2011~2015)

（二）投资行业分布

按创业风险投资的投资行业划分，无论从投资金额还是投资项目角度，生命科学、计算机和消费电子，以及通信业始终排在前三位。2015 年，生命科学、计算机和消费电子、通信业、能源和环境产业获得 70%以上的投资金额；按照投资项目数划分，大多数行业投资项目数均有所下降（见附图 2-9、附图 2-10）。

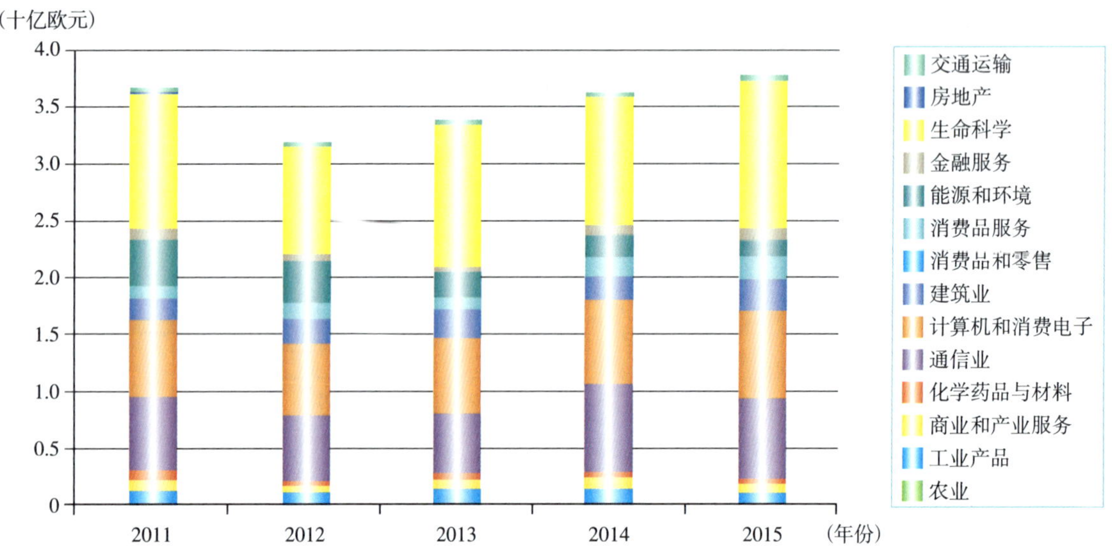

附图 2-9　欧洲创业风险投资基金投资的行业分布（按投资金额）(2011~2015)

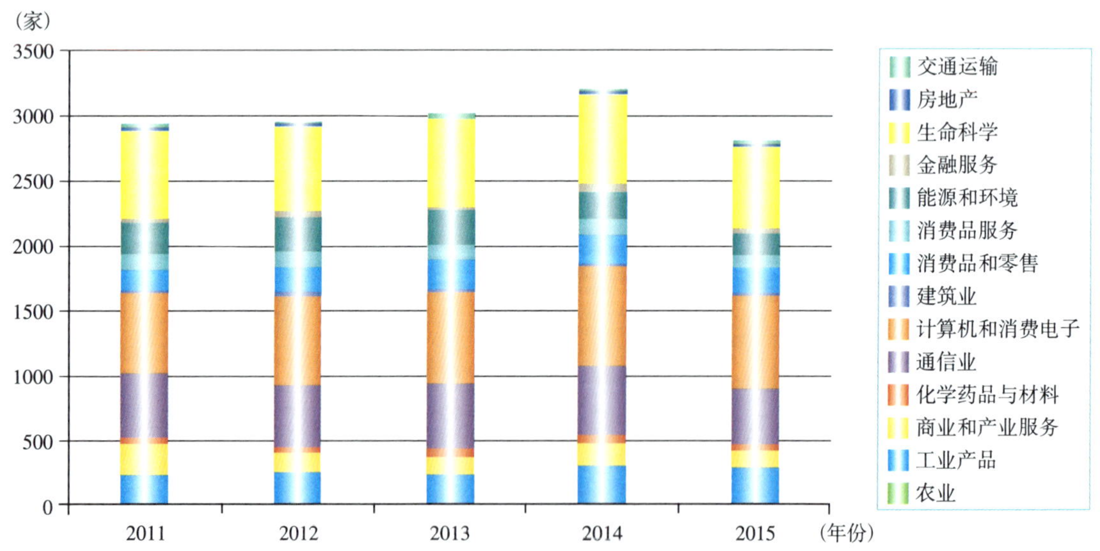

附图 2-10　欧洲创业风险投资基金投资行业分布（按投资项目）(2011~2015)

（三）投资轮次分布

从投资轮次分布看，欧洲股权投资市场首轮投资与后续投资占比大体一致，首轮投资略少于后续投资。2015 年，首轮投资占 45%，后续投资占 55%，与 2014 年基本持平（见附图 2-11）。

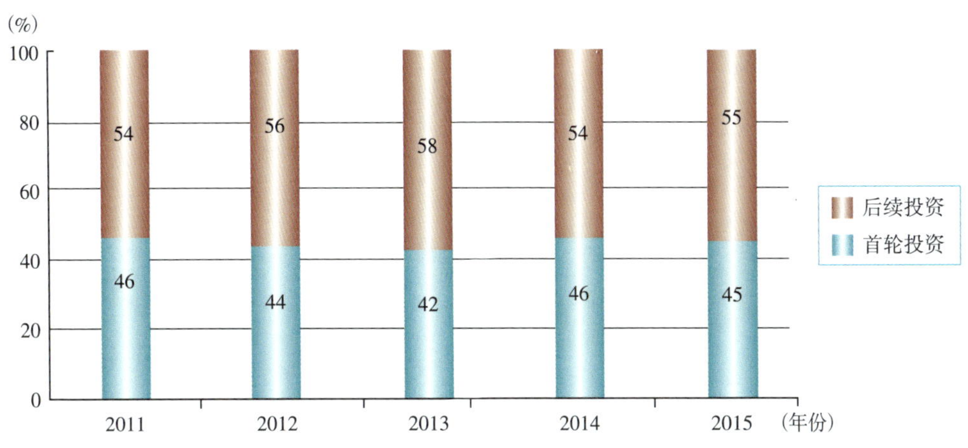

附图 2-11 欧洲股权投资首轮投资与后续投资（2011~2015）

三、退出活动

2015 年，欧洲有将近 2500 家项目实现了股权投资退出，退出金额达 405 亿欧元。这一数额赶超 2014 年水平，也是迄今为止欧洲私募股权市场退出最多的一年。主要退出渠道包括：贸易销售（29%）、出售给其他 PE 公司（27%），以及 IPO（23%）。其中，创业风险投资市场中退出项目占 40%，超过 1000 家企业，占总成本的 5%。退出的股本金增加了 10%，达到 21 亿欧元（见附表 2-4）。

附表 2-4 欧洲股权投资市场退出活动的主要特征（2015）

	所有股权类基金	创业风险投资	并购	成长资本
退出金额（十亿欧元）	40.5	2.1	34.3	3.2
退出项目数（家）	2487	1005	797	660
涉及企业数（家）	640	297	321	162
涉及基金数（只）	1123	531	531	230

（一）退出方式

按退出金额划分，2015 年，欧洲创业风险投资主要退出方式依次为贸易销售（占比 50%）、清算（占比 14%）、出售给其他 PE 公司（占比 10%），全年通过 IPO 退出的企业仅占 2%（见附图 2-12）。

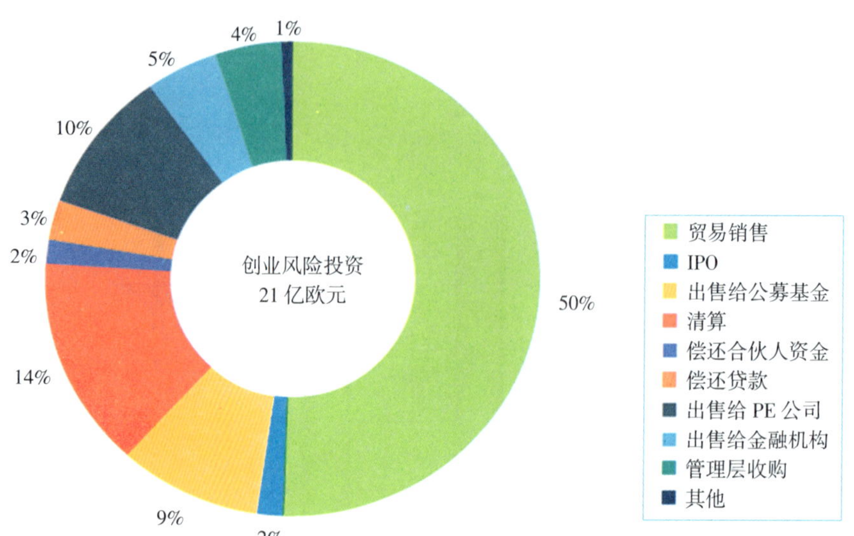

附图 2-12 欧洲创业风险投资的主要退出方式（按金额划分）(2015)

按退出项目划分，2015 年，欧洲创业风险投资主要退出方式依次为贸易销售（占比 24%）、清算（占比 23%）、偿还合伙人资金（占比 20%），全年通过 IPO 退出的仅占 1%（见附图 2-13）。

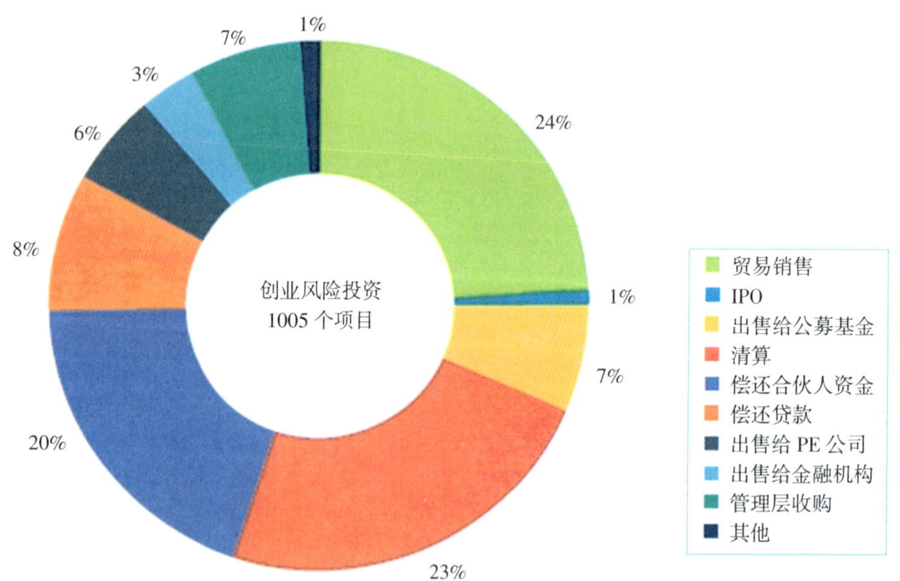

附图 2-13 欧洲创业风险投资的主要退出方式（按项目划分）(2015)

（二）退出行业划分

按退出项目数划分，2015 年，欧洲风险投资市场当年退出项目最多的行业依次为：计算机与消费电子（20%）、生命科学（19%）、通信业（14%）、商业工业产品（11%）、消费品与零售业（8%）、商业工业服务（8%）等；按退出金额划分，当年实现退出金额最多的行业依次为生命科学（36%）、通信业（21%）、计算机与消费电子（14%）、消费品服务（7%）、能源与环境（7%）等（见附图 2-14）。

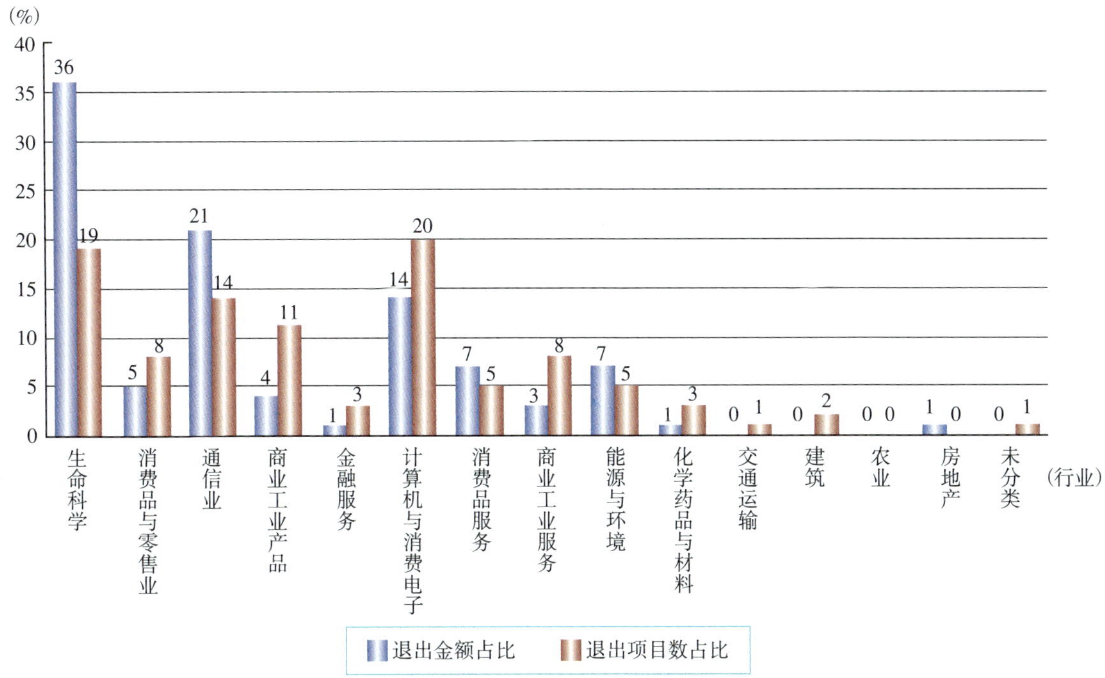

附图 2-14　欧洲风险投资退出主要行业分布（2015）

资料来源：数据由欧洲私募股权（European Private Equity）和风险投资协会（Venture Capital Association）提供。

附录 3 2015 年韩国创业风险投资回顾

一、市场概况

受到“创造经济革新中心”等创业基础设施扩建和技术创业日益活跃影响，2015 年，韩国风险投资规模创下 2003 年以来新高，创新创业氛围浓厚，新增创投机构 14 家，累计注册资本 14825 亿韩元。

截至 2015 年底，115 家风险投资企业管理 532 只基金（见附表 3–1、附表 3–2、附图 3–1）。当年新注册基金 110 只，创近 13 年新高；注销基金 26 只，为 2004 年最低值；风险投资企业累计注册资本 141379 亿韩元。

附表 3–1 韩国创业风险投资公司概况（2006~2015）

指标 \ 年份	2006	2007	2008	2009	2010	2011	2012	2013	2014	2015
当年新注册数（注销数）	13（11）	7（10）	5（9）	12（9）	13（10）	9（7）	6（6）	3（7）	6（4）	14（2）
当年公司存量（家）	104	101	97	100	103	105	105	101	103	115
累计注册资本（十亿韩元）	1553.7	1555.8	1457.8	1360.8	1383.8	1398.5	1445.5	1394.7	1418.5	1482.5

附表 3–2 韩国创业风险投资基金概况（2006~2015）

指标 \ 年份	2006	2007	2008	2009	2010	2011	2012	2013	2014	2015
当年新注册数（只）	48	67	51	74	67	67	41	54	82	110
金额（十亿韩元）	861.7	1126.9	975.1	1421.4	1589.9	2277.8	821.3	1567.9	2584.2	2626.0
当年注销（只）	98	90	49	54	53	45	46	31	37	26
金额（十亿韩元）	741.8	942.0	416.3	566.3	576.8	454.0	858.6	512.2	833.0	570.9
当年存量（只）	350	327	329	349	363	385	380	403	448	532
累计金额（十亿韩元）	4877.5	5062.4	5621.2	6476.3	7489.4	9313.2	9275.9	10331.6	12082.8	14137.9

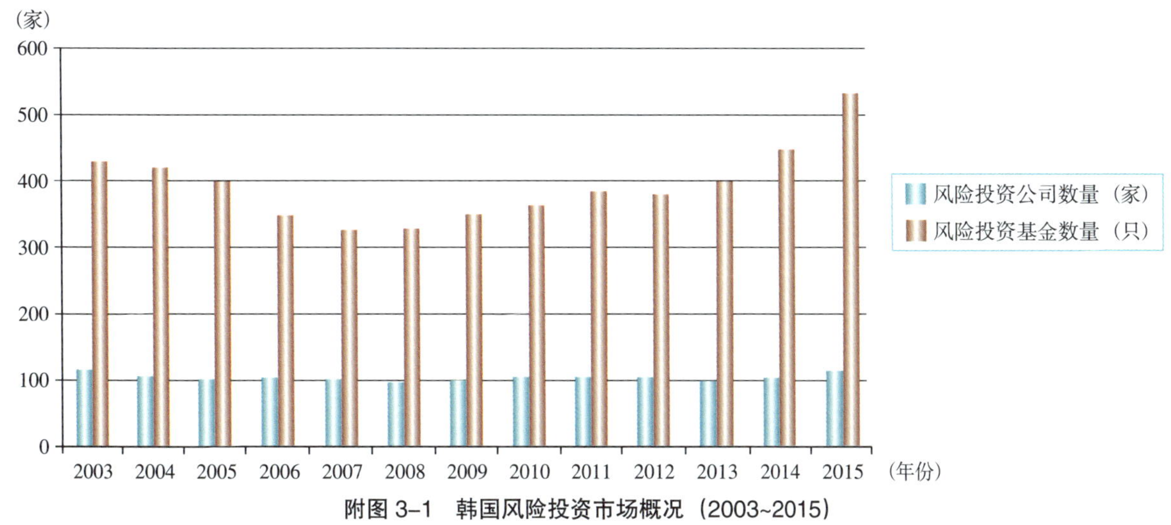

附图 3-1 韩国风险投资市场概况（2003~2015）

二、投资活动

2015 年，韩国风险投资业投资项目 1045 项，投资金额达到 20858 亿韩元（见附表 3-3）。

附表 3-3 韩国创业风险投资项目数及金额（2006~2015）

指标 \ 年份	2006	2007	2008	2009	2010	2011	2012	2013	2014	2015
新投资项目数（项）	617.00	615.00	991.70	496.00	560.00	613.00	688.00	755.00	901.00	1045.00
新投资金额（十亿韩元）	733.30	991.70	724.70	867.10	1091.00	1260.80	1233.30	1384.50	1639.30	2085.80
投资强度（十亿韩元/项）	1.19	1.61	1.46	1.65	1.95	2.06	1.79	1.83	1.82	1.44

三、投资行业分布

从投资金额看，2015 年，ICT 服务、生物/医药、零售/服务集中了大量资金，其中 ICT 服务投资金额比 2014 年提升 2.1 倍，排名从第五位上升至第一位；从投资项目看，排名前三的分别是 ICT 服务、图像/性能/储存、零售/服务（见附表 3-4、附图 3-2）。

附表 3-4 韩国创业风险投资行业分布（2015）

指标 \ 行业	ICT 制造	ICT 服务	电子/机器/设备	化工/材料	生物/医药	图像/性能/存储	游戏	零售/服务	其他	总量
项目（项）	71	252	78	67	114	205	123	144	54	1045
金额（十亿韩元）	146.3	401.9	162.0	148.6	317.0	270.6	168.3	304.3	166.8	2085.8

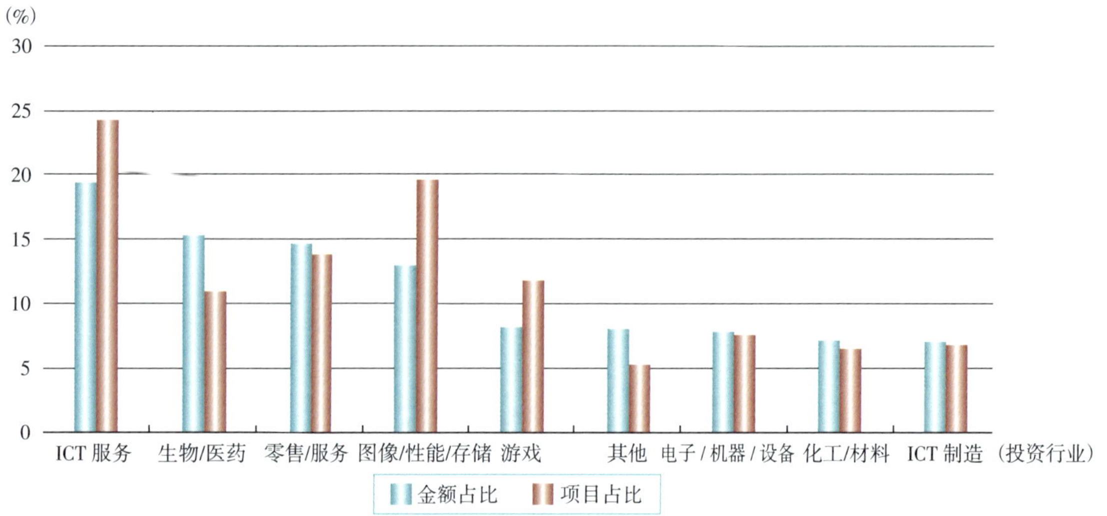

附图 3-2 韩国创业风险投资行业分布（2015）

四、投资阶段分布

从投资项目看，2015 年，韩国风险投资项目仍然主要集中在早期阶段，与 2014 年韩国风险投资各阶段特征基本一致；从投资金额看，仍然以扩展期最多，占比 41%，较 2014 年稍有下降（见附表 3-5、附图 3-3、附图 3-4）。

附表 3-5 韩国创业风险投资阶段分布（2015）

阶段	早期	创建期	扩展期	总量
项目（项）	511	283	289	1045
金额（十亿韩元）	647.2	582.8	855.8	2085.8

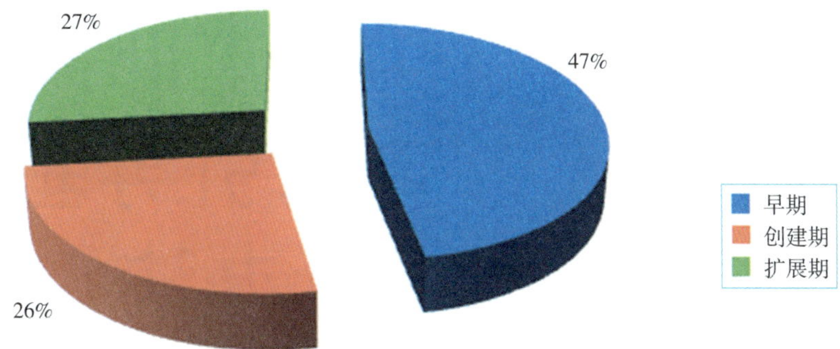

附图 3-3　韩国创业风险投资阶段分布（按项目划分）(2015)

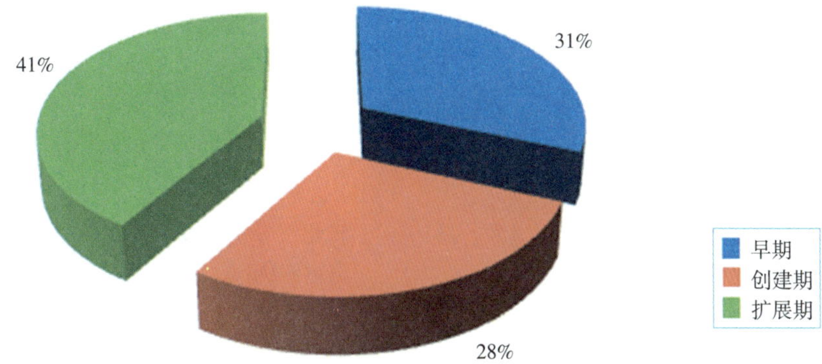

附图 3-4　韩国创业风险投资阶段分布（按金额划分）(2015)

资料来源：数据由韩国风险投资协会（Korean Venture Capital Association）提供。

附录 4　科技部　财政部关于印发《国家科技成果转化引导基金贷款风险补偿管理暂行办法》的通知

（国科发资〔2015〕417 号）

各省、自治区、直辖市及计划单列市科技厅（委、局）、财政厅（局），新疆生产建设兵团科技局、财务局：

根据《国家科技成果转化引导基金管理暂行办法》（财教〔2011〕289 号），为规范国家科技成果转化引导基金贷款风险补偿工作，科技部、财政部制定了《国家科技成果转化引导基金贷款风险补偿管理暂行办法》。现予印发，请遵照执行。

科技部　财政部
2015 年 12 月 4 日

国家科技成果转化引导基金贷款风险补偿管理暂行办法

第一条　为规范国家科技成果转化引导基金（以下简称转化基金）贷款风险补偿工作，根据《国家科技成果转化引导基金管理暂行办法》，制定本办法。

第二条　贷款风险补偿是指转化基金对合作银行发放用于转化国家科技成果转化项目库中科技成果的贷款（以下简称科技成果转化贷款）给予一定的风险补偿。

第三条　科技成果转化贷款应符合以下条件：

（一）向年销售额 3 亿元以下的科技型中小企业发放用于科技成果转化和产业化的贷款；

（二）贷款期限为 1 年期（含 1 年）以上。

第四条　转化基金按照政府引导、共同支持、风险分担、适当补偿的原则，与设立贷款风险补偿资金的省、自治区、直辖市、计划单列市等（以下简称省市）联合实施贷款风险补偿工作。

第五条　省市科技部门、财政部门应根据本办法，与合作银行省市机构等协商制定本地开展贷款风险补偿工作的具体实施方案，报科技部、财政部备案。

第六条　科技部、财政部委托转化基金受托管理机构（以下简称受托管理机构）负责科技成果转化贷款风险补偿日常管理工作。

第七条　受托管理机构通过招标确定合作银行，向社会公告；报科技部、财政部批准后，与合作银行签订贷款风险补偿合作协议。合作协议有效期一般为三年。

第八条　合作银行应具备下列条件：

（一）在中国大陆境内注册，具有开展人民币贷款业务资格的银行业金融机构；

（二）自身实力较强，服务网点较多；

（三）资产状况良好，科技信贷管理机制较完善，具有较强的风险控制能力和较好的经营业绩，无重大违法违规行为。

第九条 合作银行应明确科技成果转化贷款的条件、标准和程序等，并在转化基金及合作银行等网站上公布。对于符合条件的贷款，合作银行应在综合评审、合理定价、风险可控的条件下积极支持，降低贷款成本，提高贷款效率。

第十条 对合作银行年度风险补偿额按照合作银行当年实际发放的科技成果转化贷款额进行核定，最高不超过合作银行当年实际发放的科技成果转化贷款额的 2%。具体比例另行核定。

第十一条 合作银行省市机构向省级科技部门报送在当地发生的科技成果转化贷款项目。省级科技部门会同同级财政部门对符合科技成果转化贷款条件的贷款项目进行确认。

第十二条 省级科技部门、财政部门应将确认结果及时反馈合作银行省市机构，同时报送受托管理机构。

第十三条 合作银行总行应汇总、审核其省市机构上一年度发生的经确认的科技成果转化贷款项目情况，于每年第一季度向受托管理机构提交贷款风险补偿申请。

第十四条 受托管理机构应根据核定的补偿比例以及省级科技部门、财政部门报送的科技成果转化贷款项目情况等，审核合作银行的贷款风险补偿申请，拟定年度科技成果转化贷款风险补偿方案，并提交转化基金理事会审议。

第十五条 受托管理机构根据转化基金理事会的审议意见，向科技部提交年度科技成果转化贷款风险补偿方案。

第十六条 科技部对年度科技成果转化贷款风险补偿方案进行合规性审查，提出转化基金贷款风险补偿年度预算安排建议，报财政部批复。按照财政部批复的预算和财政国库管理制度有关规定，向合作银行支付贷款风险补偿资金。

第十七条 合作银行对贷款风险补偿金按照金融企业财务制度的有关规定处理。

第十八条 科技部、财政部委托转化基金理事会对贷款风险补偿工作的实施情况开展绩效评价。

第十九条 联合开展贷款风险补偿资金的省市应于每年一季度向受托管理机构报送本地贷款风险补偿工作开展情况，不能有效开展工作的，科技部、财政部将暂停直至终止与其联合实施贷款风险补偿工作。

第二十条 受托管理机构负责对合作银行开展的科技成果转化贷款增长、服务能力、科技金融专业团队建设情况等绩效情况进行评估，根据评估结果提出续约、经整改后续约、不续约和取消合作资格的建议，经转化基金理事会审议后报科技部、财政部同意后实施。

第二十一条 合作银行弄虚作假骗取贷款风险补偿资金的，一经查实，除收回有关资金、取消合作资格外，按照有关规定进行处理，并向社会通报。

第二十二条 受托管理机构不能有效履行职责、发生重大过失或违规行为等造成恶劣影响的，科技部、财政部视情况给予批评、警告直至取消其受托管理资格的处理。处理结果向社会公告。

第二十三条 本办法由科技部、财政部负责解释。

第二十四条 本办法自 2016 年 1 月 1 日起施行。

附录 5 关于取消豁免国有创业投资机构和国有创业投资引导基金国有股转持义务审批事项后有关管理工作的通知

（财资〔2015〕39 号）

国务院有关部委、有关直属机构，各省、自治区、直辖市、计划单列市财政厅（局）、国资委（局），中国证券登记结算有限责任公司，有关国有创业投资机构、国有创业投资引导基金：

为提高国有资本从事创业投资的积极性，鼓励和引导国有创业投资机构（以下简称创投机构）和国有创业投资引导基金（以下简称引导基金）加大对中早期项目的投资，符合条件的创业机构和引导基金经审核批准后，可豁免国有股转持义务。根据《国务院关于取消和调整一批行政审批项目等事项的决定》（国发〔2015〕11 号）要求，对豁免创投机构和引导基金国有股转持义务事项不再进行审批。为加强后续监管，确保该政策顺利实施，并避免对国有股转持政策造成不利影响，现就有关事项通知如下：

一、资质条件

（一）豁免国有股转持义务的创投机构资质要求：

1. 经营范围符合《创业投资企业管理暂行办法》（发展改革委等 10 部门令第 39 号，以下简称 39 号令）或《私募投资基金监督管理暂行办法》（证监会令第 105 号，以下简称 105 号令）规定，且工商登记名称中注有“创业投资”字样。在 2005 年 11 月 15 日前完成工商登记的，可保留原有工商登记名称，但经营范围须符合 39 号令或 105 号令规定。

2. 遵照 39 号令规定条件和程序完成备案，且最近一年必须通过备案管理部门年度检查（申请豁免转持义务当年新备案的创投机构除外），投资运作符合 39 号令有关规定；或者遵照 105 号令规定条件和程序完成备案，且通过中国证券投资基金业协会有关资格审查，投资运作符合 105 号令有关规定。

（二）豁免国有股转持义务的引导基金应当按照《关于创业投资引导基金规范设立与运作的指导意见》（国办发〔2008〕116 号）规定，规范设立并运作。

（三）本通知所称未上市中小企业应当同时符合下列条件：

1. 经企业所在地县级以上劳动和社会保障部门或社会保险基金管理单位核定，职工人数不超过 500 人；

2. 根据会计师事务所审计的年度合并会计报表，年销售（营业总收入）不超过 2 亿元，资产总额不超过 2 亿元。

（四）创投机构或引导基金投资于未上市中小企业，其投资时点以创投机构或引导基金投资后，被投资企业取得工商行政管理部门核发的法人营业执照或工商核准变更登记通知书的日期为准。同一创投机构或引导基金对未上市中小企业进行多轮投资的，第一次投资为初始投资，其后续投资均按初始投资的时点进行确认。被投资企业规模按照创投机构或引导基金初始投资时点之上一年度末的相关指标进行认定。

二、办理程序

（一）创投机构或引导基金在被投资企业股东大会审议通过首次公开发行股票并上市议案后，根据本通知资质条件要求，自行确定是否符合豁免国有股转持义务条件。

（二）自行确定符合豁免国有股转持义务条件的创投

机构或引导基金，应登录中国投资协会股权和创业投资专业委员会官网（www.vcpe.org.cn）或中国证券投资基金业协会官网（www.amac.org.cn）“信息公示”栏目，下载并如实填报《豁免国有创业投资机构或国有创业投资引导基金国有股转持义务有关信息公示表》（以下简称《信息公示表》，见附件1）。

创投机构或引导基金应将填写完成的《信息公示表》连同创投机构营业执照、备案管理部门同意创投机构备案文件及近一年年检结果的通知或中国证券投资基金业协会出具的资格审查无异议函、创投机构或引导基金初始投资时点之上一年度末被投资企业职工人数证明、省级以上国有资产管理部门出具的被投资企业国有股权管理批复文件等资料的扫描件，一并及时在中国投资协会股权和创业投资专业委员会官网或中国证券投资基金业协会官网“信息公示”栏目向社会进行公示，公示期不少于20个工作日，接受社会监督。

中国投资协会股权和创业投资专业委员会联系电话：010-63909874，传真：010-63907882；中国证券投资基金业协会联系电话：010-66578200，传真：010-66578256。

（三）在中国投资协会股权和创业投资专业委员会官网或中国证券投资基金业协会官网公示的同时，创投机构或引导基金应同时登录财政部官网（www.mof.gov.cn）“资产管理司”频道“国有资本管理”专题栏目，下载《豁免国有创业投资机构或国有创业投资引导基金国有股转持义务公示情况表》（以下简称《公示情况表》，见附件2），填写完成后发送至财政部资产管理司“czbzcgls@126.com”邮箱，并可致电（010-68552423）核实查收情况。

（四）公示期间社会公众如有异议，可实名向财政部资产管理司反映（电话：010-68552423，传真：010-68552424）。财政部将及时通知该创投机构或引导基金，同时组织国资委、证监会和社保基金会等部门开展核查工作。经核查确认符合豁免国有股转持义务条件的，财政部将在《公示情况表》“公示结果”栏标注“公示有异议，经核查符合条件”字样；经核查确认不符合豁免国有股转持义务条件的，将标注“公示有异议，经核查不符合条件”字样。

公示期满社会公众无异议的，财政部将在《公示情况表》“公示结果”栏标注“公示无异议”字样。

（五）财政部在公示期满或核查确认后，将在财政部官网“资产管理司”频道“国有资本管理”专题栏目中公布公示结果。创投机构或引导基金应及时登录相关网页查看公示结果，并可下载打印标注“公示无异议”或“公示有异议，经核查符合条件”字样的页面，作为被投资企业向证券监管部门提交公开发行并上市申请的附件。证券监管部门可登录财政部官网“资产管理司”频道“国有资本管理”专题栏目查询创投机构或引导基金豁免国有股转持义务公示结果的真实性。

三、国有股回拨

2014年12月3日至本通知下发日，创投机构或引导基金已按《境内证券市场转持部分国有股充实全国社会保障基金实施办法》（财企〔2009〕94号）实施国有股转持，经财政部会同社保基金会审核符合豁免转持政策的，实行回拨处理。回拨的国有股权包括：（1）由该创投机构或引导基金转持至社保基金会的国有股；（2）社保基金会持股期内因上市公司利润分配或资本公积转增等原因，由该部分国有股派生的相关权益，包括送股、转增股本及现金分红等。

创投机构、引导基金或其国有出资人已按财企〔2009〕94号文件规定以现金替代方式履行国有股转持义务，经财政部会同社保基金会审核符合豁免转持政策的，实行回拨处理。回拨资金额按照创投机构、引导基金或其国有出资人缴入中央金库的资金额确定。

创投机构和引导基金应于2015年9月30日前向财政部提出回拨申请，逾期将不予受理。

四、监督管理

（一）对“公示无异议”的创投机构和引导基金，财政部将组织有关单位开展定期和不定期抽查。

（二）财政部建立“黑名单”制度，将经核查或抽查发现不符合国有股转持义务豁免条件，且存在弄虚作假、虚假公示等恶意行为的创投机构和引导基金，列入“黑名单”，定期予以公告，并及时提交创投机构监管部门依照相关规定处理。

五、本通知自发布之日起执行

《财政部关于豁免国有创业投资机构和国有创业投资引导基金国有股转持义务有关问题的通知》（财企〔2010〕278号）和《财政部关于豁免国有创业投资机构和国有创业投资引导基金国有股转持义务有关审核问题的通知》（财企〔2011〕14号）同时废止。

附件1：豁免国有创业投资机构或国有创业投资引导基金国有股转持义务有关信息公示表

附件2：豁免国有创业投资机构或国有创业投资引导基金国有股转持义务公示情况表

财政部
2015年8月11日

附录6 关于将国家自主创新示范区有关税收试点政策推广到全国范围实施的通知

（财税〔2015〕116号）

各省、自治区、直辖市、计划单列市财政厅（局）、国家税务局、地方税务局，新疆生产建设兵团财务局：

根据国务院常务会议决定精神，将国家自主创新示范区试点的四项所得税政策推广至全国范围实施。现就有关税收政策问题明确如下：

一、关于有限合伙制创业投资企业法人合伙人企业所得税政策

1. 自2015年10月1日起，全国范围内的有限合伙制创业投资企业采取股权投资方式投资于未上市的中小高新技术企业满2年（24个月）的，该有限合伙制创业投资企业的法人合伙人可按照其对未上市中小高新技术企业投资额的70%抵扣该法人合伙人从该有限合伙制创业投资企业分得的应纳税所得额，当年不足抵扣的，可以在以后纳税年度结转抵扣。

2. 有限合伙制创业投资企业的法人合伙人对未上市中小高新技术企业的投资额，按照有限合伙制创业投资企业对中小高新技术企业的投资额和合伙协议约定的法人合伙人占有限合伙制创业投资企业的出资比例计算确定。

二、关于技术转让所得企业所得税政策

1. 自2015年10月1日起，全国范围内的居民企业转让5年以上非独占许可使用权取得的技术转让所得，纳入享受企业所得税优惠的技术转让所得范围。居民企业的年度技术转让所得不超过500万元的部分，免征企业所得税；超过500万元的部分，减半征收企业所得税。

2. 本通知所称技术，包括专利（含国防专利）、计算机软件著作权、集成电路布图设计专有权、植物新品种权、生物医药新品种，以及财政部和国家税务总局确定的其他技术。其中，专利是指法律授予独占权的发明、实用新型以及非简单改变产品图案和形状的外观设计。

三、关于企业转增股本个人所得税政策

1. 自2016年1月1日起，全国范围内的中小高新技术企业以未分配利润、盈余公积、资本公积向个人股东转增股本时，个人股东一次缴纳个人所得税确有困难的，可根据实际情况自行制定分期缴税计划，在不超过5个公历年度内（含）分期缴纳，并将有关资料报主管税务机关备案。

2. 个人股东获得转增的股本，应按照“利息、股息、红利所得”项目，适用20%税率征收个人所得税。

3. 股东转让股权并取得现金收入的，该现金收入应优先用于缴纳尚未缴清的税款。

4. 在股东转让该部分股权之前，企业依法宣告破产，股东进行相关权益处置后没有取得收益或收益小于初始投资额的，主管税务机关对其尚未缴纳的个人所得税可不予追征。

5. 本通知所称中小高新技术企业，是指注册在中国境内实行查账征收的、经认定取得高新技术企业资格，且年销售额和资产总额均不超过2亿元、从业人数不超过500人的企业。

6. 上市中小高新技术企业或在全国中小企业股份转让系统挂牌的中小高新技术企业向个人股东转增股本，股东应纳的个人所得税，继续按照现行有关股息红利差别化个人所得税政策执行，不适用本通知规定的分期纳税政策。

四、关于股权奖励个人所得税政策

1. 自 2016 年 1 月 1 日起，全国范围内的高新技术企业转化科技成果，给予本企业相关技术人员的股权奖励，个人一次缴纳税款有困难的，可根据实际情况自行制定分期缴税计划，在不超过 5 个公历年度内（含）分期缴纳，并将有关资料报主管税务机关备案。

2. 个人获得股权奖励时，按照"工资薪金所得"项目，参照《财政部　国家税务总局关于个人股票期权所得征收个人所得税问题的通知》（财税〔2005〕35 号）有关规定计算确定应纳税额。股权奖励的计税价格参照获得股权时的公平市场价格确定。

3. 技术人员转让奖励的股权（含奖励股权孳生的送、转股）并取得现金收入的，该现金收入应优先用于缴纳尚未缴清的税款。

4. 技术人员在转让奖励的股权之前企业依法宣告破产，技术人员进行相关权益处置后没有取得收益或资产，或取得的收益和资产不足以缴纳其取得股权尚未缴纳的应纳税款的部分，税务机关可不予追征。

5. 本通知所称相关技术人员，是指经公司董事会和股东大会决议批准获得股权奖励的以下两类人员：

（1）对企业科技成果研发和产业化作出突出贡献的技术人员，包括企业内关键职务科技成果的主要完成人、重大开发项目的负责人、对主导产品或者核心技术、工艺流程作出重大创新或者改进的主要技术人员。

（2）对企业发展作出突出贡献的经营管理人员，包括主持企业全面生产经营工作的高级管理人员，负责企业主要产品（服务）生产经营合计占主营业务收入（或者主营业务利润）50%以上的中、高级经营管理人员。

企业面向全体员工实施的股权奖励，不得按本通知规定的税收政策执行。

6. 本通知所称股权奖励，是指企业无偿授予相关技术人员一定份额的股权或一定数量的股份。

7. 本通知所称高新技术企业，是指实行查账征收、经省级高新技术企业认定管理机构认定的高新技术企业。

财政部　国家税务总局

2015 年 10 月 23 日

附录 7 国务院办公厅关于发展众创空间 推进大众创新创业的指导意见

（国办发〔2015〕9 号）

各省、自治区、直辖市人民政府，国务院各部委、各直属机构：

为加快实施创新驱动发展战略，适应和引领经济发展新常态，顺应网络时代大众创业、万众创新新趋势，加快发展众创空间等新型创业服务平台，营造良好的创新创业生态环境，激发亿万群众创造活力，打造经济发展新引擎，经国务院同意，现提出以下意见。

一、总体要求

（一）指导思想。全面落实党的十八大和十八届二中、三中、四中全会精神，按照党中央、国务院决策部署，以营造良好创新创业生态环境为目标，以激发全社会创新创业活力为主线，以构建众创空间等创业服务平台为载体，有效整合资源，集成落实政策，完善服务模式，培育创新文化，加快形成大众创业、万众创新的生动局面。

（二）基本原则。

坚持市场导向。充分发挥市场配置资源的决定性作用，以社会力量为主构建市场化的众创空间，以满足个性化多样化消费需求和用户体验为出发点，促进创新创意与市场需求和社会资本有效对接。

加强政策集成。进一步加大简政放权力度，优化市场竞争环境。完善创新创业政策体系，加大政策落实力度，降低创新创业成本，壮大创新创业群体。完善股权激励和利益分配机制，保障创新创业者的合法权益。

强化开放共享。充分运用互联网和开源技术，构建开放创新创业平台，促进更多创业者加入和集聚。加强跨区域、跨国技术转移，整合利用全球创新资源。推动产学研协同创新，促进科技资源开放共享。

创新服务模式。通过市场化机制、专业化服务和资本化途径，有效集成创业服务资源，提供全链条增值服务。强化创业辅导，培育企业家精神，发挥资本推力作用，提高创新创业效率。

（三）发展目标。到 2020 年，形成一批有效满足大众创新创业需求、具有较强专业化服务能力的众创空间等新型创业服务平台；培育一批天使投资人和创业投资机构，投融资渠道更加畅通；孵化培育一大批创新型小微企业，并从中成长出能够引领未来经济发展的骨干企业，形成新的产业业态和经济增长点；创业群体高度活跃，以创业促进就业，提供更多高质量就业岗位；创新创业政策体系更加健全，服务体系更加完善，全社会创新创业文化氛围更加浓厚。

二、重点任务

（一）加快构建众创空间。总结推广创客空间、创业咖啡、创新工场等新型孵化模式，充分利用国家自主创新示范区、国家高新技术产业开发区、科技企业孵化器、小企业创业基地、大学科技园和高校、科研院所的有利条件，发挥行业领军企业、创业投资机构、社会组织等社会力量的主力军作用，构建一批低成本、便利化、全要素、开放式的众创空间。发挥政策集成和协同效应，实现创新与创业相结合、线上与线下相结合、孵化与投资相结合，为广大创新创业者提供良好的工作空间、网络空间、社交空间和资源共享空间。

（二）降低创新创业门槛。深化商事制度改革，针对众创空间等新型孵化机构集中办公等特点，鼓励各地结合实际，简化住所登记手续，采取一站式窗口、网上申报、多证联办等措施为创业企业工商注册提供便利。有条件的地方政府可对众创空间等新型孵化机构的房租、宽带接入费用和用于创业服务的公共软件、开发工具给予适当财政补贴，鼓励众创空间为创业者提供免费高带宽互联网接入服务。

（三）鼓励科技人员和大学生创业。加快推进中央级事业单位科技成果使用、处置和收益管理改革试点，完善科技人员创业股权激励机制。推进实施大学生创业引领计划，鼓励高校开发开设创新创业教育课程，建立健全大学生创业指导服务专门机构，加强大学生创业培训，整合发展国家和省级高校毕业生就业创业基金，为大学生创业提供场所、公共服务和资金支持，以创业带动就业。

（四）支持创新创业公共服务。综合运用政府购买服务、无偿资助、业务奖励等方式，支持中小企业公共服务平台和服务机构建设，为中小企业提供全方位专业化优质服务，支持服务机构为初创企业提供法律、知识产权、财务、咨询、检验检测认证和技术转移等服务，促进科技基础条件平台开放共享。加强电子商务基础建设，为创新创业搭建高效便利的服务平台，提高小微企业市场竞争力。完善专利审查快速通道，对小微企业亟需获得授权的核心专利申请予以优先审查。

（五）加强财政资金引导。通过中小企业发展专项资金，运用阶段参股、风险补助和投资保障等方式，引导创业投资机构投资于初创期科技型中小企业。发挥国家新兴产业创业投资引导基金对社会资本的带动作用，重点支持战略性新兴产业和高技术产业早中期、初创期创新型企业发展。发挥国家科技成果转化引导基金作用，综合运用设立创业投资子基金、贷款风险补偿、绩效奖励等方式，促进科技成果转移转化。发挥财政资金杠杆作用，通过市场机制引导社会资金和金融资本支持创业活动。发挥财税政策作用支持天使投资、创业投资发展，培育发展天使投资群体，推动大众创新创业。

（六）完善创业投融资机制。发挥多层次资本市场作用，为创新型企业提供综合金融服务。开展互联网股权众筹融资试点，增强众筹对大众创新创业的服务能力。规范和发展服务小微企业的区域性股权市场，促进科技初创企业融资，完善创业投资、天使投资退出和流转机制。鼓励银行业金融机构新设或改造部分分（支）行，作为从事科技型中小企业金融服务的专业或特色分（支）行，提供科技融资担保、知识产权质押、股权质押等方式的金融服务。

（七）丰富创新创业活动。鼓励社会力量围绕大众创业、万众创新组织开展各类公益活动。继续办好中国创新创业大赛、中国农业科技创新创业大赛等赛事活动，积极支持参与国际创新创业大赛，为投资机构与创新创业者提供对接平台。建立健全创业辅导制度，培育一批专业创业辅导师，鼓励拥有丰富经验和创业资源的企业家、天使投资人和专家学者担任创业导师或组成辅导团队。鼓励大企业建立服务大众创业的开放创新平台，支持社会力量举办创业沙龙、创业大讲堂、创业训练营等创业培训活动。

（八）营造创新创业文化氛围。积极倡导敢为人先、宽容失败的创新文化，树立崇尚创新、创业致富的价值导向，大力培育企业家精神和创客文化，将奇思妙想、创新创意转化为实实在在的创业活动。加强各类媒体对大众创新创业的新闻宣传和舆论引导，报道一批创新创业先进事迹，树立一批创新创业典型人物，让大众创业、万众创新在全社会蔚然成风。

三、组织实施

（一）加强组织领导。各地区、各部门要高度重视推进大众创新创业工作，切实抓紧抓好。各有关部门要按照职能分工，积极落实促进创新创业的各项政策措施。各地要加强对创新创业工作的组织领导，结合地方实际制定具体实施方案，明确工作部署，切实加大资金投入、政策支持和条件保障力度。

（二）加强示范引导。在国家自主创新示范区、国家高新技术产业开发区、小企业创业基地、大学科技园和其他有条件的地区开展创业示范工程。鼓励各地积极探索推进大众创新创业的新机制、新政策，不断完善创新创业服务体系，营造良好的创新创业环境。

（三）加强协调推进。科技部要加强与相关部门的工作协调，研究完善推进大众创新创业的政策措施，加强对发展众创空间的指导和支持。各地要做好大众创新创业政策落实情况调研、发展情况统计汇总等工作，及时报告有关进展情况。

国务院办公厅

2015 年 3 月 2 日

附录 8 中国创业风险投资机构名录

公司名称	成立时间	网址	传真
安徽大学资产经营有限公司	2009-10-13	zcgs.ahu.cn	0551-65329875
安徽鼎信创业投资有限公司	2012-06-05	—	0551-65319112
安徽丰创生物技术产业创业投资有限公司	2013-04-02	—	0551-65182095
安徽高科创业投资有限公司	2010-01-28	www.ahgoco.com	0551-65319112
安徽高新金通安益股权投资基金（有限合伙）	2015-03-23	—	0551-66103790
安徽高新同华创业投资基金（有限合伙）	2015-03-25	—	—
安徽高新招商致远股权投资基金（有限合伙）	2015-03-23	—	—
安徽国安创业投资有限公司	2010-09-15	—	0551-65732844
安徽国耀创业投资有限公司	2013-11-28	—	—
安徽国元创投有限责任公司	2010-06-13	www.ahgyct.com	0551-63699700
安徽红土创业投资有限公司	2010-08-10	www.szvc.com.cn	0551-65666025
安徽华文创业投资管理有限公司	2003-06-04	—	0551-63533281
安徽徽商产业投资基金管理有限公司	2008-03-18	www.hygcapital.com	0551-5844598
安徽汇智富创业投资有限公司	2013-03-26	—	0551-65383158
安徽火花科技创业投资有限公司	2013-06-25	—	—
安徽昆冈创业股权投资合伙企业（有限合伙）	2010-08-17	—	—
安徽联华盈创投资管理有限公司	2013-09-05	—	0551-65367330
安徽省安庆发展投资（集团）有限公司	2004-07-19	www.aqfztz.com	0556-5595212
安徽省创投资本基金有限公司	2010-07-27	—	0551-67131875
安徽省创业投资有限公司	2008-07-09	—	0551-63677211
安徽省高新创业投资有限责任公司	2009-12-23	—	0555-8331877
安徽省科创投资管理咨询有限责任公司	2000-10-31	—	0551-66195765
安徽省科技产业投资有限公司	1999-07	www.ahkjtz.com.cn	0551-66195708
安徽西格玛壹号投资合伙企业（有限合伙）	2013-05-24	—	—
安徽新天柱投资集团有限公司	2010-01-15	www.newtianzhu.com	0556-8978759
安徽兴皖创业投资有限公司	2010-08-20	—	0551-65732843
安徽亿诚融资理财信息服务有限公司	2012-08-29	www.ahycrzlc.com	0556-5275508

公司名称	成立时间	网址	传真
安徽益明投资理财咨询服务有限公司	2013-09-04	www.ahymlc.com	0556-5696657
安庆百科实业有限公司	2004-02-09	—	0556-5323811
安庆发投创业投资有限公司	2012-09-28	—	—
蚌埠市科技创业投资有限公司	2008-06-26	—	0552-3186802
蚌埠市远大创新创业投资有限公司	2010-09-28	—	0551-63186678
蚌埠皖北金牛创业投资有限公司	2011-05-17	—	0552-4129773
蚌埠中城创业投资有限公司	2009-03-16	—	0552-3183880
滁州浚源创业投资中心（有限合伙）	2011-06	jycapital.cn	010-82661938
合肥高特佳创业投资有限责任公司	2010-04-19	www.szgig.com	0551-65310817
合肥高新科技创业投资有限公司	2012-10-19	gxkt.hfgxjt.com	0551-65326509
合肥广电投资有限责任公司	2003-08-06	www.hfbtv.com	0551-63509205
合肥赛富合元创业投资中心（有限合伙）	2011-01-13	—	—
合肥世纪创新投资有限公司	2002-09-11	—	0551-66195765
合肥市创新科技风险投资有限公司	2000-08-28	www.hfgk.com	0551-62675471
合肥市高科技风险投资有限公司	2000-04-18	—	—
合肥同安创业投资基金行（有限合伙）	2010-09-06	—	0551-63677135
合肥兴泰资本管理有限公司	1997-06-02	www.xtkg.com	0551-63758980
合肥智鼎创业投资管理有限公司	2009-11-10	www.qyzyw.com	0551-64651822
华晟投资管理有限责任公司	2012-05-14	—	0551-63533681
淮南市创业风险投资有限公司	2011-11-26	—	0554-6679199
汇智创业投资有限公司	2009-04-29	—	0551-65321476
六安高科创业投资有限公司	2011-10-20	—	0564-3323933
太湖县企业公有资产经营管理有限公司	2005-12-01	—	0556-4162643
铜陵天源股权投资集团有限公司	2007-02-01	—	0562-2885077
芜湖达成创业投资中心（有限合伙）	2010-04-28	—	—
芜湖富海浩研创业投资基金（有限合伙）	2012-12-27	—	0553-3850713
芜湖奇瑞科技有限公司	2001-11-21	www.mychery.com	0553-5922267
芜湖瑞建汽车产业创业投资有限公司	2010-07-01	—	0553-3812768
芜湖瑞业股权投资基金（有限合伙）	2009-12-21	—	021-64151936
芜湖市科创融资担保有限公司	2004-05-28	—	0553-5965868
芜湖市世纪江东创业投资中心（有限合伙）	2009-08-18	www.jd-capital.cn	0553-5772022
芜湖远大创业投资有限公司	2009-04-23	—	0553-5992133
IDG 资本	1992-08-01	www.idgvc.com	010-65260700
北京阿普瑞投资咨询有限公司	2008-01-10	www.upring.cn	—
北京安芙兰创业投资有限公司	2009-06-11	www.vcpe.hk	010-66416805
北京安芙兰投资中心（有限合伙）	2012-01-11	—	010-66416805
北京博瑞盛德创业投资有限公司	2009-11-09	—	—
北京大河融科创业投资有限公司	2015-06-19	www.rivervc.com	—
北京鼎典泰富投资管理有限公司	2011-11-08	—	010-84417837

公司名称	成立时间	网址	传真
北京光大五道口投资基金管理有限公司	2015-03-24	—	—
北京宏福科技孵化器股份有限公司	2013-07-04	www.hffhq.com	—
北京厚德科创科技孵化器有限公司	2012-07-04	www.hdcxg.com	010-62607776
北京厚积资本管理有限公司	2015-05-13	—	—
北京华创嘉成投资管理有限公司	2013-06-26	—	—
北京华创盛景创业投资中心（有限合伙）	2010-06-09	—	—
北京华创盛景投资管理有限公司	2010-01-26	—	—
北京华汇通创业投资管理有限公司	2007-07-01	www.bjhhtvc.com	010-82158841
北京华卓投资管理有限公司	2015-04-23	—	—
北京嘉华汇金投资管理有限公司	2011-02-24	—	010-64685181
北京金沙江创业投资管理有限公司	2006-03-30	www.gsrventures.com	010-65033173
北京金业润泽投资合伙企业（有限合伙）	2015-06-17	—	—
北京立春资产管理有限公司	2015-04-01	—	—
北京联想之星创业投资有限公司	2009-12-01	www.legendstar.com.cn	010-82982400
北京青云创业投资管理有限公司	2001-07-13	www.cefund.com	010-56815788
北京三行资本管理有限责任公司	2015-03-19	www.triniticapital.com	—
北京市北广文资歌华投资管理中心（有限合伙）	2015-08-25	—	—
北京顺为创业投资有限公司	2011-05-17	www.shunwei.com	010-85315018
北京万禾创新投资管理有限公司	2014-09-11	—	—
北京晓德投资管理中心（有限合伙）	2015-04-17	—	—
北京信中利投资股份有限公司	1999-05-17	www.chinaequity.net	010-85550509
北京阳光融汇医疗健康产业成长投资管理中心（有限合伙）	2015-02-09	—	—
北京正润创业投资有限责任公司	2007-11-19	www.prope.com.cn	010-88568883
北京智银投资管理有限公司	2010-12-14	www.zyic.net	010-84827702
北京中关村青年科技创业投资有限公司	2000-01	www.bjcvc.com.cn	010-68118842
北京左驭投资管理有限公司	2015-03-01	—	—
创新工场	2009-09-01	www.chuangxin.com	—
鼎晖创业投资	2006-01-01	www.cdhfund.com	010-65815730
丰厚投资管理（北京）有限公司	2012-12-26	www.fhcapital.com	010-89508968
风云天使基金	2015-01-01	—	—
峰瑞资本	2015-01-01	www.freesvc.com	—
富汇创业投资管理有限公司	2008-05-01	www.fuhocapital.com	010-82656666-666
高通公司创业投资基金	2000-01-01	www.qualcommventures.com	010-57760891
冠军 VC	2015-09-28	—	—
国科嘉和（北京）投资管理有限公司	2011-08-24	www.cashcapital.cn	010-57636599
国投高科技投资有限公司	1996-09	—	010-66579545
航天科工投资基金管理（北京）有限公司	2012-09-11	—	010-68948022
和壹资本管理（北京）有限公司	2015-08-12	—	—

公司名称	成立时间	网址	传真
黑桃资本	2015-01-01	www.spadecap.com	—
红杉资本中国基金	2005-09-01	www.sequoiacap.cn	010-84475669
红土嘉智投资管理顾问（北京）有限公司	2009-04-02	—	—
华控汇金投资管理有限公司	2003-09-01	www.thcapital.com.cn	010-59761180
华软投资（北京）有限公司	2014-04	www.chinasoftic.com	010-82525169
集结号资本	2015-02-01	—	—
经纬创投中国基金	2008-01-28	www.matrixpartners.com.cn	010-65000066
君联资本管理股份有限公司	2003-11-19	www.legendcapital.com.cn	010-89139001
凯旋创投	2008-04-01	www.keytonevc.com	010-85192584
昆吾九鼎投资管理有限公司	2007-07-27	www.jdcapital.com	010-63221188
联想控股有限公司	1984-04-01	www.legendholdings.com.cn	010-62561056
宁波梅花天使投资管理有限公司	2014-04-28	www.plumventures.cn	—
盘古创富（北京）创业投资管理有限公司	2008-03	www.vangoocapital.com	—
平安创投医疗健康基金	2015-02-06	—	—
启迪创业投资管理（北京）有限公司	2001-03-30	www.tsinghua-vc.com	010-62705209
浅石创投	2015-01-01	—	—
山行资本	2015-01-01	—	—
同渡势成（北京）投资管理有限责任公司	2014-02-20	www.tongdu.com.cn	010-59822026
网易资本	2012-04	—	—
熙金资本	2015-01-01	—	—
一八九八创投基金	2015-10-18	—	—
银泰资本	1998-01-01	www.ventechchina.com	010-65307652
英诺天使基金	2013-01-01	www.innoangel.com	—
永威投资有限公司	1995-10-01	www.asiavest.com	010-65687458
愉悦资本	2015-04-01	—	—
真格基金	2006-01-01	www.zhenfund.com	—
正和磁系大天使基金	2015-04-18	—	—
中发君盛（北京）投资管理有限公司	2009-12-12	—	—
中孵高科创业投资管理（北京）有限公司	2012-08-01	www.cybernaut.com.cn	010-59755396
中国创业投资有限公司		www.chinavest.com	021-63293951
中国风险投资有限公司	2000-04-10	www.c-vc.com.cn	010-0123456
中国高新投资集团公司	1989-04-19	www.gaoxin-china.com.cn	010-63288606
中金创新（北京）国际投资管理顾问有限公司		—	—
中企汇安资产管理有限公司	2014-03-26	—	—
众创共享基金	2015-09-29	—	—
福建红桥创业投资管理有限公司	2007-08-29	hqcapital.com.cn	0592-2278628
福建华兴创业投资有限公司	2000-12-26	www.fjhxvc.com	0591-87858275
福建省乐助投资有限公司	2011-04-25	—	—
福建泽联股权投资管理有限公司	2013-06-04	—	0592-5793728

公司名称	成立时间	网址	传真
罗普特（厦门）投资管理有限公司	2013-05-30	—	0592-3662225
南安市红桥创业投资有限公司	2010-08-13	www.hqcapital.com.cn	0595-86392990
泉州市红桥创业投资有限公司	2010-02-22	www.hqcapital.com.cn	0595-28292990
泉州市红桥民间资本管理股份有限公司	2008-10-29	www.hqcapital.com.cn	0595-82032092
厦门保金股权投资基金管理有限公司	2012-12-24	—	0592-2239515
厦门创翼创业投资有限公司	2008-06-20	—	0592-2360798
厦门创兆地产投资管理有限公司		—	—
厦门高新技术创业中心	1996-12-18	www.xmibi.com	0592-3923999
厦门高新技术风险投资有限公司	1998-12-28	—	0592-2102861
厦门高新科创天使创业投资有限公司	2013-03-11	www.xmibi.com	0592-3923999
厦门国海坚果投资管理有限公司	2013-03-28	www.capitalnuts.com	0592-2577217
厦门红土创业投资有限公司	2010-06-08	—	0592-5778290
厦门红土投资管理有限公司	2010-06-08	—	0592-5770650
厦门火炬集团创业投资有限公司	2004-04-05	www.xmhjtz.com	0592-5711818
厦门科技产业化开发建设有限公司	2012-09-05	www.xmicc.gov.cn	0592-6275076
厦门科技创业投资有限公司	2011-04-06	—	0592-5711818
厦门隆领投资合伙企业（有限合伙）	2011-11-02	www.lognling.com	—
厦门铭源红桥投资管理有限公司	2011-08-31	—	0592-2278628
厦门七匹狼创业投资有限公司	2009-07-03	www.sw-gh.complatform-3.html	0592-5377752
厦门软件产业投资发展有限公司	1998-12-02	www.xsoft.com.cn	0592-3929888
厦门松涛风险投资股份有限公司	2000-04-28	www.songtao.com.cn	0592-6093926
厦门携合创业投资合伙企业（有限合伙）	2013-08-01	—	0592-2278628
甘肃省科技发展投资有限责任公司	2014-03-31	—	0931-8730629
甘肃省科技风险投资有限公司	2001-08	—	0931-8537887
甘肃现代农业产业创业投资基金有限公司	2012-12-25	—	0931-4890588
兰州高科创业投资担保有限公司	2003	—	0931-8711879
兰州天键投资咨询服务有限公司	2006	—	—
东莞市华科松湖创业投资有限公司	2009-12-23	—	0769-22899127
广东广弘创业投资有限公司	2011-10-11	—	020-87228300
广东粤财创业投资有限公司	1995-06-22	—	020-83063161
广东粤科钜华创业投资有限公司	2010-10-11	—	—
广东粤科润华创业投资有限公司	2012-10-18	—	0750-3882739
广州启诚创业投资管理有限公司	2013-09-09	www.tsinghua-vc.com	—
国信弘盛创业投资有限公司	2008-08-08	hs.guosen.com.cn	0755-25472415
君盛投资管理有限公司	2003-01-13	www.junsancapital.com	0755-82571198
力合科创集团有限公司	1999-08-31	www.leaguer.com.cn	0755-26550303
鲁证创业投资有限公司	2010-05-21	—	0755-82798613
深圳创富成长创业投资有限公司	2009-05-20	—	0755-26994531
深圳东方赛富投资有限公司	2010-05-06	www.esaif-capital.com	0755-88315925

公司名称	成立时间	网址	传真
深圳国成世纪创业投资有限公司	2003-04-16	www.ciamvc.com	0755-82967097
深圳力合清源创业投资管理有限公司	2010-04-28	www.leaguercapital.com	0755-86363823
深圳融石资本投资有限公司	2015-04-21	—	0755-23910358
深圳市保中太创业投资有限公司	2007-04-06	—	0755-83264501
深圳市博叡创业投资有限公司	2010-03-18	www.boricapital.com	0755-83669873
深圳市创东方投资有限公司	2007-08-21	www.cdfcn.com	0755-88316757
深圳市创新投资集团有限公司	1999-08-26	www.szvc.com.cn	0755-8291880
深圳市达晨财智创业投资管理有限公司	2008-12-15	—	0755-83515115
深圳市达晨创业投资有限公司	2000-04	www.fortunevc.com	0755-83515115
深圳市大正元股权投资基金管理有限公司	2010-04-16	www.tdrcap.com	0755-33371191
深圳市东方富海投资管理股份有限公司	2006-10-10	www.ofcapital.com	0755-83475799
深圳市分享投资合伙企业（有限合伙）	2007-08-27	—	0755-86331909
深圳市孚威创业投资有限公司	2007-10-15	—	0755-25771505
深圳市高新投创业投资有限公司	1994-12-29	www.szhti.com.cn	0755-82852555
深圳市君丰创业投资基金管理有限公司	2009-09-30	www.jfamc.com	0755-82823635
深圳市年利达创业投资有限公司	2007-09-20	—	0755-23993622
深圳市鹏德创业投资有限公司	2010-07-19	www.pengdecapital.com	—
深圳市山海创业投资管理有限公司	2005-08-29	www.sunhighvc.com	0755-26077778
深圳市深港产学研创业投资有限公司	1996-09	www.iervc.com.cn	0755-83290622
深圳市时代伯乐创业投资管理有限公司	2011-04-25	—	—
深圳市松禾资本管理有限公司	2007-04-26	www.pinevc.com.cn	0755-83290622
深圳市天图创业投资有限公司	2002-04-11	www.tiantu.com.cn	0755-36909834
深圳市同创伟业创业投资有限公司	2000-06-26	www.cowincapital.com.cn	0755-82879025
深圳市同威创业投资有限公司	2008-03-02	www.copowerpe.com	0755-26935161
深圳市倚锋创业投资有限公司	2007-08-22	www.efung.cc	0755-88308601
深圳市悦享资本管理有限公司	2010-08-06	www.szyxzbgl.com	0755-23819923
银河粤科基金管理有限公司	2013-11-04	—	020-87687938
盈富泰克创业投资有限公司	2000-04-20	www.infovc.com	0755-82966479
招商局科技集团有限公司	1995-12-20	www.cmtech.net	0755-26888628
肇庆市粤科金瑞投资管理有限公司	2010-08-19	—	0758-2321528
肇庆市粤科金叶创业投资有限公司	2010-10-18	—	0758-2321528
珠海高新技术创业服务中心	2004-08-25	www.zhhbi.com	0756-3629998
珠海红杉资本股权投资中心（有限合伙）	2010-03-26	—	010-84475669
珠海金控高新产业投资中心（有限合伙）	2014-04-23	—	—
珠海金控高新创业投资有限公司	2013-11-19	—	0756-3626801
珠海领先互联高新技术产业投资中心（有限合伙）	2014-09-03	—	0756-3333838
珠海清华科技园创业投资有限公司	2001-07	www.tspz.com	0756-3612000
珠海招商银科股权投资中心（有限合伙）	2012-01-21	—	0755-26677220
广西海东科技创业投资有限公司	2010-04-14	—	0772-3867268

公司名称	成立时间	网址	传真
柳州开元创业投资有限公司	2011-12-30	—	0771-5715238
毕节市科技创业投资有限公司	2014-12-29	—	—
鼎信博成创业投资有限公司	2010-08-26	—	0851-5806514
贵阳博实火炬新兴产业创业投资企业（有限合伙）	2013-07-30	—	—
贵阳成创合力创业投资管理企业（有限合伙）	2011-03-25	—	0851-84757198
贵阳创新天使投资基金有限公司	2014-03-01	—	0851-85806514
贵阳高科创业投资有限责任公司	2009-09-03	www.guiyanggk.com	0851-84391972
贵阳高新创业投资有限公司	2011-04-27	—	0851-82203995
贵阳工投生物医药产业创业投资有限公司	2013-02-19	—	0851-84757198
贵阳花溪科技创业投资有限公司	2011-07-19	—	0851-3863159
贵阳甲秀创业投资中心（有限合伙）	2011-04-08	—	0851-84757198
贵阳市创业投资有限公司	2010-12-28	www.gyiig.com	0851-84757198
贵阳市星火现代服务业创业投资有限公司	2014-05-13	—	—
贵阳市引凤高技术产业创业投资基金有限公司	2014-05-13	—	0851-84757198
贵州德欣禾悦创业投资管理有限公司	2014-04-08	—	—
贵州鼎信博成投资管理有限公司	2009-09-16	www.gztvc.net	0851-5806514
贵州鼎信卓越创业投资有限公司	2013-12-06	—	—
贵州国喜投资有限公司	2011-09-06	—	0851-82264888
贵州红土创业投资有限公司	2014-08-22	—	—
贵州金磐科技创业投资有限公司	2007-12-17	—	0851-88697061
贵州经开创业投资管理有限公司	2012-06-01	www.gzjkct.com	0851-3890646-804
贵州经开创业投资有限公司	2012-08-21	—	0851-3890646-804
贵州省贵鑫瑞和创业投资管理有限责任公司	2014-07-31	—	0851-86893992
贵州省科技风险投资有限公司	1998-12	www.gztvc.net	0851-85806514
贵州中鼎投资管理有限公司	2004-09-04	www.gzzd.cn	0851-86824648
贵州中水建设管理股份有限公司	2004-02-17	—	0851-85610887
贵州筑银资本管理有限公司	2012-03-02	—	0851-84757198
六盘水市科技创业投资有限公司	2011-04-14	—	—
黔西南州创业投资基金有限公司	2015-07-31	—	—
铜仁梵净山科技创业投资有限公司	2013	—	—
遵义科技创业投资有限公司	2010-11-05	—	0851-28922337
保定高新技术创业服务中心	1994-11-01	—	0312-3326988
保定市创元科技风险投资有限公司	2008-12-22	—	0312-3312105
保定市科锐特创业投资有限公司	2006-02-27	www.krtvc.com	0312-3371336
沧州渤海新区沿海发展投资基金合伙企业（有限合伙）	2015-10-29	—	0317-7558066
河北金冀达创业投资有限公司	2009-08-31	—	0311-85961613
河北科技投资集团有限公司	2001-02-15	www.hebvc.com	0311-85961613
河北天俱时投资有限公司	2010-10-12	—	0311-85118816

公司名称	成立时间	网址	传真
河北天鑫创业投资有限公司	2011-07-04	—	—
河北兴石创业投资有限公司	2009-12-21	—	—
河北燕郊燕胜创业投资有限公司	2011-05-27	—	0316-3357676
廊坊市高科创新创业投资有限公司	2006-10-19	—	0316-2235190
荣盛创业投资有限公司	2007-09-08	—	010-59772531
石家庄高新区方亿投资有限公司	2009-08-06	—	0311-85384475
石家庄高新区科发投资有限公司	2010-03-23	—	0311-66699013
石家庄科技创业投资有限公司	2002-09-19	—	0311-66685160
石家庄石以创业投资管理有限公司	2009-11-30	—	0311-66699011
唐山高新创业投资有限公司	2007-07-02	—	0315-3858385
唐山科技发展投资管理有限责任公司	2009-04-22	—	—
唐山至信投资有限公司	2009-09-27	—	—
安阳惠通高创新材料创业投资合伙企业（有限合伙）	2012-07-25	—	0371-86615676
河南秉鸿生物高新技术创业投资有限公司	2012-11-05	www.beyondfund.com	010-82483542
河南创业投资股份有限公司	2002-08	www.hnvc.cn	0315-67897012
河南德瑞恒通高端装备创业投资基金有限公司	2013-05-15	—	0371-55698755
河南高科技创业投资股份有限公司	2001-04-29	www.hnvc.com.cn	0371-67895090
河南华祺节能环保创业投资有限公司	2013-06-20	www.haiyuqi.com	0371-86684801
河南华夏海纳创业投资集团有限公司	2009-06-18	www.huaxiahn.com	0371-86068196
河南龙裕创业投资有限公司	2013-05-28	—	—
河南兴豫生物医药创业投资基金（有限合伙）	2014-05-29	—	0371-86661006
河南中证开元创业投资基金（有限合伙）	2013-09-17	—	0379-60662802
洛阳红土创新资本创业投资有限公司	2009-04-18	—	0379-64902650
许昌市发展创业投资有限公司	2006-06-20	www.xcct.cn	0374-2783269
郑州百瑞创新资本创业投资有限公司	2007-07-30	www.szvc.com.cn	0371-69177638
哈尔滨创新投资有限公司	2002-06-28	—	0451-84686552
哈尔滨创业投资集团有限公司	2009-02-26	www.hrbvc.com.cn	0451-84858002
哈尔滨东方汇富创业投资管理有限公司	2015-07-10	—	—
哈尔滨富德恒创业投资企业（有限合伙）	2014-01-24	—	—
哈尔滨哈以孵化器管理有限公司	2011-04-07	www.harbin-incubator.com	—
哈尔滨华滨光辉创业投资企业（有限合伙）	2014-12-29	—	—
哈尔滨君丰创业投资企业（有限合伙）	2015-01-29	—	0451-82336520
哈尔滨朗江创新股权投资企业（有限合伙）	2015-04-01	—	0451-84865258
哈尔滨联创创业投资企业（有限合伙）	2015-12-03	—	010-59393939
哈尔滨市阿里聚旺创业投资企业（有限合伙）	2015-11-30	—	—
哈尔滨市科技风险投资中心	1998-05	—	0451-84686552
哈尔滨市天琪创业投资企业（有限合伙）	2014-07-30	—	0451-82287887
哈尔滨市天琪股权投资基金管理企业（有限合伙）	2014-07-30	tqtz.com.cn	0451-82287805
哈尔滨越榕阳光投资企业（有限合伙）	2014-12-25	—	—

公司名称	成立时间	网址	传真
哈尔滨云谷创业投资管理有限公司	2016-04-15	—	—
哈尔滨云谷创业投资企业（有限合伙）	2013-07-09	—	—
黑龙江红土科力创业投资有限公司	2011-07-11	—	0451-55553193
黑龙江凯致天使创业投资企业	2015-11-04	—	—
黑龙江信泰投资有限公司	2014-09-03	—	0451-82336222
楚商领先（武汉）创业投资基金管理有限公司	2013-06-25	www.chushang-invest.cc	027-87750827
湖北高和创业投资企业	2009-12-08	—	027-86659549
湖北红土创业投资有限公司	2009-12	www.szvc.com.cn	027-87339809
湖北九派创业投资有限公司	2010-09-09	www.9pvc.com	027-59339178
湖北科创天使投资有限公司	2014-07-11	—	027-87440849
湖北量科高投创业投资有限公司	2010-11-26	—	027-87440551
湖北善盈投资有限公司	2014-09-02	www.sying.cc	027-85699731
湖北省高新技术产业投资有限公司	2005-10-25	www.cnhbgt.com	027-87440849
湖北盛世高金创业投资有限公司	2011-03-24	—	027-87440849
华创丰泰（湖北）股权投资基金管理有限公司	2013-10-24	www.hcfttz.com	027-65655618
华融天泽高投湖北智能制造与技术服务创业投资有限公司	2015-05-06	—	027-87440849
科华银赛创业投资有限公司	2009-07-30	www.khysct.com	027-59817377
武汉东湖众合天使投资中心（有限合伙）	2015-05-12	www.crowdangel.cn	—
武汉斐然源通中以科技股权投资基金合伙企业(有限合伙)	2013-09-24	—	—
武汉高德盛环保新能源创业投资基金合伙企业(有限合伙)	2015-07-15	—	—
武汉高农生物创业投资有限公司	2010-08-04	—	027-87397896
武汉公牛创业投资有限公司	2011-11-12	—	—
武汉固德银赛创业投资管理有限公司	2009-04-21	www.gdysct.com	027-59817377
武汉硅谷天堂晨曦创业投资基金合伙企业(有限合伙)	2012-09-07	—	—
武汉硅谷天堂恒誉创业投资基金合伙企业(有限合伙)	2012-09-07	—	—
武汉硅谷天堂阳光创业投资有限公司	2009-03-18	—	027-84842228
武汉红土创新创业投资有限公司	2012-03-20	—	027-87339809
武汉华工创业投资有限责任公司	2000-09-11	www.hustvc.com.cn	027-81338733
武汉华工科技投资管理有限公司	2011-02-28	—	027-87180149
武汉惠人生物创业投资基金中心（有限合伙）	2013-02-28	—	—
武汉科技创新朝阳创业投资有限公司	2010-12-22	—	027-81706081
武汉科技金融服务有限公司	2012-07-11	—	027-87575508
武汉科技投资有限公司	1992-05-06	www.cnwhkjtz.com	027-65692512
武汉赛伯乐妇女创新创业股权投资基金合伙企业(有限合伙)	2014-04-15	—	—

公司名称	成立时间	网址	传真
武汉市科创天使投资基金管理有限公司	2013-06-06	—	—
武汉中部发展创业投资中心	2008-09-24	—	—
襄阳创新资本创业投资有限公司	2008-09-18	—	—
长沙高新技术创业投资管理有限公司	2000-09-09	www.cshvc.com	0731-88286898
长沙市科技风险投资管理有限公司	2000-05-18	www.csvcc.cn	0731-88286892
长沙通程投资管理有限公司	2014-07-14	www.dolton-pawn.com	0731-84140499
长沙通和投资管理咨询有限公司	2010-01-21	—	0731-89852729
长沙先导产业投资有限公司	2009-05-15	www.cpih.cn	0731-88768823
长沙兴创投资管理合伙企业（有限合伙）	2007-11-13	—	0731-82953007
常德沅澧产业投资控股有限公司	2014-01-22	—	0736-7133995
常德中科芙蓉创业投资有限责任公司	2011-01-12	—	0736-7703079
郴州高新信息技术创业投资基金合伙企业（有限合伙）	2015-11-24	—	—
湖南博思科技咨询有限公司	2015-05-11	—	—
湖南财富同超创业投资管理股份有限公司	2010-07-19	—	0731-82567348
湖南财富同超创业投资有限公司	2010-10-10	—	0731-82567348
湖南达晨财鑫创业投资有限公司	2011-03-28	—	0736-7133995
湖南迪策创业投资有限公司	2002-12-5	—	0731-89952741
湖南高科发创智能制造装备创业投资有限公司	2013-02-05	—	0731-28861596
湖南高新创业投资管理有限公司	2011-03-10	www.hhtvcm.com	0731-85165395
湖南海捷投资有限公司	2010-04-09	www.hiyield.cn	0731-88780198
湖南海捷先进装备创业投资有限公司	2013-05-08	www.hiyield.cn	0731-88780198
湖南湖大海捷津杉创业投资有限公司	2011-04-29	www.hiyield.cn	0731-88780100
湖南美雅资本管理有限公司	2008-08-21	—	0731-82226297
湖南摩根信通投资有限公司	2014-09-25	www.mgxtinvest.com	0731-84166383
湖南啓隆投资管理有限公司	2013-04-08	—	0731-58622116
湖南省财信产业基金管理有限公司	2001-01-17	www.hncxvc.com	0731-85196822
湖南省广信创业投资基金有限公司	2012-06-05	—	0731-88737722
湖南同超投资股份有限公司	2008-01-23	www.hntctz.com	0731-82567348
湖南湘投高科技创业投资有限公司	2000-02-23	www.hnhvc.com	0731-85188649
湖南新能源创业投资基金企业（有限合伙）	2010-05-14	—	0731-82768320
湖南兆富投资控股（集团）有限公司	2009-8-24	www.zaffer.cn	0731-88737722
湖南浙商嘉立创业投资有限公司	2010-08-06	—	0731-85696977
湖南臻泰股权投资管理合伙企业（有限合伙）	2012-12-27	—	—
三泽创业投资管理有限公司	2008-02-28	www.hnrichfund.com	0731-82768320
湘潭火炬创业投资有限公司	2012-04-20	—	0731-55567188
益阳市中小企业信用担保有限公司	2006-03-02	www.iysxdb.com	0737-2235161
招商湘江产业投资管理有限公司	2008-03	www.xjinvestment.com	0731-88711088
株洲广信兆富投资管理有限公司	2012-02-28	—	0731-88737722

公司名称	成立时间	网址	传真
株洲科创创业投资管理有限公司	2015-04-26	—	-
株洲南车时代高新投资担保有限责任公司	2003-05-12	www.timesinvest.cn	0731-22877368
株洲市世富投资有限公司	2009-12-14	www.zzsafer.com	0731-22727013
株洲兆富成长企业创业投资有限公司	2010-10-13	—	0731-88737722
长春经开科技风险投资有限公司	2000-11-20	www.jlsme.com	0431-86711708
长春市科技发展中心	1997-06-06	www.ccfengxian.com	0431-81284582
博辰创业投资管理（苏州）有限公司	2007-11-26	—	0512-66969661
长汉共同合作基金	2007-09-18	—	025-66009900
长三角创业投资企业	2008-01-07	—	021-53835998
常创（常州）创业投资合伙企业（有限合伙）	2013-09-03	—	0512-85228057
常熟博瀚创业投资有限公司	2009-11-23	—	0512-52351556
常熟经济开发区高新技术创业投资有限公司	2009-06	—	0512-52292926
常熟市国发创业投资有限公司	2010-11-25	—	0512-52876487
常州常荣创业投资有限公司	2009-09-08	www.ndinvest.cn	0519-89816672
常州常以创业投资管理有限公司	2009-12-31	—	0519-89629972
常州常以创业投资中心（有限合伙）	2010-01-12	—	0519-89629972
常州德丰杰清洁技术创业投资中心（有限合伙）	2009-12	www.dfjcompass.com	0519-89182227
常州德丰杰投资管理有限公司	2009-12	www.dfjcompass.com	0519-89182227
常州德丰杰正道创业投资中心（有限合伙）	2012-03	www.dfjcompass.com	0519-89182227
常州德丰杰正道投资管理有限公司	2012-02-20	www.dfjcompass.com	0519-89182227
常州蜂鸟创业投资合伙企业（有限合伙）	2012-06-21	—	0519-81231818
常州高睿创业投资管理有限公司	2007-09-24	—	0519-85150557
常州高投创业投资有限公司	2008-07-22	—	0519-85150557
常州高新创业投资有限公司	2012-01-18	www.czhti.com.cn	0519-81235008
常州高新技术风险投资有限公司	2000-12-22	www.cz-vc.com	0519-85150557
常州高新区印刷电子产业基金创业投资有限公司	2013-09-05	—	0519-69885597
常州和泰股权投资有限公司	2001-10-29	—	0519-85176186
常州和裕创业投资有限公司	2011-04	—	0519-85176186
常州华软投资管理有限公司	2010-07-07	—	010-65505560
常州金陵华软创业投资合伙企业（有限合伙）	2010-08-05	—	—
常州金茂新兴产业创业投资合伙企业（有限合伙）	2011-09	www.jolmo.net	025-84730375
常州力合创业投资有限公司	2008-10-10	www.leaguer.com.cn	0519-86220118
常州力合投资管理有限公司	2008-08	www.leaguercapital.com	0519-86220118
常州牡丹江南创业投资有限责任公司	2010-03-15	—	0519-68866908
常州青年创业投资中心（有限合伙）	2012-12-20	—	0519-85228057
常州青企联合创业投资合伙企业（有限合伙）	2013-01-05	—	0519-85228057
常州睿泰创业投资中心（有限合伙）	2012	—	—
常州赛富高新创业投资中心（有限合伙）	2009-12	www.sbaif.com	0519-89606122
常州市久益股权投资中心（有限合伙）	2010-07-30	www.nd-invest.cn	0519-89816672

公司名称	成立时间	网址	传真
常州市民生投资中心（有限合伙）	2007-11-15	—	0519-85164197
常州武进红土创业投资有限公司	2008-08-19	www.szvc.com.cn	0519-86318682
常州武岳峰创业投资管理有限公司	2011-03-03	www.summitviewcapital.com	0519-86620218
常州信辉创业投资有限公司	2007-05-11	—	0519-88129050
常州钟楼红土创业投资有限公司	2013-08-23	www.szvc.com.cn	0519-86318682
丹阳市高新技术创业投资有限公司	2010-12-31	—	0511-86922610
德丰杰（无锡）创业投资企业	2010-05-23	www.dfj.com	0510-81156559-807
高投名力成长创业投资有限公司	2007-04-29	www.mcgf.com.cn	021-62889166
高瞻（无锡）创业投资有限公司	2011-04	www.tallwoodvc.com	0510-81814997
高瞻（无锡）企业管理有限公司	2011-05	www.tallwoodvc.com	0510-81814997
光控（海门）创业投资有限公司	2012-11-30	—	—
国科瑞祺物联网创业投资有限公司	2010-07-22	www.casim.cn	010-82607629-802
国润创业投资（苏州）管理有限公司	2008-05	www.guorun.com	0512-62998663
海安得一创业投资有限公司	2015-12-14	—	021-64178726
海安丰睿创业投资有限公司	2015-08-20	—	—
海安峰融创业投资有限公司	2014-12-18	—	—
海安青蓝创业投资有限公司	2015-03-26	—	—
海安圣义创业投资有限公司	2015-06	—	—
海安双惠创业投资有限公司	2015-03-25	—	0513-88765006
海安泰港创业投资有限公司	2015-06-24	—	—
海安新鑫创业投资有限公司	2015-07-27	—	—
海安知己基石创业投资有限公司	2014-09-05	—	—
海得汇金创业投资江阴有限公司	2011-03-03	www.head-capital.cn	0510 81602235
海门东翔创业投资有限公司	2012-12-19	—	
海门时代伯乐股权投资合伙企业（有限合伙）	2014-09-26	—	—
海门市东洲创业投资有限公司	2011-12-28	—	0513-82212931
红塔创新（昆山）创业投资有限公司	2008-07-09	—	010-58555666
华软创业投资无锡合伙企业（有限合伙）	2009-08	www.csinvestmentgroup.com	010-82525169
华软创业投资宜兴合伙企业（有限合伙）	2010-08-28	www.csinvestmentgroup.com	—
华穗食品创业投资企业	2009-04-13	—	021-62898817
华映光辉投资管理（苏州）有限公司	2010	www.meridiancapital.com.cn	0512-68327950
淮安平衡创业投资中心（有限合伙）	2013-10-25	—	025-51889757
江苏艾利克斯投资有限公司	2006-01-19	—	0511-86900801
江苏博硕高新技术产业投资发展有限公司	2011-09-18	—	—
江苏昌盛阜创业投资有限公司	2008-08-22	—	0512-69560268
江苏诚行投资管理有限公司	2011-03-16	—	—
江苏鼎信资本管理有限公司	2009-06-25	—	025-86586898
江苏东恒空港高新技术产业园有限公司	2011-08-26	—	025-52327675
江苏多良创业投资有限公司	2008-03-31	—	0519-83872660

公司名称	成立时间	网址	传真
江苏高成创业投资有限公司	2010-08-09	—	0512-56793680
江苏高鼎科技创业投资有限公司	2007-08-31	www.js-vc.com	025-51889757
江苏高弘投资管理有限公司	2006-09	—	025-52313062
江苏高晋创业投资有限公司	2008-06-12	—	0519-85150557
江苏高科技投资集团有限公司	1992-07- 30	www.js-vc.com	025-85529999
江苏高胜科技创业投资有限公司	2006-12-27	www.js-vc.com	025-51889757
江苏高投邦盛创业投资合伙企业（有限合伙）	2014-05-09	—	—
江苏高投成长创业投资有限公司	2008-01	—	025-85529900
江苏高投成长价值股权投资合伙企业（有限合伙）	2011-05	—	025-85529999
江苏高投创业投资管理有限公司	1999-01-29	—	025-85529999
江苏高投发展创业投资有限公司	2010-07-16	—	025-85529999
江苏高投科贷创业投资合伙企业（有限合伙）	2013-12-31	—	025-85529900
江苏高投宁泰创业投资合伙企业（有限合伙）	2012-01-30	—	025-85529900
江苏高投中小企业创业投资有限公司	2009-05	—	025-66009900
江苏高新创业投资管理有限公司	2005-01-14	www.js-vc.com	025-51889757
江苏高新创业投资有限公司	2005-08-15	www.js-vc.com	025-51889757
江苏格瑞石墨烯创业投资有限公司	2012-04-10	—	0519-81085951
江苏氿渡投资有限公司	2009-07-15	—	—
江苏国投衡盈创业投资中心（有限合伙）	2010-11-22	—	021-62785808
江苏海为创业投资有限公司	2010-12-03	—	0523-86239598
江苏弘瑞科技创业投资有限公司	2002-09	—	025-52313062
江苏红黄蓝创业投资有限公司	2014-02-19	—	025-88869883
江苏华控创业投资有限公司	2008-07-10	www.huakongpe.com	025-87716620-801
江苏华控投资管理有限公司	2008-01-15	—	025-87716220-801
江苏华全创业投资有限公司	2013-01-05	—	0523-80959672
江苏华睿投资管理有限公司	2010-06-12	—	—
江苏汇鸿创业投资有限公司	2004-07-06	—	025-84572097
江苏火炬创业投资有限公司	2010-10-19	www.huojujijin.com	0510-81813907
江苏嘉睿创业投资有限公司	2008-03-28	—	025-88160137
江苏金茂低碳产业创业投资有限公司	2010-11-19	www.jolmo.net	025-84730375
江苏金茂环保产业创业投资有限公司	2010-12-17	www.jolmo.net	025-84730375
江苏津通创业投资有限公司	2007-06-25	www.jinton.com	0519-86226016
江苏九洲投资集团创业投资有限公司	2007-09-19	www.jiuzhouinvest.com	0519-85228057
江苏巨能投资集团有限公司	2010-08-23	—	025-86716841
江苏巨业投资有限公司	2014-04-02	—	0513-87611102
江苏聚融创业投资有限公司	2011-11-16	—	0511-87899196
江苏科泉高新创业投资有限公司	2012-10-31	www.kequanvc.com	025-85589174
江苏旷达创业投资有限公司	2007-06	—	0519-86546893
江苏联发创业投资有限公司	2011-12-13	—	0513-88869069

公司名称	成立时间	网址	传真
江苏隆鑫创业投资有限公司	2006-06	—	025-84401201
江苏迈新创业投资有限公司	2009-08-17	—	0519-87195666
江苏盟邦创业投资有限责任公司	2015-08-24	—	—
江苏乾融集团有限公司	2008-06-05	www.jsqr.com.cn	0512-62998656
江苏乾融资本管理有限公司	2011-06-02	—	025-62998656
江苏人才创新创业投资二期基金（有限合伙）	2015-05-19	—	025-85529900
江苏如东高新创业投资有限公司	2014-05-05	—	0513-88158132
江苏瑞明创业投资管理有限公司	2009-12-30	—	025-83172132
江苏瑞庭投资管理有限公司	2013-09-27	—	0513-85158550
江苏桑夏投资有限公司	2010-04-28	—	—
江苏省高科技产业投资股份有限公司	1997	www.jsvc.com.cn	025-83168971
江苏省高新技术创业服务中心	1996-10	www.jsbi.cn	025-83232021
江苏省苏高新风险投资股份有限公司	2000-03-31	www.sz-vc.com	0512-68243439
江苏省无锡江大大学科技园有限公司	2001-12-30	www.j-park.jiangnan.edu.cn	0510-85189107
江苏省现代服务业发展创业投资基金（有限合伙）	2015-05-29	—	025-85529900
江苏晟华创业投资有限公司	2009-04-09	www.shct1688.com	0516-83897897
江苏盛泉创业投资有限公司	2007-06	www.vc-century.com	025-58071508
江苏盛宇丹昇创业投资有限公司	2008-10-28	—	0511-86929333
江苏思佰益投资管理有限公司	2013-07-02	—	0510-81766568
江苏苏大投资有限公司	2001-02	—	0512-67504016
江苏苏豪投资集团有限公司	1999-05-06	—	—
江苏天氏创业投资有限公司	2005	—	025-87752270
江苏通顺创业投资有限公司	2009-08-25	—	0512-69560268
江苏同兴财富投资管理有限公司	2008-05	—	0512-69560268
江苏拓达创业投资有限责任公司	2012-11-26	—	0516-68005601
江苏威望创业投资有限公司	2009-10-14	—	—
江苏新材料产业创业投资企业（有限合伙）	2013-11-13	www.jolomo.net	025-84730375
江苏新创投资有限公司	2007-10-17	—	0523-84623002
江苏新海连创业投资有限公司	2010-04-27	—	—
江苏鑫澳创业投资有限公司	2009-02-17	—	0512-58165929
江苏信泉创业投资管理有限公司	2006-12-30	—	025-58071508
江苏兴科创业投资有限公司	2007-08-20	www.jsxinkect.com	0519-86302628
江苏毅达并购成长股权投资基金（有限合伙）	2014-11-26	—	025-85529900
江苏毅达成果创新创业投资基金（有限合伙）	2015-05-19	—	—
江苏毅达股权投资基金管理有限公司	2014-02-18	—	—
江苏鹰能创业投资有限公司	2007-08-28	—	025-85529900
江苏镇江京口工业园区高创中心	2011-03-16	www.kingkj.cn	0511-85345150
江苏中科华艺创业投资有限公司	2007-03-30	—	0513-88869883
江苏中科物联网科技创业投资有限公司	2010-07-14	www.casiot.com	0510-85380859

公司名称	成立时间	网址	传真
江苏卓创创业投资有限公司	2013-12-12	—	0513-80559909
江苏紫金文化产业发展基金（有限合伙）	2010-03-15	—	025-85529900
江苏紫金文化创业投资合伙企业（有限合伙）	2011-08-04	—	025-85529900
江阴市高新技术创业投资有限公司	2007-02-06	—	0510-81602090
姜堰市高新实业投资有限公司	2010-12-23	—	0523-88279301
金沙江联合创业投资企业	2009-09	—	010-57069899
靖江市高新技术创业投资有限公司	2010-03	—	0523-89181480
句容市高新技术创业服务中心	2013-04-01	—	0511-87272670
昆山红土创业投资管理有限公司	2012-08-08	—	0512-36607933
昆山红土高新创业投资有限公司	2012-07-13	—	0512-3660732
昆山市国科创业投资有限公司	2001-08-31	—	0512-57367277
昆山市昆鹏创业投资合伙企业（有限合伙）	2011-05-30	—	0512-55119138
连云港金海创业投资有限公司	2006-07-19	www.lygjhvc.com	0518-85523512
连云港中科黄海创业投资有限公司	2010-03-22	www.csm-inv.com	0518-85807928
明石创业投资江苏有限公司	2015-01-13	—	—
南京高新创业投资有限公司	2012-06-01	—	025-58696594
南京红土创业投资有限公司	2010-05-31	www.szvc.com.cn	025-58867560
南京科源投资管理有限公司	2012-08-22	—	025-85589174
南京市栖霞区科技创业投资有限公司	2009-07-31	—	025-85566570
南京外滩明珠创业投资有限公司	2011-03-17	—	025-89669155
南京文化创业投资有限公司	2011-02	—	025-86579660
南京协立创业投资有限公司	2009-05-11	—	025-86816826
南京中成创业投资有限公司	2009-08	—	025-86579660
南京中原创业投资有限公司	2010-12-17	—	025-86579660
南京紫金创投基金管理有限责任公司	2011-09-02	—	025-86579655
南京紫金科技创业投资有限公司	2011-08-08	www.njzjkc.com	025-86579616
南通创源科技园发展有限公司	2013-05-07	www.innospring.net	0513-55018010
南通创源投资有限公司	2012-09	—	0513-86268555
南通高胜成长创业投资有限公司	2008-09-10	www.js-vc.com	025-51889757
南通高特佳汇金投资合伙企业（有限合伙）	2013-05-24	—	—
南通恒富创业投资合伙企业（有限合伙）	2013-12-16	—	0513-86126133
南通红土创新资本创业投资有限公司	2007-09	—	0513-83562508
南通红土伟达创业投资管理有限公司	2014-04-21	www.szvc.com.cn	0513-83562508
南通红土伟达创业投资有限公司	2014-04-21	www.szvc.com.cn	0513-83562508
南通惠达创业投资有限公司	2015-05-30	—	0513-88225650
南通科创创业投资管理有限公司	2013-04-23	—	0513-85728713
南通科技创业投资有限公司	2011-04-22	—	0513-81500791
南通蓝海投资有限公司	2010-11-11	—	0513-86639999
南通磊泽投资有限公司	2011-09-07	—	0513-80113560

公司名称	成立时间	网址	传真
南通如意物联网产业投资基金管理中心（有限合伙）	2010-09-09	—	0513-87300528-815
南通杉创创业投资中心（有限合伙）	2015-06-04	—	—
南通杉杉创业投资中心（有限合伙）	2012-06-08	—	021-51561587
南通神辉广厦投资中心（有限合伙）	2013-02-20	—	—
南通松禾创业投资合伙企业（有限合伙）	2009-01	—	0513-85507237
南通五水投资发展有限公司	2013-06-17	—	0513-85609598
农银国联无锡投资管理有限公司	2011-09-30	—	0510-85199103
邳州市高新区科创园投资发展有限公司	2014-07-18	—	—
软库博辰创业投资企业	2008-03-03	—	0512-66969661
三角洲创业投资管理（苏州）有限公司	2007-10-16	—	021-53835998
苏州创禾创业投资管理有限公司	2014-10-21	—	0512-63493186
苏州创元高投创业投资管理有限公司	2010-08-27	—	0512-68322738
苏州创元高新创业投资有限公司	2010-11-15	—	0512-68322738
苏州创元高新生物制药创业投资企业（有限合伙）	2011-05-06	—	—
苏州达泰创业投资管理有限公司	2010-05	www.delta-capital.cn	0512-66969930
苏州达泰创业投资中心（有限合伙）	2010-08	www.delta-capital.cn	0512-66969930
苏州德睿亨风创业投资有限公司	2010-04-21	—	0512-66969727
苏州德晟亨风创业投资合伙企业（有限合伙）	2011	—	0512-66969533
苏州荻溪创业孵化管理有限公司	2014-02-12	—	0512-66158715
苏州荻溪文化创意产业投资中心（有限合伙）	2012-04-28	—	0512-65808803
苏州鼎融投资管理有限公司	2009-12-10	www.jsqr.com.cn	0512-62998656
苏州东方汇富创业投资企业（有限合伙）		—	—
苏州方广创业投资管理合伙企业（有限合伙）	2012-05-28	—	021-54245723
苏州方广创业投资合伙企业（有限合伙）	2012-09-25	—	021-54245723
苏州斐然向风创业投资中心（有限合伙）	2011	—	—
苏州高创天使一号投资合伙企业（有限合伙）	2015-11-09	—	—
苏州高华创业投资管理有限公司	2009-09-08	—	0512-68313889
苏州高锦创业投资有限公司	2009-03-27	—	0512-68243439
苏州高铨创业投资企业（有限合伙）	2011-11	—	0512-68243439
苏州高投创业投资管理有限公司	2007-01	—	0512-68059096
苏州高新创业投资集团融联管理有限公司	2012-02-08	—	0512-68081156
苏州高新创业投资集团新麟管理有限公司	2008-12-04	—	0512-68762955
苏州高新创业投资集团有限公司	2008-07-30	www.sndvc.com	0512-68311200
苏州高新创业投资集团中小企业发展管理有限公司	2013-12-05	—	—
苏州高新风投创业投资管理有限公司	2009-02-23	—	0512-68243439
苏州高新富德投资企业（有限合伙）	2015-04-22	—	0512-68313889
苏州高新国发创业投资有限公司	2009-05-22	—	0512-65126380
苏州高新华富创业投资企业	2010-01-08	—	0512-68313889
苏州高新明鑫创业投资管理有限公司	2010-12-29	www.sndvc.com	0512-68313889

公司名称	成立时间	网址	传真
苏州高新启源创业投资有限公司	2011-05	www.sndvc.com	0512-68311200
苏州高新区创业科技投资管理有限公司	2003-03-03	—	0512-68323009
苏州高新新联创业投资管理有限公司	2009-06-24	—	0512-68313585
苏州高新友利创业投资有限公司	2010-04-28	—	0512-68313585
苏州高远创业投资有限公司	2007-03	—	0512-68059096
苏州高铖创业投资管理有限公司	2011	—	0512-68243439
苏州工业园区辰融创业投资有限公司	2008-05-14	www.jsqr.com.cn	0512-62998656
苏州工业园区弘丰创业投资有限公司	2010-04	—	0512-69560268
苏州工业园区华穗创业投资管理有限公司	2008-07	—	021-62898817
苏州工业园区领军天使创业投资中心（有限合伙）	2015-10-08	—	0512-69560268
苏州工业园区南凯创业投资有限公司	2011-03	—	0512-69560268
苏州工业园区启纳创业投资有限公司	2011-07	—	0512-69993999
苏州工业园区易联创业投资基金有限公司	2010-03	—	0512-669669938
苏州工业园区元禾原点创业投资管理有限公司	2013-09-24	—	—
苏州工业园区原点正则壹号创业投资企业（有限合伙）	2013-11-19	—	0512-66969533
苏州古玉秋创股权投资合伙企业（有限合伙）	2013-08-30	—	010-63012288-8855
苏州国发创富创业投资企业（有限合伙）	2010-07-14	—	0512-65126380
苏州国发创业投资控股有限公司	2008-05-08	www.sidvc.com	0512-65126380
苏州国发东方创业投资管理有限公司	2008-11-14	—	0512-65126380
苏州国发服务业创业投资企业（有限合伙）	2012-04-23	—	0512-65126380
苏州国发高铁文化创业投资管理有限公司	2013-08-19	—	—
苏州国发高新创业投资管理有限公司	2008-12-17	—	0512-65126380
苏州国发宏富创业投资企业（有限合伙）	2011-04	—	0512-65126380
苏州国发建富创业投资企业（有限合伙）	2010-06-30	—	0512-65126380
苏州国发聚富创业投资有限公司	2010-03-25	—	0512-65126380
苏州国发黎曼创业投资有限公司	2010-05-19	—	0512-65126380
苏州国发融富创业投资管理企业（有限合伙）	2009-12-28	—	0512-65126380
苏州国发融富创业投资企业（有限合伙）	2010-01-20	—	0512-65126380
苏州国发天使创业投资企业（有限合伙）	2011-06	—	0512-65126380
苏州国发添富创业投资企业（有限合伙）	2012-05-09	—	0512-65126380
苏州国发文化产业创业投资企业（有限合伙）	2012-12-17	—	—
苏州国发涌富创业投资企业（有限合伙）	2011-06	—	0512-65126380
苏州国发源富创业投资企业（有限合伙）	2011-01	—	0512-65126380
苏州国发智富创业投资企业（有限合伙）	2010-03	—	0512-65126380
苏州国发众富创业投资企业（有限合伙）	2010-03-17	—	0512-65126380
苏州国润创业投资发展有限公司	2008-07	—	0512-62998663
苏州国润瑞祺创业投资企业（有限合伙）	2011-07	www.guorunpe.com	0512-62998663
苏州合融创新资本管理有限公司	2007-11	www.jsqr.com.cn	0512-62998656
苏州合盈创业投资管理有限公司	2010	www.renhua.cc	0512-67060338

公司名称	成立时间	网址	传真
苏州恒融创业投资有限公司	2007-12	www.jsqr.com.cn	0512-62998656
苏州宏正创业投资管理有限公司	2011-05-30	—	0512-53668006
苏州华创赢达创业投资基金企业（有限合伙）	2012	—	0512-63936955
苏州华慧创业投资中心（有限合伙）	2010-04	—	021-31352499
苏州华慧投资管理有限公司	2010-03-30	—	021-31352499
苏州华映文化产业投资企业（有限合伙）	2010-09-20	www.meridiancapital.com.cn	0512-68327950
苏州汇利华创业投资有限公司	2010-08-27	—	0512-68079590
苏州纪源科星股权投资合伙企业（有限合伙）	2011-06-14	—	021-54035580
苏州金枫创业投资有限公司	2009	www.jinfeng2010.com	0512-66580199
苏州金沙湖创业投资管理有限公司	2011-03-30	—	010-570669899
苏州金沙江创业投资管理有限公司	2009	—	—
苏州聚新中小科技创业投资企业（有限合伙）	2015-04-21	—	0512-068311200
苏州君实协立创业投资有限公司	2014-01-06	—	025-86816823
苏州君玄创业投资中心（有限合伙）	2011	—	025-86816826
苏州卡贝高登创业投资中心（有限合伙）	2011-01	www.kbgfund.com	0512-69572911
苏州卡贝金牛投资管理有限公司	2011-01	www.kbgfund.com	0512-69572911
苏州科技城创业投资有限公司	2007-12-24	—	0512-66899465
苏州科技创业投资公司	1993-07	—	0512-69330076
苏州科嘉创业投资中心（有限合伙）	2011-05	www.kbgfund.com	0512-69572911
苏州科荣创业投资中心（有限合伙）	2011-07-04	—	—
苏州科盛股权投资管理股份有限公司	2011-09-29	www.kbgfund.com	—
苏州坤融创业投资有限公司	2010-03-15	—	0512-62998656
苏州蓝贰创业投资有限公司	2010-01	—	0512-62725933
苏州蓝壹创业投资有限公司	2008 03		0512-62725933
苏州龙瑞创业投资管理有限公司	2009-12	—	0512-66969306
苏州龙跃投资中心（有限合伙）	2010-01	—	0512-66969306
苏州明鑫高投创业投资有限公司	2011-02	www.sndvc.com	0512-68313889
苏州农发创新资本管理有限公司	2011-03-04	—	0512-62990952
苏州农发创业投资中心（有限合伙）	2011-04	—	0512-62990952
苏州清商成长创业投资企业（有限合伙）	2011-09	—	0512-62621310
苏州清研汽车产业创业投资企业（有限合伙）	2014-10-18	—	0512-63936955
苏州清研资本管理企业（有限合伙）	2014-03-07	—	0512-63936955
苏州仁华创业投资有限公司	2010-04	www.renhua.cc	0512-67060338
苏州融联创业投资企业（有限合伙）	2012-03-15	—	0512-68081156
苏州瑞华投资合伙企业（有限合伙）	2015-07-06	—	025-83172132
苏州瑞璟创业投资企业（有限合伙）	2010-11-17	—	0512-68326637
苏州瑞曼投资管理有限公司	2010-03-17	—	0512-68326637
苏州深蓝创业投资有限公司	2007-09-04	—	0512-69211368
苏州盛泉百涛创业投资管理有限公司	2010-12-15	—	025-58071508

公司名称	成立时间	网址	传真
苏州盛泉海成创业投资合伙企业（有限合伙）	2014-10-23	—	025-58071508
苏州盛泉万泽创业投资合伙企业（有限合伙）	2011-03-03	—	025-58071508
苏州盛融创业投资有限公司	2010-03-16	—	0512-62998656
苏州市吴江创迅创业投资有限公司	2014-12-04	—	0512-63493186
苏州市吴江创业投资有限公司	2008	—	0512-63493186
苏州市吴中创业投资有限公司	2007-01-12	—	0512-66356670
苏州市相城创业投资管理有限责任公司	2009-01-16	—	0512-65808803
苏州市相城创业投资有限责任公司	2008	—	0512-65808803
苏州市相城高新创业投资有限责任公司	2009-03-12	—	0512-65808803
苏州水木清华资本管理有限公司	2011-09	—	0512-68075806
苏州太浩成长创业投资合伙企业（有限合伙）	2014-11-05	—	0512-66329155
苏州蔚蓝投资管理有限公司	2008-03-07	—	0512-62725933
苏州吴中国发创业投资管理有限公司	2008-08-28	—	0512-65126380
苏州吴中国发创业投资有限公司	2008-08-28	—	0512-65126380
苏州吴中科技创业投资有限公司	2012-10-26	—	0512-65855966
苏州羲融创业投资有限公司	2010-02-01	—	0512-62998656
苏州相渭汽车产业投资中心（有限合伙）	2015-12-08	—	0512-65808803
苏州香塘创业投资有限责任公司	2007	—	0512-53560126
苏州协立投资管理有限公司	2011-03	—	—
苏州新麟创业投资有限公司	2009-01-22	—	0512-68762955
苏州新麟二期创业投资企业（有限合伙）	2011-11	—	0512-68762955
苏州新协创业投资有限公司	2006-05	—	0512-62620019
苏州信慧成创业投资管理有限公司	2014-07-28	—	025-58071508
苏州亚商创业投资中心（有限合伙）	2011-08-11	—	021-62958055
苏州衍盈投资管理有限公司	2015-10-16	—	—
苏州亿和创业投资有限公司	2009-12-29	—	0512-65214770
苏州亿文创新资本管理有限公司	2007-12-03	—	0512-65214770
苏州亿文投资有限公司	2007-12-17	—	0512-65214770
苏州毅达创新创业投资合伙企业（有限合伙）	2015-03-16	—	0512-68059096
苏州银基创业投资有限公司	2006-05-10	—	0512-67156968
苏州银基美林创业投资管理有限公司	2012-09-03	—	0512-67156968
苏州银基美林创业投资合伙企业（有限合伙）	2012-10-23	—	0512-67156968
苏州元禾控股股份有限公司	2007-09-11	www.oriza.com.cn	0512-66969998
苏州兆戎空天创业投资合伙企业（有限合伙）	2015-02-26	—	025-58071508
宿迁国发创业投资企业（有限合伙）	2011-07-22	—	0527-81686002
宿迁科技创业投资有限公司	2012-03-23	—	0527-87031252
宿迁市开创创业投资有限公司	2010-09-07	—	0527-88859628
睢宁县天使创业投资有限责任公司	2013-03-06	—	0516-88037115
太仓高新创业投资有限公司	2013-05-17	www.tcaccelerator.com	0512-53542625

公司名称	成立时间	网址	传真
太仓生物医药创业投资有限公司	2012-09-20	bip.taicang.gov.cn	0512-33019923
太仓市科技创业投资有限公司	2008-08	—	0512-53739159
泰兴市高新投资有限公司	2010-12-27	—	0523-87627940
泰州华诚高新技术投资发展有限公司	2005	www.tzibi.com	0523-86196007
泰州华健创业投资有限公司	2007-06-08	—	—
泰州健鑫创业投资有限公司	2012-12-14	—	0523-82216000
泰州市创业风险投资有限公司	2001-08	—	0523-86196199
泰州市高港高新区开发投资有限责任公司	2010-08	—	0523-86118800
泰州市高科创业投资有限公司	2010-08-25	—	0523-86966047
泰州中国医药城融健达创业投资有限公司	2013-03-19	—	0523-82216000
无锡 TCL 爱思开半导体产业投资基金合伙企业（有限合伙）	2015-09-01	—	0523-82800509
无锡 TCL 创业投资合伙企业（有限合伙）	2010-07	—	—
无锡滨湖科技创业投资有限责任公司	2006-07-18	—	0510-85898528
无锡创业投资集团有限公司	2000-10-26	www.wxvcg.com	0510-82700936
无锡高新技术风险投资股份有限公司	2000-08	www.wxvc.com.cn	0510-85226431
无锡国弘尚理投资管理有限公司	2010-03-19	—	0510-85213378
无锡国联创业投资有限公司	2006-09-21	www.glgc.com.cn	0510-82831198
无锡国联浚源创业投资中心（有限合伙）	2010-04-16	www.jycapital.cn	0510-82700340
无锡航天高能物联网股权投资基金企业（有限合伙）	2012-06-11	—	0510-85386420
无锡红杉恒业股权投资合伙企业（有限合伙）	2010-12-03	—	010-84475669
无锡红杉兴业股权投资合伙企业（有限合伙）	2010-10-21	—	010-84475669
无锡厚泽成长创业投资企业（有限合伙）	2011-07-08	—	—
无锡厚泽创新创业投资企业（有限合伙）	2011-06-28	—	0510-81816802
无锡江南大学国家大学科技园有限公司	2009-04-03	www.j-park.jiangnan.edu.cn	0510-85189107
无锡均衡创业投资有限公司	2007-11-14	—	0510-86216651
无锡力合创业投资有限公司	2008-11	www.leaguercapital.com	0510-83590286
无锡力合清源创业投资合伙企业（有限合伙）	2011-09-09	www.leaguercapital.com	0510-83590296
无锡力合投资管理咨询有限公司	2009-04-17	www.leaguercapital.com	0510-83590296
无锡领峰创业投资有限公司	2009-12-11	—	0510-85213378
无锡清研投资咨询有限公司	2009-08-14	—	0510-83591879
无锡瑞明博创业投资有限公司	2010-12-15	—	025-83172132
无锡市金惠创业投资有限责任公司	2006-11	—	0510-83590163
无锡市锡山创业投资有限公司	2007-08	—	0510-88705868
无锡新区领航创业投资有限公司	2009-08-03	www.wxvc.com.cn	0510-85226431
无锡源清创业投资有限公司	2012-06-28	—	0510-81801998
无锡源清盛华创业投资有限公司	2013-04-28	—	0510-81801998
无锡耘杉创业投资中心（有限合伙）	2013-07-12	—	—
无锡正海联云投资企业（有限合伙）	2012-12-04	—	—
无锡中科汇盈创业投资有限责任公司	2008-03-07	—	0510-85383122

公司名称	成立时间	网址	传真
无锡中科汇盈二期创业投资有限责任公司	2010-04-07	—	0510-85383122
吴江东方创富创业投资企业（有限合伙）	2008-11	—	—
吴江东方国发创业投资有限公司	2008-11-11	—	0512-65126380
吴江东方融富创业投资管理企业（有限合伙）		—	—
吴江东运创业投资有限公司	2008-06-24	www.dyvc.net	0512-63960764
吴江海博科技创业投资有限公司	2010-08-20	www.haiboinvestment.net	0512-63010566
吴江华业创业投资管理中心（有限合伙）	2011-12-21	—	0512-63936955
吴江科祥创业投资中心（有限合伙）	2011	—	—
新沂市钟吾股权投资管理有限公司	2012-10	—	0516-81639533
兴化市高新投资有限公司	2010-07-16	—	0523-83242633
徐州国盛鸿运创业投资有限公司	2014-01-21	—	—
徐州淮海红土创业投资有限公司	2014-01-14	—	—
徐州支点创业投资合伙企业（有限合伙）	2012-11	—	0516-66690376
盐城高投创业投资有限公司	2010-08	—	025-85529900
扬州长晟创业投资有限公司	2014-11-25	—	0514-82058968
扬州格致创业投资中心（有限合伙）	2015-05-11	—	0514-87890609
扬州海圣创业投资中心（有限合伙）	2012-07-09	—	0514-87991537
扬州邗江高新创业投资有限公司	2011-08-05	—	0514-87770259
扬州经信新兴产业创业投资中心（有限合伙）	2013-01	www.jolmo.net	025-84730375
扬州平衡宜创创业投资基金中心（有限合伙）	2014-12-22	—	025-51889757
扬州平衡资本管理中心（有限合伙）	2014-11-25	—	025-51889757
扬州市创业投资有限公司	2007-05-21	—	—
扬州市富海永成股权投资合伙企业（有限合伙）	2014-09-22	—	021-50581867
扬州鑫旺创业投资中心（有限合伙）	2011-05-10	—	0514-86299963
扬州英飞玛雅创业投资中心（有限合伙）	2013-12-25	—	0514-87785521
扬州英飞尼迪创业投资管理有限公司	2010-11-08	—	0514-87785512
宜兴环保科技创新创业投资有限公司	2010-11-24	—	0510-87061315
宜兴江南天源创业投资企业（有限合伙）	2011-03-16	—	0510-82800509
宜兴杰宜投资管理有限公司	2012-12-14	—	0510-87880198-888
宜兴市科技创业投资有限公司	2006-12-15	—	0510-87929030
张家港市金茂创业投资有限公司	2008-04-15	www.zjgsjmgs.comzjgjmtz	—
镇江创业园有限公司	2015-10-15	—	—
镇江高科创业投资有限公司	2012-03-16	—	0511-85017490
镇江高投创业投资有限公司	2008-08	—	025-66009900
镇江高新创业投资有限公司	2010-06-11	—	0511-83179317
镇江高新区创业投资有限公司	2015-09-22	—	0511-85601067
镇江国控能源发展有限公司	2015-08-21	—	0511-88982815
镇江国投创业投资有限公司	2011-10-19	—	0511-85606910
镇江红土创业投资有限公司	2011-04-22	—	0511-85988773

公司名称	成立时间	网址	传真
镇江京口高新技术创业服务中心	2006-09	—	0511-88793155
镇江君鼎协立创业投资有限公司	2013-02-04	—	025-86816826
镇江凯普斯创业投资中心（有限合伙）	2015-06-03	—	—
镇江康成亨创业投资管理有限公司	2013-07-23	—	—
镇江康成亨创业投资合伙企业（有限合伙）	2013-08-12	—	—
镇江力合天使创业投资企业（有限合伙）	2012-12-13	—	0511-88884035
镇江朴卓瑞诚投资中心（有限合伙）	2015-07-22	—	—
镇江乾鹏创业投资基金企业（有限合伙）	2012-11-20	—	0511-80896166
镇江市创业风险投资有限责任公司	2001-12-01	www.jszjvc.cn	0511-85015808
镇江市金融产业发展有限公司	2013-03-26	www.zjfdhk.com	0511-81980268
镇江新区高新技术产业投资有限公司	2009-07-16	www.zjxqjf.com	0511-83179317
镇江亿致能源科技孵化器有限公司	2010-10-18	—	0511-85630166
镇江银河创业投资有限公司	2012-06-11	—	—
镇江中安绿色投资管理有限公司	2013-08-09	—	0511-88890873
镇江中科金山创业投资企业（有限合伙）	2011-08-24	www.csm-inv.com	0510-85383122
镇江中小电子电器产业集聚创新服务中心	2007-09-13	—	0511-085723071
镇江中以景润创业投资管理有限公司	2013-10-12	—	0511-81882260
中节能南通合同环境管理投资基金中心（有限合伙）	2013-04-03	—	—
创东方江西科技股权投资基金	2014-09-24	—	—
江西高技术产业投资股份有限公司	2002-03	www.jxvc.com.cn	0791-88110252
江西立达新材料产业创业投资中心（有限合伙）	2011-08-03	www.reitercapital.com	0791-83851565
南昌新世纪创业投资有限责任公司	2009-02-24	www.xsjvc.com	—
成大沿海产业（大连）基金管理有限公司	2011-09-28	—	0411-82691256
大连北方科技企业孵化基地	2003-06-12		0411-87505839
大连创业工坊科技服务有限公司	2002-08-07	chuangyegongfang.com	—
大连德泰投资有限公司	2004-02-27	www.detainvestment.com	0411-87612476
大连港航产业基金管理有限公司	2011-07-01	www.chnpsf.com	0411-86768576
大连高端装备制造业创业投资基金（有限合伙）	2012-06-20	—	0411-82536160
大连海融高新创业投资管理有限公司	2008-02-18	—	0411-84821325
大连海融高新创业投资基金有限公司	2007-12-29	—	0411-84821325
大连精石文化产业投资有限公司	2014-04-28	—	0411-83792186
大连科技风险投资基金有限公司	2000-02	www.dstvc.com.cn	0411-82781352-11
大连天使创业投资有限公司	2006-04-14	—	0411-84753186
大连万融天使投资有限公司	2010-11-30	—	0411-84821325
大连网信创业投资管理有限公司	1999-06-28	—	0411-82859969
大连银信创业投资有限公司	2006-09-13	—	0411-84802259-8001
德晟创业投资有限公司	2011-03-09	—	0411-82779477
联合创业集团有限公司	2005-07-07	—	0411-88009300
辽宁东软创业投资有限公司	2000-04-08	www.neusoft.com	0411-84835058

公司名称	成立时间	网址	传真
辽宁科技创业投资有限责任公司	2000-02-28	www.lnvc.com.cn	024-23244922
沈阳科技风险开发事业中心（沈阳市中试服务中心）	1992-06-02	—	024-22791108
沈阳科技风险投资有限公司	1998-11-04	—	024-22791108
煜华尚和投资管理（大连）有限公司	2014-07-01	www.yuhuashanghe.com	0411-33985508
宁夏穆坤投资基金管理有限公司	2014-03-19	www.mukunpe.com	0951-6852601
宁夏中财高新投资管理有限公司	2013-04-17	www.nxzcgx.com	0951-8507997
银川市产业基金管理有限公司	2014-08-26	www.ycfof.com	0951-6981990
青海国科创业投资基金（有限合伙）	2013-10-23	—	0971-6152307
青海科技创新投资基金（有限合伙）	2013-12-25	—	—
滨州滨陆投资有限公司	2015-05-11	—	0543 3199899
滨州高新技术创业投资有限公司	2010-05-07	—	0543-8191177
滨州市慧立创业投资有限公司	2011-06-20	—	—
德州市创业投资有限公司	2009-12-31	—	—
东营经济开发区斯博特创业投资有限公司	2012-06-04	—	0546-8300909
东营市金凯高新投资有限公司	2009-02-16	—	0546-8300909
黄河三角洲投资管理有限公司	2009-04-03	—	0546-7768881
黄蓝创业投资有限公司	2012-08-06	—	—
济南华科创业投资合伙企业（有限合伙）	2013-11-12	—	0531-88816112
济南科技风险投资有限公司	2001-04	www.jnvc.com.cn	0531-88879277
济南科信创业投资有限公司	2011-10	—	0531-88879277
济南云海创业投资有限公司	2013-05-24	—	0531-85106246
济宁共创投资有限公司	2013-09-29	—	—
济宁海达信科技创业投资有限公司	2012-04-24	—	—
济宁红桥科技创业投资有限公司	2012-09	—	—
济宁鲁宁创业投资管理有限公司	2012-12-24	—	0537-2269315
济宁鲁宁创业投资合伙企业(有限合伙)	2012-12-03	—	0537-2269315
济宁市惠达财丰创业投资有限公司	2014-03-11	www.huidatouzi.com	—
济宁市珑瑜惠达创业投资中心(有限合伙)	2012-11-16	—	0537-5667269
济宁英飞尼迪创业投资管理公司	2010-12-22	www.infinity-equity.com	0537-3281510
济宁英飞尼迪创业投资中心(有限合伙)	2011-04-21	www.infinity-equity.com	0537-3281505
莱芜创业投资有限公司	2009-12-28	—	0634-8891182
莱芜科融投资管理合伙企业（有限合伙）	2013-08-16	—	0531-67803781
莱芜瑞德投资有限公司	2012-02-23	—	0531-67803781
临沂经开创业投资有限公司	2010-09-03	—	—
美世联合创业投资股份有限公司	2007-04-04	—	0543-5164777
青岛安芙兰创业投资有限公司	2006-01-12	www.vcpe.hk	0532-88018557
青岛迪凯投资管理有限公司	2014-11-27	—	—
青岛高创科技资本运营有限公司	2014-09-19	www.htcap.com	—
青岛高创投资管理有限公司	2009-12-25	—	0532-88727626

公司名称	成立时间	网址	传真
青岛里程碑创业投资管理有限公司	2011-05-20	—	0532-80931757
青岛连科股权投资基金合伙企业（有限合伙）	2014-10-29	www.qdlchk.com	—
青岛市科技风险投资有限公司	2000-08-17	www.qdstvc.com	0532-85063780
日照华和科技创业投资有限责任公司	2010-05-28	—	0633-8339288
山东昌润创业投资股份有限公司	2008-08-22	www.crtz.com	0635-2119616
山东德泰创业投资有限公司	2010-03-29	www.sddetai.cn	0535-3942685
山东多盈节能环保产业创业投资有限公司	2014-01-07	—	—
山东恒发创业投资有限公司	2012-02-28	—	0543-5077698
山东弘利创业投资有限公司	2009-12-31	—	0539-8385619
山东红桥创业投资有限公司	2011-12-22	—	0531-67803781
山东红土创业投资有限公司	2012-01-19	—	—
山东华天科技创业投资有限公司	2012-07-30	—	—
山东华源创业投资有限公司	2007-03-09	www.hengdamy.com	0538-5751310
山东黄河三角洲创业发展有限公司	2010-03-30	www.sdhsjcy.com	0543-3199899
山东江诣创业投资有限公司	2010-08-12	—	0535-6719638
山东金正创业投资有限公司	2010-04-14	—	—
山东科创投资有限公司	2010-10-22	—	0537-3292806
山东利泰投资有限公司	2009-03-24	—	—
山东宁信投资管理有限公司	2014-12-04	—	0537-2269315
山东旗城科技创业投资股份有限公司	2009-08-19	—	0536-2139207
山东省方正创业投资有限责任公司	2010-10-29	—	0543-6782271
山东天齐创业投资有限公司	2010-03-24	—	0533-3598500
山东同瑞太成创业投资有限公司	2012-07-03	—	—
山东中泰天使创业投资基金企业（有限合伙）	2015-12-17	—	—
山东淄川高新技术创业投资有限公司	2008-10-09	www.sdzcct.com	0533-5161088
威海创新投资有限公司	2003-07-16	—	0631-5231709
潍坊鲁信厚源创业投资中心（有限合伙）	2014-06-13	—	—
潍坊市国信创业投资有限公司	2012-07-17	—	0536-5166710
烟台安芙兰创业投资中心（有限合伙）	2015-12-11	—	—
烟台鼎亿创业投资管理有限公司	2012-03-12	—	—
烟台海源投资咨询有限公司	2014-09-24	www.haiyuanvc.com	0535-6267189
烟台华升创业投资有限公司	2007-03-16	—	0535-6663009
烟台联丰创业投资有限公司	1994-02-17	—	—
烟台鲁创恒富创业投资中心（有限合伙）	2012-06-06	—	—
烟台市蓝海创业投资有限公司	2011-12	—	0535-6891612
烟台市双兴创业投资有限公司	2010-08-04	—	0535-6662956
烟台文化发展投资基金有限公司	2014-05-27	—	0531-86155699
烟台盈智创业投资有限公司	2014-03-11	—	0535-6291105
烟台源创科技投资中心（有限合伙）	2014-07-17	—	010-58143806

公司名称	成立时间	网址	传真
淄博创新资本创业投资有限公司	2007-05	—	—
淄博高新技术风险投资股份有限公司	2003-07-10	www.zbvc.net	0533-3586969
淄博齐鲁创业投资有限责任公司	2002-12-06	—	0533-6206621
淄博市高新技术创业投资有限公司	2007-07-25	—	0533-6206621
山西省科技基金发展总公司	1993-06	www.sxstf.com	0351-2026370
顶华创业投资管理（西安）有限公司	2009-03-12	—	029-88319611
顶华通路价值创业投资（西安）企业	2009-03-23	—	029-88319611
陕西鸿创投资管理有限公司	2014-03-04	—	029-68200936
陕西天健君合投资管理有限公司	2008-07-11	www.shxtjjh.com	029-88785306
陕西西科天使企业管理合伙企业（有限合伙）	2013-01-18	—	029-88887557
陕西西科天使投资管理有限公司	2014-10-31	—	—
陕西源丰投资发展有限公司	2009-03-24	—	029-68255896
西安创新投资管理有限公司	2001-07	—	029-88348867
西安关天西咸投资管理有限公司	2012-03-08	—	029-88854188
西安迈朴投资发展有限公司	2002-01-08	—	029-89561001
西安同创博润创业投资管理中心（有限合伙企业）	2011-11-16	www.xatcbr.com	029-68664999
西安西旅创新投资管理有限公司	2008-06-24	—	029-8919563
杨凌东方富海现代农业生物产业股权投资企业（有限合伙）	2011-06-17	—	—
海硅（上海）创业投资合伙企业（有限合伙）	2011-08-05	—	021-65650817
联通创新创业投资（上海）有限公司	2014-06-06	—	021-61801115
上海德丰杰龙升创业投资合伙企业（有限合伙）	2012-11-01	www.dfjdragon.com	021-62800585
上海东方惠金文化产业创业投资有限公司	2006-12-29	www.shdfhj.com	021-51370778
上海复旦创业投资有限公司	2000-11-09	—	021-65642533
上海复旦医疗产业投资有限公司	2003-01-24	www.fudanmed.com	021-64738465
上海亘元创业投资有限公司	2009-03-02	—	021-67103305
上海硅谷天堂合众创业投资有限公司	2010-06-18	www.ggttvc.com	021-50623593
上海硅谷天堂阳光创业投资有限公司	2009-03-30	www.ggttvc.com	021-50623593
上海国盛古贤创业投资管理有限公司	2012-12-12	www.gsgx-capital.com	021-58303168
上海国盛古贤创业投资合伙企业（有限合伙）	2013-04	www.gsgx-capital.com	021-58303168
上海力合清源创业投资管理合伙企业（有限合伙）	2012-08-22	www.leaguercapital.com	021-62370021
上海力合清源创业投资合伙企业（有限合伙）	2012-08-22	www.leaguercapital.com	021-62370021
上海南风股权投资管理有限公司	2009-09-28	www.southwindequity.com	021-52383372
上海浦东创业投资有限公司	1997-01-09	www.pdvc.com	021-50801728
上海浦东科技投资有限公司	1999-06	www.pdsti.com	021-50276385
上海仟家信资产管理有限公司	2008-01-30	www.qjxgold.com	021-58888359
上海瑞经达创业投资有限公司	2010-02-10	—	021-83172132
上海睿立股权投资基金管理有限公司	2009-09-11	www.realpe.com.cn	021-68862093
上海商投创业投资有限公司	2001-06-05	—	021-65650916
上海时空五星创业投资管理有限公司	2009-11-18	—	021-61218707

公司名称	成立时间	网址	传真
上海时空五星创业投资合伙企业（有限合伙）	2009-12-31	—	021-61218709
上海市北科技创业投资有限公司	2011-11-23	—	021-62505267
上海易津投资股份有限公司	2008-10-09	www.yijinvc.com	021-31300886
上海寅福创业投资有限公司	2010-05-06	—	021-65650817
上海闸北创业投资有限公司	2011-11-09	—	021-62505267
上海正海聚弘创业投资中心（有限合伙）	2014-08-21	—	021-50937905
上海正海资产管理有限公司	2008-01-31	www.royalsea-capital.com	021-50937905
上海正赛联创业投资管理有限公司	2011-01-31	www.cacfund.com	021-64275106
上海正赛联创业投资有限公司	2010-10-22	www.cacfund.com	021-64275106
上海中嘉兴华创业投资管理有限公司	2012-10-17	—	—
成都成创汇智创业投资有限公司	2009-12-16	—	028-85337115
成都德同银科创业投资合伙企业（有限合伙）	2010-03-03	www.dtcap.com	028-85231897
成都德同银科锦程创业投资合伙企业（有限合伙）	2013-11-19	www.dtcap.com	028-85231897
成都电科鹰熊创业投资中心（有限合伙）	2015-11-26	—	—
成都高特佳银科创业投资合伙企业（有限合伙）	2011-07-01	—	028-86586808
成都合力蓉信股权投资基金管理有限公司	2015-12-16	—	—
成都阶梯创业投资有限公司	2015-04-15	—	028-65471211
成都凯晟投资管理中心（有限合伙）	2010-11-19	—	—
成都老鹰易真创业投资有限公司	2015-06-05	—	—
成都晟唐银科创业投资企业（有限合伙）	2011-01-30	—	028-85987150
成都盛华世代投资开发有限公司	2006-07-08	www.cdshqyy.com	028-83636890
成都天河中西医科技保育有限公司	2001-07-24	www.sc-tianhe.com	028-66070666
成都银科创业投资有限公司	2009-03-18	www.ykvc.cn	028-85336380
成都盈创德弘创业投资合伙企业（有限合伙）	2015-09-23	—	028-85335111
成都盈创兴科创业投资合伙企业（有限合伙）	2014-09-26	—	028-85988444
成都招商局银科创业投资有限公司	2010-12-31	—	—
成都真然科技投资有限公司	2015-01-30	www.zhenraninno.com	—
合之力蓉盛成都创业投资中心（有限合伙）	2015-12-31	—	—
洪泰天使（成都）股权投资基金管理有限公司	2015-09-06	www.angelplus-cd.com	—
绵阳金慧通股权投资基金管理有限公司	2014-12-02	—	—
绵阳市金慧丰股权投资基金管理中心（有限合伙）	2014-03-26	—	—
鸿丰鼎翊（天津）投资管理有限公司	2014-01-13	www.dyifund.cn	—
天创博盛（天津）股权投资基金合伙企业（有限合伙）	2011-10-18	—	022-86259326
天津滨海财富股权投资基金有限公司	2007-08-21	www.behycapital.com	022-23374077
天津滨海创投投资管理有限公司	2007-09-18	www.binhaicapital.com	022-58909361
天津滨海高新技术产业开发区科鑫创业投资有限公司	2012-01-12	—	022-58785820
天津滨海天创众鑫股权投资基金有限公司	2010-02-04	—	022-86259326
天津滨海天使创业投资有限公司	2006-09-11	—	022-58909386
天津滨海新区创业风险投资引导基金有限公司	2008-02-04	www.bhsf.com.cn	022-65831777

公司名称	成立时间	网址	传真
天津创业投资管理有限公司	2003-03-28	www.tjvcm.com	022-86259326
天津创业投资有限公司	2001-03-30	www.tjvc.com.cn	022-58785806
天津迪恩投资管理有限公司	2012-06-13	—	022-59385952
天津阜通乾元股权投资基金管理有限公司	2015-09-09	—	022-87455108
天津海达创业投资管理有限公司	2007-11-29	www.hideavc.com	022-59852168
天津海泰红土创新投资有限公司	2008-05-28	—	022-59902569-8009
天津海泰科技投资管理有限公司	1997-05-08	www.hitech-investment.com	022-83715773
天津虹联创业投资有限公司	2009-12-28	—	022-26530257
天津火石信息服务业创业投资合伙企业（有限合伙）	2013-02-06	—	022-59385952
天津开明创业投资发展有限公司	2004-04-16	www.ttkama.com	022-58792370
天津科创天使投资有限公司	2006-06-19	www.tjacco.com	022-87890535
天津科技投资集团有限公司	1997-12	www.stic.com.cn	022-86430531-804
天津科源创业投资管理有限公司	2010-09-13	—	—
天津锟桥创业投资有限公司	2003-08-07	www.kqvc.com	022-87893441
天津市津能创业投资有限公司	2012-09-26	—	—
天津市中汇盈信投资管理有限公司	2010-05-24	www.zhyxifm.com	022-23352297
天津水星创业投资有限责任公司	2010-05-10	—	022-59852168
天津泰达科技投资股份有限公司	2000-10-13	www.tedavc.com.cn	022-66297288
天津天宝创业投资有限公司	2004-08-09	www.tjtianbao.com	022-23312417
天津天保成长资产管理有限公司	2007-03-06	—	022-86259326
天津天创华鑫现代服务产业创业投资合伙企业（有限合伙）	2012-12-04	—	022-86259326
天津天创盈讯创业投资合伙企业（有限合伙）	2011-09-26	—	022-86259326
天津天富创业投资有限公司	2007-12-04	—	022-86259326
天津天以生物医药股权投资基金有限公司	2010-11-25	—	022-86259326
天津天英创业投资管理有限公司	2010-06-22	—	022-86259326
天津浔渡创业投资合伙企业（有限合伙）	2011-04-08	—	0510-87822121
天津燕山科技创业投资有限公司	2011-04-20	—	010-59782234
天津沅渡创业投资合伙企业（有限合伙）	2010-08-11	—	0510-87822121
博汇源创业投资有限合伙企业	2009-05-26	—	0755-27821988
霍尔果斯嘉泽创业投资有限公司	2012-11-28	—	—
霍尔果斯凯风进取创业投资有限公司	2014-08-05	—	—
乌鲁木齐市科技投资经营中心	2001-07-25	—	0991-4538283
乌鲁木齐义恒投资管理有限合伙企业	2011-03-01	—	—
新疆创投资本管理有限责任公司	2010-07-15	www.xjvc.net	0991-3682873
新疆创新投资有限公司	2002-04	www.xjvc.com	0991-2306822
新疆大藏资产管理股份有限公司	2015-04-17	—	0991-3821497
新疆合赢成长股权投资有限合伙企业	2011-05-23	—	020-87553579
新疆合众易富股权投资合伙企业（有限合伙）	2011-09-29	—	—
新疆华泰天源股权投资有限合伙企业	2011-02-10	—	0991-8848135

公司名称	成立时间	网址	传真
新疆火炬创业投资有限公司	2012-08-09	—	0991-3678085
新疆江之源股权投资合伙企业（有限合伙）	2010-12-02	—	0991-7864660
新疆融汇鑫创业投资管理有限公司	2011-11-30	—	0991-6990026
新疆浙新股权投资有限合伙企业	2011-11-02	—	—
新疆中小企业创业投资股份有限公司	2010-01-26	www.xjvc.cn	0991-4583310
红塔创新投资股份有限公司	2000-06-15	—	010-58555666
云南富邦金都创业投资有限公司	2009-07-31	www.yngutaolab.cn	0871-63369699
云南和易创业投资有限公司	2008-07-30	—	0871-68038440
云南省林业投资有限公司	2009-05-27	www.cnynfi.com	0871-68338757
安丰创业投资有限公司	2008-02-28	—	0571-87633580
伯乐遇马天使投资有限公司	2012-03-09	www.boleyuma.com	0574-27956851
长兴惠宏投资合伙企业（有限合伙）	2012-05-28	—	—
长兴科创投资管理合伙企业（有限合伙）	2015-10-19	—	0571-89939766
长兴科商创业投资合伙企业（有限合伙）	2015-06-15	—	0571-88869317
长兴科威创业投资合伙企业（有限合伙）	2014-12-30	—	—
长兴天使投资管理合伙企业（有限合伙）	2015-10-22	—	0571-89939766
东方星空创业投资有限公司	2008-10-29	—	0571-85058016
海宁恒胜投资合伙企业（有限合伙）	2015-06-12	—	—
海宁力合天使创业投资合伙企业（有限合伙）	2014-09-30	—	—
海宁三仁腾兴股权投资合伙企业（有限合伙）	2015-06-02	—	—
海宁三仁望岳股权投资合伙企业（有限合伙）	2015-06-02	—	—
海宁中新力合科金创业投资合伙企业（有限合伙）	2012-12-24	—	0571-89939766
杭州保光投资管理有限公司	2012-10-18	—	0571-85455412
杭州长江创业投资有限公司	1996-01-06	—	0571-86624323
杭州诚和创业投资有限公司	2006-06-01	—	0571-88999278
杭州创东方富邦创业投资企业（有限合伙）	2010-12-19	—	0755-88316757
杭州创客加速投资管理有限公司	2014-12-02	www.makeraccel.com	0571-87981960
杭州创业加速器亚盈投资合伙企业（有限合伙）	2011-10-28	—	—
杭州德同创业投资合伙企业（有限合伙）	2010-07-08	—	0571-86690981
杭州德同投资管理有限公司	2010-04-21	—	0571-86690981
杭州鼎聚芥园创业投资合伙企业（有限合伙）	2011-05-28	—	—
杭州鼎聚坤华创业投资合伙企业（有限合伙）	2012-01-31	—	—
杭州鼎聚茂华创业投资合伙企业（有限合伙）	2013-01-07	—	—
杭州鼎聚投资管理有限公司	2011-04-06	—	—
杭州敦和创业投资有限公司	2011-04-11	www.dunhevc.com	0571-87789050
杭州枫惠投资管理有限公司	2006-07-14	www.fenghuizixun.com	0571-89939631
杭州复朴共进投资合伙企业（有限合伙）	2015-03-31	—	0571-86690981
杭州复朴投资管理有限公司	2014-09-17	—	0571-86690981
杭州富海银涛投资管理合伙企业（有限合伙）	2011-07-27	—	0571-28280180

公司名称	成立时间	网址	传真
杭州高特佳股权投资管理有限公司	2010-12	—	—
杭州高特佳龙之海脉投资管理合伙企业（有限合伙）	2011-06-15	—	—
杭州高新风险投资有限公司	2005-12-29	—	0571-88212247
杭州高盈创业投资合伙企业（有限合伙）	2010-06-28	—	—
杭州高盈蓝驰投资有限公司	2009-08-25	—	0571-87960022
杭州广润创业投资有限公司	2007-11-28	—	0571-86951902
杭州海邦投资管理有限公司	2010-12-10	www.hbvc.com.cn	0571-81022997
杭州海邦新湖人才创业投资合伙企业（有限合伙）	2013-08-02	www.hbvc.com.cn	0571-81022997
杭州海邦药谷从正创业投资合伙企业（有限合伙）	2015-06-05	—	0571-81022997
杭州海邦引智投资管理有限公司	2012-06-01	www.hbvc.com.cn	0571-81022997
杭州汉洋友创投资合伙企业（有限合伙）	2015-01-29	—	0571-87397929
杭州杭商宝石创业投资合伙企业（有限合伙）	2011-02-21	—	0571-86586927
杭州好望角启航投资合伙企业（有限合伙）	2011-07-28	—	0571-28239066
杭州好望角投资管理有限公司	2007-08-22	—	0571-28239066
杭州好望角苇航投资合伙企业（有限合伙）	2015-11-23	—	0571-28239066
杭州好望角引航投资合伙企业（有限合伙）	2014-05-05	—	0571-28239066
杭州好望角禹航投资合伙企业（有限合伙）	2015-04-09	—	0571-28239066
杭州好望角越航投资合伙企业（有限合伙）	2014-12-25	—	0571-28239066
杭州浩盈创业投资合伙企业（有限合伙）	2010-11-12	—	—
杭州恒岩股权投资合伙企业（有限合伙）	2012-04-25	—	021-32585857
杭州厚初创业投资合伙企业（有限合伙）	2014-05-22	—	0571-87988858
杭州花贝投资管理合伙企业（有限合伙）	2014-09-19	—	—
杭州华旦投资管理合伙企业（有限合伙）	2014-09-19	—	—
杭州华媒泽商创业投资合伙企业（有限合伙）	2014-06-15	—	0571-89922221
杭州吉成创业投资有限公司	2010-04-02	—	0571-87988858
杭州戒和投资管理合伙企业（有限合伙）	2015-12-22	—	—
杭州金永信创业投资合伙企业（有限合伙）	2009-12-21	—	0571-85279925
杭州金永信润禾创业投资合伙企业（有限合伙）	2010-05-04	—	0571-85279925
杭州金永信天时创业投资合伙企业	2010-04-07	—	0571-85279925
杭州锦聚投资管理有限公司	2014-07-21	www.jinju-capital.com	—
杭州科发创业投资合伙企业（有限合伙）	2013-01-09	www.zdkfcapital.com	0571-88250427
杭州科发天使投资合伙企业（有限合伙）	2015-02-12	zdkfcapital.com	0571-88250427
杭州兰德润广投资管理有限公司	2010-12-20	—	0571-86963977
杭州兰德优势创业投资合伙企业（有限合伙）	2011-07-07	—	—
杭州立元创业投资股份有限公司	2006-12-08	www.cnlyjt.com	0571-87769018
杭州利海互联创业投资合伙企业（有限合伙）	2014-06-05	—	0571-89922221
杭州灵峰赛伯乐创业投资合伙企业（有限合伙）	2008-12-10	—	0571-88085123
杭州灵琰投资合伙企业（有限合伙）	2013-06-03	—	0571-85455412
杭州睦和投资管理合伙企业（普通合伙）	2010-05-28	—	—

公司名称	成立时间	网址	传真
杭州牵海创业投资合伙企业（有限合伙）	2014-06-11	—	0571-89922221
杭州钱江浙商创业投资合伙企业（有限合伙）	2009-06-03	—	0571-89922221
杭州庆诚投资合伙企业（有限合伙）		—	—
杭州如山创业投资有限公司	2007-08	—	0571-87896213
杭州润琰投资合伙企业（有限合伙）	2013-04-08	—	0571-85455412
杭州赛伯乐晨星投资合伙企业（有限合伙）	2010-09-21	—	0571-88085123
杭州赛贵银投资合伙企业（有限合伙）	2014-04-11	—	—
杭州赛智投资有限公司	2009-03-13	—	0571-88085123
杭州市高科技投资有限公司	2000-08	—	0571-86699729
杭州泰恒投资管理有限公司	2010-06-03	—	—
杭州万豪碧扬投资合伙企业（有限合伙）	2012-03-15	—	—
杭州万豪创业投资有限公司	2006-01-09	—	0571-88129640
杭州万豪绵汐投资合伙企业（有限合伙）	2012-03-15	—	—
杭州万豪培汕投资合伙企业（有限合伙）	2012-03-15	—	—
杭州协诚慈德投资发展有限公司	2014-04-08	—	0571-57162991
杭州言和投资管理合伙企业（有限合伙）	2015-07-22	—	—
杭州盈开投资管理有限公司	2009-06-23	www.incapital.cn	0571-87960022
杭州盈翔创业投资合伙企业（有限合伙）	2011-03-04	—	—
杭州元弘投资管理有限公司	2014-09-26	—	0571-88122783
杭州云祥创新投资合伙企业（有限合伙）	2011-09-23	—	0571-87960022
杭州浙科汇庆创业投资合伙企业（有限合伙）	2013-04-10	—	—
杭州浙科友业投资管理有限公司	2011-11	—	0571-88869550
湖州市创业投资有限责任公司	2008-09	—	0572-2212918
嘉兴华睿布谷鸟创业投资合伙企业（有限合伙）	2014-08-14	—	—
嘉兴天禀投资合伙企业（有限合伙）	2014-05-16	—	—
嘉兴天浩投资管理有限公司	2014-12-10	—	—
嘉兴天玑创业投资合伙企业（有限合伙）	2014-04-04	—	—
嘉兴天澜投资合伙企业（有限合伙）	2014-11-17	—	—
嘉兴天禄投资合伙企业（有限合伙）	2014-12-22	—	—
金华市普华百川股权投资合伙企业（有限合伙）	2015-07-27	—	—
金华中呼股权投资管理有限公司	2011-08-17	—	0579-82056869
兰溪普华聚力股权投资合伙企业（有限合伙）	2015-12-01	—	—
梦工场传媒有限公司	2012-02-13	www.mediadreamworks.net	—
宁波安丰和众创业投资合伙企业（有限合伙）	2011-03-10	—	0571-87633580
宁波安丰汇群创业投资合伙企业（有限合伙）	2011-08-12	—	0571-87633580
宁波安丰汇盈创业投资合伙企业（有限合伙）	2011-08-12	—	0571-87633580
宁波安丰领先创业投资合伙企业（有限合伙）	2011-04-26	—	0571-87633580
宁波安丰添富创业投资合伙企业（有限合伙）	2012-07-13	—	0571-87633580
宁波安丰众盈创业投资合伙企业（有限合伙）	2010-04-27	—	0571-87633580

公司名称	成立时间	网址	传真
宁波北远创业投资中心（有限合伙）	2010-08-27	—	0574-27706565
宁波创业风险投资有限公司	1999-05-06	—	0574-86881546
宁波东元创业投资有限公司	2005-05-16	www.nbvc.com.cn	0574-87294001
宁波海邦人才创业投资合伙企业（有限合伙）	2011-09-29	—	0574-83088686
宁波开云融汇创业投资合伙企业（有限合伙）	2015-05-18	—	0574-88182007
宁波科发海鼎创业投资合伙企业（有限合伙）	2014-05-30	www.zdkfcapital.com	0571-88250427
宁波民和风险投资有限公司	2010-06-03	—	0574-55001908
宁波欧迅创业投资有限公司	2010-09-28	—	0574-83887737
宁波赛伯乐甬科股权投资合伙企业（有限合伙）	2011-11-28	—	—
宁波杉杉望新科技创业投资有限公司	2009-12-14	—	0574-56801577
宁波市伯乐开图创业投资合伙企业（有限合伙）	2013-06-19	—	0574-88182007
宁波市科发二号股权投资基金合伙企业（有限合伙）	2012-09-18	www.zdkfcapital.com	0571-88250427
宁波市科发股权投资基金合伙企业（有限合伙）	2012-03-01	www.zdkfcapital.com	0571-88250427
宁波天堂硅谷合众股权投资合伙企业（有限合伙）	2012-02-16	—	0571-86483535
宁波天堂硅谷亨达股权投资合伙企业（有限合伙）	2014-12	—	—
宁波天堂硅谷融创股权投资合伙企业（有限合伙）	2014-01	—	—
宁波天堂硅谷融信股权投资合伙企业（有限合伙）	2013-11-07	—	0574-87089718
宁波天堂硅谷融正股权投资合伙企业（有限合伙）	2014-01-08	—	0574-87089718
宁波天堂硅谷新象股权投资合伙企业（有限合伙）	2015	—	—
宁波英飞伯乐创业投资管理有限公司	2015-06-25	—	0574-8799384
宁波英飞伯乐创业投资合伙企业（有限合伙）	2015-09-10	—	0574-87993884
宁波浙科汇聚创业投资合伙企业（有限合伙）	2014-07-16	—	—
宁波中融盛投资中心（有限合伙）	2010-05-04	—	0574-88205277
衢州赛伯乐创业投资有限公司	2010-04-06	—	0574-88085123
绍兴凯泰投资管理有限公司	2010-11-26	—	0571-88129634
绍兴龙山赛伯乐创业投资有限公司	2008-09-03	—	0575-85156989
台州科金创业投资合伙企业（有限合伙）	2014-11-12	—	0571-89939766
通联创业投资股份有限公司	2000-11	www.tonglianvc.com	0571-87153792
桐乡桐创投资管理有限公司	2015-06-01	19220232.pe168.com	0573-88100999
宣城富国银洋投资中心 (有限合伙)	2014-12-02	—	—
浙江安丰进取创业投资有限公司	2009-03-25	—	0571-87633580
浙江安丰稳健创业投资有限公司	2009-07-08	—	0571-87633580
浙江博通创业投资有限公司	2007-07	—	0571-87087810
浙江春晖创业投资有限公司	2007-10-17	—	0575-82150888
浙江大学创新技术研究院有限公司	2012-09-29	www.zjuiti.com	0571-58122629
浙江大学创业投资有限公司	2001-01-03	—	0571-87382889
浙江大学科技创业投资有限公司	2008-10-29	—	0571-87397929
浙江东翰高投长三角股权投资合伙企业（有限合伙）	2010-09-20	—	025-85529900
浙江富国创新投资有限公司	2010-08-12	—	0571-88068369

公司名称	成立时间	网址	传真
浙江富国创业投资有限公司	2007-04-29	—	0571-88068369
浙江富国金溪创业投资合伙企业（有限合伙）	2011-07-25	—	0571-88068369
浙江富国投资管理有限公司	2010-07-13	—	0571-88068369
浙江富鑫创业投资有限公司	2008-02-03	www.zfinvest.com	0571-88352033
浙江国信创业投资有限公司	2003-03	—	0571-85069200
浙江海邦人才创业投资合伙企业（有限合伙）	2011-12	www.hbvc.com.cn	0571-81022997
浙江海宁天玑创业投资管理合伙企业（有限合伙）	2015-06-19	—	—
浙江海宁天擎投资合伙企业（有限合伙）	2015-07-06	—	—
浙江海洋经济创业投资有限公司	2010-01-19	—	0580-2036865
浙江浩誉创业投资有限公司	2011	—	0571-5689322
浙江合力创业投资有限公司	2011-03-09	—	0571-87988858
浙江恒岚股权投资合伙企业（有限合伙）	2011-11-03	—	021-32585857
浙江红石创业投资有限公司	2007-11-27	—	—
浙江红土创业投资有限公司	2010-04-21	—	0573-83710180
浙江华瓯创业投资有限公司	2007-11-16	www.hovc.cn	0571-87988858
浙江华瓯股权投资管理有限公司	2011-05-17	—	0571-87988858
浙江华睿北信源数据信息产业投资合伙企业（有限合伙）	2015-08-19	—	—
浙江华睿布谷鸟创业投资合伙企业（有限合伙）	2015-06-03	—	—
浙江华睿产业互联网股权投资合伙企业（有限合伙）	2015-04-13	—	—
浙江华睿德银创业投资有限公司	2010-05-04	—	0571-88163180
浙江华睿点金创业投资有限公司	2009-08-10	—	—
浙江华睿点石投资管理有限公司	2007-11-14	—	0571-88163180
浙江华睿富华创业投资合伙企业（有限合伙）	2012-07-03	—	—
浙江华睿海越光电产业创业投资有限公司	2009-12-23	—	—
浙江华睿海越现代服务业创业投资有限公司	2010-01-28	—	0571-88163180
浙江华睿弘源智能产业创业投资有限公司	2010-03-22	—	0571-88163180
浙江华睿胡庆余堂健康产业投资基金合伙企业（有限合伙）	2015-11-27	—	—
浙江华睿互联投资有限公司	2010-10-20	—	0571-88163180
浙江华睿控股有限公司	2002-08	www.sinowisdom.cn	0571-88163180
浙江华睿蓝石创业投资有限公司	2014-09-02	—	—
浙江华睿庆余创业投资有限公司	2013-12-30	—	—
浙江华睿如山创业投资有限公司	2010-12-07	—	0571-88163180
浙江华睿如山装备投资有限公司	2009-10-13	—	—
浙江华睿睿银创业投资有限公司	2007-03-28	—	—
浙江华睿盛银创业投资有限公司	2009-08-11	—	—
浙江华睿泰信创业投资有限公司	2008-07-21	—	—
浙江华睿泰银投资有限公司	2009-07-20	—	—
浙江华睿祥生环境产业创业投资有限公司	2010-11-15	—	0571-88163180
浙江华睿兴华股权投资合伙企业（有限合伙）	2012-12-24	—	—

公司名称	成立时间	网址	传真
浙江华睿医疗创业投资有限公司	2011-01-24	—	0571-88163180
浙江华睿中科创业投资有限公司	2010-07-05	—	0571-88163180
浙江嘉海创业投资有限公司	2010-01-13	—	0571-89922221
浙江嘉庆投资有限公司	2010-06-29	—	0571-86821212
浙江嘉银投资有限公司	2006-05-24	—	0571-88163180
浙江金桥创业投资有限公司	2007-08-14	www.jinqiaojituan.com	0571-89283995
浙江金永信投资管理有限公司	2005-03-24	—	0571-85279925
浙江景裕资产管理有限公司	2015-09-16	—	—
浙江君亚创业投资合伙企业（有限合伙）	2012 05-21	—	0571-86751630
浙江科金天使启航股权投资合伙企业（有限合伙）	2011-11-14	—	0571-89939766
浙江莱沃东辰创业投资有限公司	2009-07-08	www.uslever.com	0574-82815775
浙江蓝石创业投资有限公司	2008-05-15	—	—
浙江蓝源投资管理有限公司	2011-10-21	www.bluesource.hk	—
浙江美林创业投资有限公司	2008-07-11	www.merrillcapital.cn	0571-85455412
浙江瓯联创业投资有限公司	2009-05-12	—	0571-87988858
浙江瓯盛创业投资有限公司	2008-06-03	—	0571-87988858
浙江瓯信创业投资有限公司	2009-04-02	—	0571-87988858
浙江普华天勤股权投资管理有限公司	2011-06-20	www.puhuacapital.comindex.aspx	0571-87755559
浙江普永泽股权投资合伙企业（有限合伙）	2010-08-24	—	021-32585857
浙江如山成长创业投资有限公司	2008-08-18	www.chinadunan.com	0571-87896213
浙江如山高新创业投资有限公司	2010-11-10	www.chinadunan.com	0571-87896213
浙江如山汇金资本管理有限公司	2010-09-26	www.chinadunan.com	0571-87896213
浙江如山汇鑫创业投资合伙企业（有限合伙）	2015-11-05	—	0571-87896213
浙江如山新兴创业投资有限公司	2012-09-11	—	0751-87896213
浙江若溪投资合伙企业（有限合伙）	2014-08-14	—	—
浙江赛康创业投资有限公司	2010-04-20	—	0571-88085123
浙江省创业投资集团有限公司	2000-09-30	www.zjvc.cn	0571-88259222
浙江省科技风险投资有限公司	1993-06	www.zvc-zj.com	0571-88869550
浙江省天堂硅谷创业创新投资服务中心有限公司	2008-05	www.vcpes.com	0571-86483535
浙江省浙创启元创业投资有限公司	2012-12-31	—	0571-88259222
浙江泰银创业投资有限公司	2007-10-26	—	—
浙江天使湾创业投资有限公司	2010-09-29	tisiwi.com	0571-89715708
浙江天堂硅谷长泰股权投资合伙企业（有限合伙）	2011-07-15	—	0571-86483535
浙江天堂硅谷朝阳创业投资有限公司	2007-04-16	—	0571-86483535
浙江天堂硅谷晨曦创业投资有限公司	2007-10-16	—	0571-86483535
浙江天堂硅谷大康股权投资合伙企业（有限合伙）	2012-08-21	—	0571-86483535
浙江天堂硅谷海天汇缘创业投资合伙企业（有限合伙）	2013-03-04	—	0571-86483535
浙江天堂硅谷合丰创业投资有限公司	2009-10-13	—	0571-86483535
浙江天堂硅谷合胜创业投资有限公司	2009-10-20	—	0571-87089718

公司名称	成立时间	网址	传真
浙江天堂硅谷合众创业投资有限公司	2007-10-24	—	0571-86483523
浙江天堂硅谷恒通创业投资有限公司	2008-05-26	—	0571-86483535
浙江天堂硅谷恒裕创业投资有限公司	2008-01-03	—	0571-86483535
浙江天堂硅谷久和股权投资合伙企业（有限合伙）	2012-03-01	—	0571-86483535
浙江天堂硅谷久鸿股权投资合伙企业（有限合伙）	2013	—	0571-86483535
浙江天堂硅谷久融股权投资合伙企业（有限合伙）	2011	—	0571-86483535
浙江天堂硅谷久晟股权投资合伙企业（有限合伙）	2011	—	0571-87089718
浙江天堂硅谷鲲诚创业投资有限公司	2006-12-01	—	0571-86483535
浙江天堂硅谷鲲鹏创业投资有限公司	2009-06-26	—	0571-86483535
浙江天堂硅谷七弦股权投资合伙企业（有限合伙）	2011	—	0571-86483535
浙江天堂硅谷融源股权投资合伙企业（有限合伙）	2014-01	—	—
浙江天堂硅谷时顺股权投资合伙企业（有限合伙）		—	—
浙江天堂硅谷台州合盈股权投资有限公司	2011	—	0571-86483535
浙江天堂硅谷阳光创业投资有限公司	2006-06-20	—	0571-86483535
浙江天堂硅谷银嘉股权投资合伙企业（有限合伙）	2010-11-16	—	0571-86483523
浙江天堂硅谷银泽股权投资合伙企业（有限合伙）	2010-10-19	—	0571-86483523
浙江天堂硅谷盈丰股权投资合伙企业（有限合伙）	2010-07-30	—	0571-87089718
浙江天堂硅谷盈通创业投资有限公司	2010-06-01	—	0571-86483535
浙江天堂硅谷元金创业投资合伙企业（有限合伙）	2013-03-20	—	0571-86483535
浙江维科创业投资有限公司	2008-02-28	—	0571-87207613
浙江新安创业投资有限公司	2011	—	0571-88050547
浙江信德丰创业投资有限公司	2010-05-27	—	0571-87225400
浙江信海创业投资合伙企业（有限合伙）	2011-05-06	—	0571-89922221
浙江以琳创业投资有限公司	2014-08-08	—	—
浙江亿都创业投资有限公司	2007-11	—	0571-85310058
浙江银泰睿祺创业投资有限公司	2009-11-09	—	0574-87093878
浙江盈瓯创业投资有限公司	2010-11-05	—	0571-87988858
浙江浙大科发股权投资管理有限公司	2003-11-11	www.zdkfcapital.com	0571-88250427
浙江浙大友创投资管理有限公司	2001-01-21	—	0571-87397929
浙江浙科汇丰创业投资有限公司	2010-09	—	—
浙江浙科汇利创业投资有限公司	2010-05	—	—
浙江浙科汇涛创业投资合伙企业（有限合伙）	2011-05-09	—	—
浙江浙科汇盈创业投资有限公司	2009-08	—	—
浙江浙科美林创业投资有限公司	2011-04	—	—
浙江浙科升华创业投资有限公司	2010-10	—	—
浙江浙科银江创业投资有限公司	2010-10-14	—	—
浙江浙商长海创业投资合伙企业（有限合伙）	2010-12-14	—	0571-89922221
浙江浙商创业投资股份有限公司	2007-11	www.zsvc.com.cn	0571-89922221
浙江浙商海鹏创业投资合伙企业（有限合伙）	2008-06-03	—	0571-89922221

公司名称	成立时间	网址	传真
浙江浙商利海创业投资合伙企业（有限合伙）	2012-07-27	—	0571-89922221
浙江浙商诺海创业投资合伙企业（有限合伙）	2010-04-14	—	0571-89922221
浙江支汇股权投资合伙企业（有限合伙）	2010-08-24	—	021-32585857
浙江中新力合科技金融服务股份有限公司	2011-09-29	—	0571-89939766
浙江诸暨惠风创业投资有限公司	2008-08-06	—	0575-87026018
浙商创投股份有限公司	2007-11	www.zsvc.com.cn	0571-89922221
诸暨鼎信创业投资有限公司	2008-07-29	—	0571-87896213
诸暨贵银创业投资有限公司	2014-05-14	—	—
诸暨华睿嘉银创业投资合伙企业（有限合伙）	2014-11-21	—	—
诸暨华睿文华股权投资合伙企业（有限合伙）	2015-06-10	—	—
诸暨华睿新锐投资合伙企业（有限合伙）	2015-06-01	—	—
昊云（重庆）股权投资基金管理有限公司	2012-11-23	www.howinfund.com	023-67511558
民商（重庆）股权投资基金管理有限公司	2014-02-26	—	—
民商（重庆）投资有限公司	2014-01-17	—	023-88732113
圆基（重庆）股权投资基金管理有限公司	2010-02-05	—	023-63329022
重庆贝信投资有限公司	2014-02-21	—	023-88730291
重庆川鼎股权投资基金管理有限公司	2015-01-13	—	—
重庆大石投资管理有限公司	2013-09-17	www.gemvc.com	—
重庆德同创业投资中心（有限合伙）	2010-04-01	—	023-67889905
重庆德同领航创业投资中心（有限合伙）	2014-04-30	—	023-67889905
重庆德同投资管理有限公司	2009-12-29	—	023-67889905
重庆富坤创业投资中心（有限合伙）	2009-09-22	www.rlequities.com	023-67030600
重庆富坤新智能交通投资合伙企业（有限合伙）	2014-04-08	www.rlequities.com	023-67030700
重庆高技术创业中心	2002-03-25	www.cqgczx.com	023-68603354
重庆高新创投红马资本管理有限公司	2014-04-14	—	—
重庆高新创投两江品牌汽车产业投资中心（有限合伙）	2014-04-14	www.cqrhcapital.com	023-67990972
重庆高新创业投资有限公司	2007-08	—	023-67308830
重庆汉能科技创业投资中心（有限合伙）	2011-05-16	www.hinagroup.com.cn	010-85889001
重庆皓顺股权投资基金管理有限公司	2013-07-01	—	023-63519299
重庆恒锐源股权投资基金管理有限公司	2009-12-23	www.chinahry.com	023-86798500
重庆弘远渝富股权投资基金管理有限公司	2010-01-13	—	—
重庆鸿曜股权投资基金管理有限公司	2014-12-29	—	—
重庆鸿聪股权投资基金管理有限公司	2014-12-29	—	023-63057787
重庆华犇创业投资管理有限公司	2010-04-16	www.chinarunvc.com	023-63318955
重庆华犇电子信息创业投资中心（有限合伙）	2010-11-16	—	023-63318955
重庆开创高新技术创业投资有限公司	2005-03-25	—	023-68601100
重庆科技风险投资有限公司	1993-01-16	www.cqkjvc.com	023-67516883
重庆科兴乾健创业投资有限公司	2011-12-01	—	—
重庆坤泰润道股权投资基金管理有限公司	2014-12-31	—	—

公司名称	成立时间	网址	传真
重庆两江新区创新创业投资发展有限公司	2011-09-26	www.chinaljcapital.com	023-88283537
重庆两江新区创业六环科技发展有限公司	2013-04-19	www.6link.cn	028-88722899-8055
重庆临空开发投资集团有限公司	2014-11-24	—	023-61962565
重庆临云股权投资基金管理有限公司	2014-08-22	www.linyunziben.com	023-88796706
重庆凌荣股权投资管理有限公司	2014-11-04	—	—
重庆凌云远景投资有限公司	2013-06-03	—	—
重庆龙商众德资产管理有限公司	2014-09-05	www.cqlongshang.cn	023-67757889
重庆诺鼎资产管理有限公司	2015-01-13	—	023-62388929
重庆曲速无限股权投资基金管理有限公司	2015-08-04	—	—
重庆三屋领行创业投资有限公司	2014-02-18	—	—
重庆三屋领秀创业投资有限公司	2012-11-22	—	023-62611660
重庆三屋投资有限公司	2009-12-02	www.cqswtz.com	023-62611660
重庆深渝创新投资管理有限公司	2007-06-26	—	023-88609961
重庆市大渡口区科技产业创业投资有限公司	2013-01-21	—	023-67516108
重庆市涪陵区国展产业基金管理有限公司	2011-01-20	—	—
重庆市虹陶投资股份有限公司	2015-01-15	www.httz818.com	023-67733366
重庆市玖道门投资有限公司	2014-04-29	—	—
重庆市渝北国有资本投资有限公司	2014-09-28	—	023-61962565
重庆泰豪晟大股权投资基金管理中心（有限合伙）	2011-08-06	—	023-63022990
重庆泰豪渝晟股权投资基金中心（有限合伙）	2011-08-05	—	023-63022990
重庆天使科技创业投资有限公司	2010-01-25	—	023-67516883
重庆天使投资引导基金有限公司	2009-07-17	www.cqvcgf.com	023-67516108
重庆天毅伟业医药投资管理中心（有限合伙）	2014-02-18	—	023-88537630
重庆同弘股权投资基金管理有限公司	2014 08 26	—	—
重庆万业美科股权投资基金管理有限公司	2011-01-30	www.wanyec.com	023-67741365
重庆西证渝富股权投资基金管理有限公司	2012-05-10	—	023-67760963
重庆新宏域资本管理有限公司	2013-08-23	www.xhying.com	—
重庆鑫山股权投资基金管理有限公司	2011-12-07	www.x-shan.com	023-67517660
重庆兴农股权投资基金管理有限公司	2014-05-07	www.cqxnjj.com	—
重庆兴农资产经营管理有限公司	2013-08-28	—	023-88733896
重庆扬子创投股权投资基金管理有限公司	2014-11-04	www.yangtzefund.cn	023-88517972
重庆易一天使投资有限公司	2013-06-08	www.yiyitianshi.com	023-86788098
重庆英飞尼迪创业投资中心（有限合伙）	2011-08-16	www.infinity-equity.com	023-63051585
重庆英飞尼迪投资管理有限公司	2011-11-11	www.infinity-equity.com	023-63051585
重庆圆基新能源创业投资基金合伙企业（有限合伙）	2011-01-27	—	023-63329022
重庆正银广惠股权投资基金管理有限公司	2011-08-15	www.cqzygh.com	023-63107199
重庆智基股权投资管理有限公司	2010-07-01	www.idtvc.com	023-88721013
重庆中昊股权投资基金管理有限公司	1999-08-17	www.hexuncn.com	023-63839988
重庆中景商业管理有限公司	2014-04-01	—	023-81303680